Martina Parge
Holocaust und autoritärer Charakter

AF285831

# Martina Parge

# Holocaust und autoritärer Charakter

## Amerikanische Studien der vierziger Jahre vor dem Hintergrund der „Goldhagen-Debatte"

 Springer Fachmedien Wiesbaden GmbH

Die Deutsche Bibliothek – CIP-Einheitsaufnahme

**Parge, Martina:**
Holocaust und autoritärer Charakter : amerikanische Studien der vierziger Jahre vor dem
Hintergrund der „Goldhagen-Debatte" / Martina Parge. –
Wiesbaden : Dt. Univ.-Verl., 1997
(DUV : Sozialwissenschaft)
ISBN 978-3-8244-4269-0     ISBN 978-3-663-08545-4 (eBook)
DOI 10.1007/978-3-663-08545-4

http://www.duv.de

Gedruckt auf säurefreiem Papier

# Danksagung

In weiten Teilen basiert dieses Buch auf meiner im Januar 1997 an der Universität Heidelberg eingereichten Magisterarbeit. Für eine engagierte und aufmerksame Betreuung danke ich Frau Professor Dr. Uta Gerhardt. Ganz besonders danken möchte ich an dieser Stelle meinen lieben Eltern, ohne deren Unterstützung dieses Buch nicht möglich gewesen wäre.

# Inhalt

# Die Fragestellung

Die Tatsache, mit der sich diese Arbeit befaßt, ist so ungeheuerlich und grausam, daß sie sich - obwohl allgemein bekannt - der Vorstellungskraft regelmäßig entzieht: Vor wenig mehr als 50 Jahren töteten Deutsche innerhalb kurzer Zeit über 5 Millionen Juden.[1] Der Holocaust war das schrecklichste und das charakteristischste Ereignis im Nationalsozialismus.[2] Jede allgemeine Theorie über das nationalsozialistische System muß sich deshalb vor allem daran messen lassen, inwiefern sie einen Beitrag leisten kann zur Beantwortung der „große(n) historische(n) und soziale(n) Frage"[3]: Wie konnte der Holocaust passieren? Daß der Holocaust möglich wurde, bleibt gleichzeitig eine wesentliche Herausforderung für die Erkenntnismöglichkeiten der heutigen Soziologie.[4]

Am Anfang dieser Arbeit, die in einer Auseinandersetzung mit amerikanischen Faschismusanalysen der vierziger Jahre mündet, steht die Beschäftigung mit einem Buch, das seit seinem Erscheinen im Jahr 1996 überraschend viel Aufsehen erregt hat: Daniel Jonah Goldhagens „Hitler's Willing Executioners. Ordinary Germans and the Holocaust". Das Buch des Harvard-Professors Goldhagen, das schnell in die Bestsellerlisten nicht nur in den Vereinigten Staaten und in Deutschland gelangte, stellt mit seinem Pauschalangriff gegen etablierte Erklärungsversuche des Holocaust gängige Theorien des Nationalsozialismus in Frage. Es hat gleichzeitig eine erneute Diskussion über das Ausmaß und die Motivationskraft des Antisemitismus ebenso wie über die Quantität und Qualität der auf Überzeugung basierenden Beteiligung der deutschen Bevölkerung an dem Massenmord an jüdischen Menschen entfacht.

Goldhagen wirft gängigen Erklärungsansätzen für den Holocaust vor allem vor, daß diese von der falschen Prämisse ausgingen, die Deutschen hätten gegen ihren eigentlichen Willen an den Tötungen von Juden teilgenommen. Dieser Prämisse entsprechend

---

[1] vgl. Hilberg, Raul: Die Vernichtung der europäischen Juden. Frankfurt am Main 1990, S. 1061. Goldhagen geht von 6 Millionen getöteten Juden aus. Vgl. Goldhagen, Daniel Jonah: Hitler's Willing Executioners. Ordinary Germans and the Holocaust. New York 1996, S. 4
[2] vgl. Goldhagen, S. 4f.
[3] Gershom Scholem in der Begründung seiner Ablehnung der Hinrichtung Eichmanns, zitiert nach Bauman, Zygmunt: Dialektik der Ordnung. Die Moderne und der Holocaust. Hamburg 1992, S. 2
[4] In diesem Punkt stimme ich mit Bauman überein, der diese Meinung in seinem ansonsten m.E. in mehrerer Hinsicht fehlerhaften Buch „Dialektik der Ordnung" vertritt, vgl. Bauman, S. 15ff.

1

würden die Erklärungsansätze fälschlicherweise nach Ursachen für die Überwindung des von ihnen unterstellten Widerwillens der Täter suchen. Goldhagen hält diesen Ansätzen einen ausführlich angelegten Versuch des Nachweises einer breiten, mehr oder weniger freiwilligen und über direkte Befehle hinausgehenden, ja zum Teil geradezu begeisterten Mitwirkung „normaler" Deutscher am Holocaust in Polizeibataillonen, Arbeitslagern und 'Todesmärschen' entgegen. Er vertritt die Auffassung: „The perpetrators, having consulted their own convictions and morality and having judged the mass annihilation of Jews to be right, did not *want* to say „no".[5] Goldhagens eigene Erklärung für den Holocaust ist eine weitgehend monokausale: Die Ideologie des „eliminationist antisemitism" - des Vernichtungsantisemitismus - als unhinterfragtes monolitisches, soziales kognitives Modell ist seiner Ansicht nach die Hauptursache für den Massenmord.

Die Auseinandersetzung mit Goldhagens streitbarem und provozierendem Buch im Teil I dieser Arbeit führt mich zu zwei Schlüssen: 1.) Goldhagens Vorwürfe gegen die von ihm kritisierten Erklärungsansätze sind weitgehend berechtigt und erfordern ein Umdenken in der theoretischen Beschäftigung mit dem Nationalsozialismus. 2.) Goldhagens eigener Erklärungsansatz vermeidet zwar die Fehler, die er anderen vorwirft, bietet aber selbst eine aus soziologischer Sicht ebenfalls unzureichende und anfechtbare Erklärung für die Massenverbrechen an. Angeleitet durch die Auseinandersetzung mit Goldhagens Ansatz formuliere ich - unter Zuhilfenahme zweier Aufsätze von Theodor Adorno und Talcott Parsons - am Ende des ersten Teils dieser Arbeit vier Kriterien, denen Versuche, den Nationalsozialismus und insbesondere den Holocaust zu erklären, aus soziologischer Sicht genügen sollten.

Wenn man Goldhagens Kritik an einigen der heute geläufigen Holocaust-Erklärungen für grundsätzlich berechtigt hält, stellt sich die folgende Frage: Gab es in den Sozialwissenschaften seit dem Bekanntwerden der nationalsozialistischen Verbrechen Erklärungsansätze, die sowohl die von Goldhagen aufgezeigten Fehler als auch die in seiner eigenen Theorie vorhandenen Fehler vermeiden?

Die Auswahl der in dieser Arbeit behandelten amerikanischen Studien zum Nationalsozialismus aus den vierziger Jahren basiert auf der folgenden Vermutung: Diese Studien, die alle von einem Zusammenhang zwischen (vor allem: autoritären) Cha-

---

[5] Goldhagen, S. 29

raktereigenschaften und einer Anhängerschaft beim Nationalsozialismus ausgehen, halten im Gegensatz zu anderen Erklärungsversuchen des Holocaust der Kritik Goldhagens stand. Sie sind vereinbar mit Goldhagens Forderung, daß Versuche, den Holocaust verstehbar zu machen, jene verbrecherischen Handlungen berücksichtigen müssen, die nicht bzw. nicht ausschließlich auf Befehlen oder Zwang basierten. Anders als Goldhagen in seiner Kritik am Erklärungsansatz des „autoritären Charakters" behauptet, ging es - so wird in dieser Arbeit zu zeigen sein - den entsprechenden Studien nicht nur darum, über spezifische Charaktereigenschaften der Deutschen den Gehorsam gegenüber Befehlen zu erklären. Vielmehr wurde hier gleichzeitig nach Gründen für die Anziehungskraft der Ideologie und Praxis des Nationalsozialismus gesucht. Diese Vermutung teste ich durch die Überprüfung, ob die hier behandelten Ansätze das erste der in Teil I dieser Arbeit aufgestellten Kriterien erfüllen. Prüfen möchte ich außerdem, ob die hier ausgewählten amerikanischen Studien der vierziger Jahre bestimmte Fehler vermeiden, die - wie ich in Teil I dieser Arbeit herausarbeite - Goldhagen selbst, betrachtet aus einer soziologischen Perspektive, begeht.

Meine Fragestellung lautet also: *Wie sind die hier ausgewählten amerikanischen Studien über den Nationalsozialismus aus den vierziger Jahren vor dem Hintergrund von Goldhagens „Hitler's Willing Executioners" heute aus soziologischer Sicht zu beurteilen? Auf dem Prüfstand steht damit natürlich auch: Können diese Studien heute noch einen Beitrag zur Beantwortung der Frage leisten, warum der Holocaust passieren konnte?*

Die Fokussierung auf die hier behandelten Analysen der vierziger Jahre ist aus einem weiteren Grund lohnend: Vor dem Hintergrund der amerikanischen Kriegsführung gegen Deutschland und der anschließenden Politik der „Re-education" entwickelte sich der Nationalsozialismus zu einem ausführlich erforschten Themenkomplex der amerikanischen sozialwissenschaftlichen Forschung. Unzählige Wissenschaftler bemühten sich um eine theoretische und empirische Erfassung des „deutschen Rätsels". Allein im Auftrag der amerikanischen Regierung erforschten zahlreiche Sozialwissenschaftler vor und nach dem Ende des Krieges den Nationalsozialismus.[6] Dabei

---

[6] vgl. hierzu: Söllner, Alfons/ Gwinner Sabine u.a. (Hg.): Zur Archäologie der Demokratie in Deutschland. Frankfurt a. M. 1982; Katz, Barry M.: Foreign Intelligence. Research and Analysis in the Office of Strategic Services 1942-1945. Cambridge, Massachusetts 1989; Marquardt-Bigmann, Petra: Amerikanische Geheimdienstanalysen über Deutschland. Tübingen 1993. Da viele Verfasser der Studien anonym blieben, ist der tatsächliche Anteil von Sozialwissenschaftlern im Umfeld der amerikanischen Regierung schwer zu rekonstruieren und (noch) nicht bekannt.

spielte die Frage nach dem Zusammenhang von Persönlichkeitsmerkmalen, Charaktereigenschaften und dem Nationalsozialismus in vielen Studien ein herausragende Rolle. Anders als die später entstandenen, berühmten „Studien zum autoritären Charakter" von Theodor W. Adorno und anderen, die in mehrfacher Hinsicht an die in dieser Arbeit behandelten Studien anknüpfen, wurden diese amerikanischen Studien in der Nachkriegszeit bis heute kaum rezipiert. Eine Untersuchung des soziologischen Gehaltes dieses Forschungszweiges steht nach wie vor aus.

## Zur Auswahl der Studien und zum Vorgehen

Im *Teil I* beschäftige ich mich zunächst mit Goldhagens Kritik an herkömmlichen Erklärungen des Holocaust sowie mit Goldhagens eigenem Erklärungsansatz. Diese Auseinandersetzung führt mich zu der Aufstellung von vier Kriterien für die soziologische Beurteilung von Studien über den Nationalsozialismus aufzustellen.

*Teil II* dieser Arbeit ist zwei Studien Erich Fromms über den autoritären Charakter gewidmet. Bei Fromms Beitrag zu den „Studien über Autorität und Familie" aus dem Jahr 1936 handelt es sich um die erste, wegweisende Formulierung der Problematik des „autoritären Charakters". Die Bedeutung des Beitrags Fromms zu den „Studien über Autorität und Familie" für die vorliegende Arbeit ergibt sich zudem durch die Tatsache, daß alle weiteren hier behandelten Studien in der einen oder anderen Form an Fromms Arbeit anknüpfen. In seinem Buch „Die Furcht vor der Freiheit" aus dem Jahr 1941[7] hat Fromm seine Thesen aus den „Studien" wieder aufgegriffen, erweitert und zum Teil modifiziert. Bei seiner Veröffentlichung erregte das Buch vor allem in Amerika erhebliches Aufsehen. Nach einer Darstellung der „Studien über Autorität und Familie" und der „Furcht vor der Freiheit" sowie einer Zusammenfassung der wichtigsten Aspekte beider Arbeiten in Thesenform werde ich die Arbeiten Fromms jeweils einer Kritik unterziehen, die angeleitet ist durch die vier Kriterien, die ich in Teil I für die Beurteilung von Studien über den Nationalsozialismus aufgestellt habe.

In *Teil III* werde ich mich mit amerikanischen Studien aus den vierziger Jahren zum Nationalsozialismus auseinandersetzen. Ausgewählt habe ich zum einen die Arbeiten Richard Brickners, der versucht, den Nationalsozialismus über paranoide Tendenzen

---

[7] Nach Martin Jay wurde die „Furcht vor der Freiheit" „auf seinem Gebiet bald zum Klassiker" vgl. Jay, Martin: Dialektische Phantasie. Die Geschichte der Frankfurter Schule und des Instituts für Sozialforschung 1923-1950. Frankfurt am Main 1976, S. 126

in der deutschen Kultur zu erklären. Bei Brickners Arbeiten handelt es sich um einen damals sehr einflußreichen Erklärungsansatz, der - wie zu zeigen sein wird - nicht ohne Einfluß auf die amerikanische Besatzungspolitik der „Re-education" in Deutschland blieb. Ähnlich stark rezipiert wurde damals das empirisch ausgerichtete Buch „Father Land" des Psychiaters Bertram Schaffner, der den Zusammenhang zwischen der Art der Erziehung in der deutschen Familie und dem Nationalsozialismus untersuchte. Die Studien Schaffners und Brickners werden ebenso wie die Rezeption derselben wiederum zunächst dargestellt, bevor ich anschließend eine Kritik an den Studien anhand der vier Kriterien aus Teil I dieser Arbeit vornehme.

Ergänzt wird der Teil III dieser Arbeit durch die Behandlung dreier amerikanischer empirischer Studien aus den vierziger Jahren, die ebenfalls - mit jeweils unterschiedlicher Akzentsetzung - Zusammenhängen zwischen Eigenschaften Deutscher und ihrer Anhänger- bzw. Gegnerschaft zum Nationalsozialismus nachgehen. Untersuchen werde ich dabei jeweils, in welchem Verhältnis die Ergebnisse dieser drei Studien zu den Theorien Fromms, Brickners und Schaffners stehen und inwiefern sie diese stützen oder in Frage stellen.

Da - bis auf die Arbeiten Fromms - die hier diskutierten Studien in Deutschland weitgehend unbekannt und nur schwer erhältlich sind, werde ich meiner Kritik stets einen ausführlichen darstellenden Teil voranstellen.

In den *Schlußfolgerungen* werde ich im Überblick darstellen, welche der in Teil I dieser Arbeit aufgestellten vier Kriterien die behandelten Studien jeweils erfüllen und welche sie nicht erfüllen. Es wird dargelegt, was aus diesem Ergebnis hinsichtlich der Beurteilung von Goldhagens Kritik am Autoritätsansatz zu folgern ist. Anschließend wird gezeigt, welche Schlüsse aus der Überprüfung der vier Kriterien aus Teil I für die Beantwortung der Ausgangsfrage zu ziehen sind: Wie sind die hier ausgewählten amerikanischen Studien über den Nationalsozialismus aus den vierziger Jahren vor dem Hintergrund von Goldhagens „Hitler's Willing Executioners" heute aus soziologischer Sicht zu beurteilen? Können sie heute noch einen Beitrag leisten zur Beantwortung der Frage: Warum konnte der Holocaust passieren?

# Teil I: Daniel Goldhagens „Hitler's Willing Executioners" und eine Aufstellung von vier Kriterien für die soziologische Beurteilung von Studien über den Nationalsozialismus

## 1. Daniel Goldhagen: „Hitler's Willing Executioners"

### 1.1 Goldhagens Kritik an 'konventionellen' Erklärungsansätzen für den Holocaust

Eine Analyse des Holocaust muß nach Goldhagen das Handeln der 'Vollstrecker' Täter der 'Judenvernichtung' in den Mittelpunkt stellen und vor allem eines erklären: Warum handelten die Täter so, wie sie es taten? Goldhagen spezifiziert diese Frage in „Hitler's Willing Executioners" folgendermaßen: „This book endeavers questions about them (the perpetrators - M.P.), principally the following three: Did the perpetrators of the Holocaust kill willingly? If so, what motivated them to kill and brutalize jews? How was this motivation engendered?" [8]

Die 'konventionellen' Ansätze zur Erklärung der Handlungen der Täter kritisiert Goldhagen in „Hitlers Willing Executioners" äußerst scharf. Er ordnet diese Erklärungen dabei zunächst fünf Kategorien zu:

- Die *erste* Kategorie besteht für ihn aus Erklärungen, die äußere Zwänge in den Mittelpunkt stellen. Nach diesen Ansätzen blieb den Tätern keine andere Wahl als den Befehlen zu folgen, da ihnen bei Nichtbefolgung schwere Sanktionen gedroht hätten.[9]

- Eine *zweite* Kategorie von Erklärungen basiert nach Goldhagen auf einer Sichtweise der Täter als blinde Befolger von Anordnungen. Unterschiedliche Ansätze für die Begründung dieses blinden Gehorsams würden dabei gegeben, z.B. Hitlers Charisma oder eine allgemeine menschliche Tendenz, sich Autorität unterzuordnen, ferner dieselbe als spezielle deutsche Eigenschaft.[10] (Auf diese Kritik Goldhagens

---

[8] Goldhagen, S. 375
[9] vgl. ebd., S. 11
[10] vgl. ebd., S. 12

am Erklärungsansatz des Autoritarismus wird in der vorliegenden Arbeit ausführlich einzugehen sein.)

- Einer *dritten* Kategorie ordnet Goldhagen Ansätze zu, welche die Täter als Subjekte ansehen, die unter einem enormen sozialpsychologischen Druck gestanden hätten. Der Druck ist bei diesen Ansätzen nach Goldhagen auf die Täter von Kameraden oder durch Rollenerwartungen ausgeübt worden. Goldhagen schreibt: „It is, so goes the argument, extremely difficult to resist pressures which can lead individuals to participate in acts which they on their own would not do, indeed would abhor. And a variety of psychological mechanisms are available for such people to rationalize their actions." [11]

- In einer *vierten* Kategorie faßt Goldhagen Ansätze zusammen, die seiner Ansicht nach die Mehrzahl der Täter als „petty bureaucrats or soulless technocrats" ansehen, welche ausschließlich ihr Eigeninteresse oder ihre technokratischen Ziele und Aufgaben verfolgten, ohne dabei die Opfer zu beachten: „It can hold for administrators in Berlin as well as for concentration camp personnel. They all had careers to make, and because of the psychological propensity among those who are but cogs in a machine to attribute responsibility to others for overall policy, they could pursue their own careers or their own institutional or material interests." [12]

- Eine *fünfte* Kategorie von Erklärungsmustern schließlich besteht nach Goldhagen darin zu behaupten, daß die Aufgaben bei der Ausführung des Holocausts so fragmentiert gewesen seien, daß die Täter nicht die wahre Natur ihrer Aktionen hätten verstehen können. Die Täter hätten deshalb nicht begreifen können, daß ihre kleinen Beiträge tatsächlich Teil eines globalen Vernichtungsprogrammes waren. Und in den Fällen, in denen sie es doch konnten, hätten sie mit dem Hinweis auf die Geringfügigkeit ihres Beitrages die Verantwortung für das Ganze auf andere abwälzen können.

Eine detaillierte Kritik der einzelnen Erklärungsansätze liefert Goldhagen am Ende seines Buches im Anschluß an ein genaue Untersuchung des Verhaltens der Täter in drei 'Tötungsinstitutionen': in Polizeibataillonen, in Arbeitslagern und während der

---

[11] ebd., S. 12
[12] Goldhagen, S. 12

'Todesmärsche' unmittelbar vor dem Ende des Krieges. Eine allgemeine, grundsätzliche Kritik an den oben kategorisierten 'konventionellen' Erklärungsversuchen ist allerdings bereits eine wichtige Prämisse für die Anlage von Goldhagens Untersuchung, vor allem für seine Auswahl der von ihm untersuchten Institutionen des Holocaust: Goldhagen wirft den 'konventionellen Erklärungen' vor, daß sie alle eine neutrale oder verurteilende Einstellung der Täter gegenüber ihren eigenen Handlungen annehmen würden. Entsprechend würden diese Ansätze ihre Aufgabe darin sehen zu zeigen, wie Leute dazu gebracht werden konnten, Handlungen zu begehen, die sie eigentlich innerlich nicht billigten und nicht für gerecht hielten.[13]

Daß dieses Erklärungsmuster das Handeln der Täter vollkommen unzureichend erfaßt (und die Ausgangsfrage folglich heißen müßte: Warum waren die meisten Täter überzeugt von der Richtigkeit ihre Tuns?) will Goldhagen zeigen, indem er das Handeln der Täter in verschiedenen 'Tötungsinstitutionen' rekonstruiert und zunächst demonstriert, daß die Täter seiner Ansicht nach häufig genau wußten, was sie taten. Die konventionellen Erklärungen, würden „fail to acknowledge the actors' capacity to know and to judge, namely to understand and to have views about the significance and the morality of their actions"[14]. Sie seien insofern grundlegend falsch. Zum anderen will Goldhagen zeigen, daß die Täter sich sehr wohl dem Befehl, Juden zu quälen und zu ermorden, entziehen konnten bzw. daß ein solcher Befehl oft nicht einmal vorlag.

Den Beweis hierfür tritt Goldhagen an, indem er das Handeln von Tätern in Polizeibataillonen, in Arbeitslagern und während der 'Todesmärsche' unmittelbar vor dem Ende des Krieges untersucht. Die Auswahl dieser Institutionen begründet Goldhagen in einer „Note on the Method" im Anhang des Buches. Wichtig waren für Goldhagen bei der Auswahl der zu untersuchenden Institutionen danach die folgenden Kriterien: Sicherstellen wollte er zunächst, daß es sich um Institutionen handelte, in denen die Täter wußten, daß sie nicht töten mußten, sondern von dieser 'Aufgabe' durchaus zurücktreten konnten, ohne daß dieses schlimme Folgen für sie gehabt hätte. Gleichzeitig sollte es sich um Tötungen von Angesicht zu Angesicht handeln. Und schließlich sollte es sich um Täter handeln, die nicht nur kurzfristig oder gelegentlich, sondern regelmäßig und über einen längeren Zeitraum hinweg an den Tötungen beteiligt waren. Außerdem sollten die Täter idealerweise Menschen sein, bei denen aufgrund

---

[13] vgl. ebd., S. 13
[14] ebd., S. 13

ihrer Herkunft und ihres sozialen Hintergrundes die Wahrscheinlichkeit eigentlich sehr gering war, daß sie zu „willing executioners" würden.[15] Eine Reihe von Polizeibataillonen erfüllen nach Goldhagen alle diese Kriterien und stellen somit ein sehr geeignetes Untersuchungsobjekt für seine Zwecke dar. Ein solches ideales Objekt sind für Goldhagen auch die „Arbeitslager", allerdings aus einem ganz anderen Grund: „The rationale for studying „work" camps was to subject the operative hypotheses to its toughest test. Institutions devoted to economic production, whose calling card is rationality, should have been the least suspectible to the influence of a preexisting ideology - in this case, to antisemitism." [16] Die Todesmärche im Jahr 1945 schließlich, während derer deutsche Soldaten noch bei der Flucht vor den alliierten Truppen Juden abführten und töteten, sind für Goldhagen deshalb von besonderem Interesse, weil sie seiner Ansicht nach erlauben, die Handlungen und Motive unter den Bedingungen einer weitgehenden Autonomie der Täter zu studieren: Die beteiligten deutschen Truppen wurden nicht mehr kontrolliert. Deutschland war kurz davor, besiegt, besetzt und für seine Handlungen bestraft zu werden. Die Todestruppen töteten trotzdem in Eigeninitiative weiter, auch als sie bereits von Heinrich Himmler den Befehl erhalten hatten, das Morden zu beenden. [17]

Da Goldhagens Ansatz in dieser Arbeit vor allem herangezogen wird zur Aufstellung eines allgemeinen Bewertungsmaßstabes für Studien zum Nationalsozialismus, würde es zu weit vom Thema abführen, auf die einzelnen, tatsachenreichen und aufwendig recherchierten Berichte über die Handlungen der Täter in den verschiedenen „Tötunginstitutionen" einzugehen. Mir kommt es hier vor allem auf die Schlußfolgerungen an, die Goldhagen aus der umfangreichen Materialsichtung zieht. Von Interesse ist insbesondere Goldhagens aus seiner Untersuchung abgeleitete Kritik an gängigen Theorien über den Holocaust sowie sein eigener Erklärungsansatzes, den er den von ihm kritisierten Theorien entgegenstellt:

In Zusammenhang mit seinen historischen Analysen arbeitet Goldhagen vier in den Tötungsinstitutionen ausgeführte Handlungsarten heraus, die er in einer 2x2-Matrix darstellt:

---

[15] vgl. ebd., S. 464
[16] ebd., S. 465
[17] vgl. ebd., S. 403

## The Perpetrators Action[18]

*Ordered by Authority*

| | | Yes | No |
|---|---|---|---|
| *Cruelty* | Yes | Organized and "Structured" Cruelty | "Excesses" Such as Torture |
| | No | Killing Operations and Individual Killings | "Acts of Initiative" Such as Individually Initiated Killings |

Goldhagen zeigt in seiner Untersuchung der unterschiedlichen Institutionen des Holocaust: „(E)ach of the four types of action was an ordinary, typical, even regularly occurring constituent feature of the perpetrators' treatment of the Jews."[19] Da es Goldhagen darum geht zu zeigen, daß Erklärungen, welche das Handeln der Täter lediglich als von äußeren Zwängen motiviert betrachten, einen wesentlichen Aspekt des Holocaust mißachten, liegt der Akzent seiner Ausführungen darauf, das folgende zu beweisen: Die deutschen Vollstrecker des Holocaust mordeten und quälten auch dann, wenn sie a) wußten, daß sie sich den entsprechenden Anweisungen ohne ernstzunehmende Probleme entziehen konnten oder b) sie gar keinen Befehl dazu hatten, also aus Eigeninitiative heraus handelten. Goldhagens Materialsammlung ist vor allem in dieser Hinsicht sehr detailliert und aufschlußreich. Eine vollständige Theorie des Holocaust muß nun - so die logische Schlußfolgerung Goldhagens - alle vier herausgearbeiteten Handlungsarten erklären können. Erklärt werden müssen nach Goldhagen also sowohl die ohne zusätzliche Grausamkeit verübten Morde, die auf individuelle Initiative hin geschahen, als auch jene, die auf direkte Anweisungen hin begangen wurden. Zu erklären sind außerdem die den Juden zugefügten Grausamkeiten, wobei ebenfalls wieder zu unterscheiden ist zwischen den auf Befehle und den auf eigene Initiative zurückgehenden Handlungen. In bezug auf die Grausamkeiten, die jüdischen Menschen

---

[18] ebd., S. 376
[19] ebd., S. 376

zugefügt wurden, darf nach Goldhagen dabei nicht vergessen werden: „The cruelty (...) had no instrumental purpose save Jewish suffering and German satisfication." [20]

Goldhagen weist in den Teilen III, IV und V seines Buches nach, daß während des Holocausts tatsächlich alle vier in seiner 2x2-Matrix aufgeführten Handlungsarten häufig und regelmäßig anzutreffen waren. Vor diesem Hintergrund kritisiert Goldhagen nun die von ihm in fünf Gruppen kategorisierten 'konventionellen' Erklärungsmuster für den Holocaust und fragt, welche der vier Handlungsarten diese jeweils berücksichtigen und welche sie nicht erfassen:

Alle Ansätze der ersten Kategorie, die auf der Annahme basieren, daß die Täter nur unter äußeren Zwängen handeln, sind nach Goldhagen bereits durch den Nachweis der Vielzahl der freiwillig geschehenen Handlungen der Täter widerlegt. Aus der großen Menge der von Goldhagen angeführten Belege für die Abwesenheit des Zwangs zum Töten sei hier beispielhaft ein ausgewählter zitiert: „A member of the Police Battalion 67 testifies „that we were repeatedly, in my opinion monthly, instructed, that, in accordance with a Himmler Order, nobody can order us to shoot anyone." Himmler, the Einsatztruppen officer, and many police commanders apparently believed, that only those who were dedicated and up to the task would be asked to kill jews. [21] Der Nachweis (von dem Goldhagen meint, daß dieser bereits durch seine und andere Forschungen erbracht sei), daß kein Deutscher jemals dafür getötet oder eingesperrt worden sei, daß er sich geweigert hatte, Juden zu töten, ist für Goldhagen beweiskräftig.[22] Er schließt weiterhin: „It is also inconstable that the knowledge that they did not have to kill, if they preferred not to, was extremely widespread among the killers, as the discussion of police battalions and what is known about the Einsatztruppen and other institutions of killing affirm."[23]

Indem Goldhagen zeigt, daß das Handeln der Täter keineswegs nur in dem Ausführen von Befehlen bestand, sondern in weiten Teilen auf Eigeninitiative beruhte, sieht er durch seine Untersuchung auch das von ihm der zweiten Kategorie zugeordnete Argument konventioneller Erklärungen als in weiten Teilen entkräftet an, welches das Handeln der Täter erkläre auf der Basis der Annahme, daß Menschen im allgemeinen

---

[20] ebd., S. 377
[21] ebd., S. 380
[22] vgl. ebd., S.381
[23] vgl. ebd., S. 381

und die Deutschen im besonderen stark dazu neigten, sich Befehlen unabhängig von deren Inhalt zu unterwerfen. Dem ebenfalls unter die „Kategorie 2" fallenden Argument, daß gerade die Deutschen eben besonders unterwürfig gegenüber staatlicher Autorität gewesen seien - ein Erklärungsmuster, welches Goldhagen zufolge oft als „axiomatic truth" angesehen wird[24]- hält er eine historische Tatsache entgegen:

> „This argument can not be sustained. The very people, Germans, who supposedly were slavishly devoted to the cult of the state and to the obedience's sake, were the same people, Germans, who battled in the streets of Weimar in defiance of existing state authority, and often in order to overthrow it. (...) The legal order and state authority of the Weimar republic was disdained, openly mocked, and routinely violated by an enormous number of Germans spanning the political spectrum, by ordinary citizens and the state officials alike."[25]

Goldhagen zieht hieraus den Schluß, daß Deutsche nicht karikiert werden sollten als blind autoritätsgläubige Menschen. „Like other people, they have regard for authority if they hold it to be legitimate. They too weigh an order's source and it's meaning when deciding if and how to carry it out."[26] Tatsächlich hätten sich Deutsche in allen Rängen, sogar die am meisten nazifizierten, Anordnungen widersetzt die sie für illegitim gehalten hätten. Wie weiter unten zu zeigen sein wird, basiert Goldhagens eigener Erklärungsansatz genau auf diesem Argument des Glaubens an die Legitimität der 'Judenvernichtung'. In der vorliegenden Arbeit wird die Kritik Goldhagens an dem „Autoritätsansatz" noch ausführlich zu behandeln sein. Wie ich weiter unten zeigen werde, basieren Goldhagens Einwände in weiten Teilen auf einem unzureichenden Verständnis der „Autoritätsdebatte".

Das dritte Erklärungsmuster, das - wie oben dargestellt - das Handeln der Täter über sozialpsychologischen Druck erklärt, hat nach Goldhagen ebenfalls nur eine sehr eingeschränkte Erklärungskraft und könne entsprechend nur für einen Teil der Täter als Erklärung herangezogen werden. Dieses schließt Goldhagen nicht nur aus seiner Rekonstruktion der Handlungen der Täter. Er führt zudem ein logisches Argument an: Der sozialpsychologische Druck könne zwangsweise immer nur das Handeln einer Teilmenge der Mitglieder innerhalb einer Gruppe erklären und zwar aus dem folgenden Grund: „If a large segment of a group, not to mention the vast majority of its members, opposes or abhors an act, then the social pressure would work to *prevent*,

---

[24] vgl. ebd., S. 381
[25] ebd., S. 382
[26] ebd., S. 382

not to encourage, individuals to undertake the act."[27] Allerdings übersieht hier Goldhagen die Möglichkeit der folgenden Konstellation: Ist eine Überzeugung - hier : *nicht ein Verachter der Juden zu sein* - erst einmal als sozial sanktionierte etabliert, sind durchaus Situationen wahrscheinlich, in denen eine Mehrzahl der Gruppenmitglieder gegen ihre eigenen Überzeugung handelt. Denn da die eigene abweichende Überzeugung - in der Regel aus Angst vor Sanktionen - in diesem Fall wahrscheinlich häufig verheimlicht wird, kann es möglich sein, daß ein Großteil der Gruppe Juden nicht verachtet, jeder aber trotzdem annimmt, daß die meisten in der Gruppe dieses tun. Aus Mangel an Wissen um die Überzeugung der anderen und durch mangelndes Vertrauen wird eine Aussprache verhindert. So wird die Situation, in der die Mehrzahl gegen ihre Überzeugung handelt, durch unzutreffende, aber nicht ohne weiteres zu widerlegende gegenseitige Annahmen über die Verbreitung der in der Gruppe dominierenden Einstellungen zu einer sich selbst stabilisierenden Situation. Es genügt hier also, wenn in der Gruppe *geglaubt* wird, daß die Mehrheit der Gruppe aus überzeugten Judenmördern besteht. Dies dürfte insbesondere für Gruppen mit rigiden Strukturen und Kontrollmechanismen gelten. Goldhagens Argument ist damit aber natürlich nur teilweise entkräftet. Zutreffend bleibt, daß das Argument des sozialpsychologischen Drucks jeweils nur auf eine Teilmenge der Deutschen angewandt werden kann, denn: Mindestens für die Etablierung einer Situationsdefinition, in der Mord an Juden eine allgemein akzeptierte und durch Sanktionen gestützte Handlungsorientierung ist, bedarf es zunächst einer Vielzahl von überzeugten 'Judenhassern'.

Auch die von Goldhagen der vierten Kategorie zugeordneten Erklärungsversuche (die ausschließliche Verfolgung des Eigeninteresses ohne die Berücksichtigung des verursachten Leides) können ihm zufolge nur das Handeln einer Teilmenge der Täter erklären. Insbesondere würde diese Erklärung nicht zutreffen für die Handlungen der Fußsoldaten und für die meisten Männer in den Polizeibataillonen:

> „Most of the men of police battalions, as well as many other perpetrators, had no bureaucratic or career interest to advance by their involvement. They were bucking for promotions, meaningless promotions, for these were older conscripts who would soon return to their private middle-, lower-, and working-class lives. Also, few of them stood to enrich themselves, and the evidence does not suggest that any but a few did."[28]

[27] ebd., S. 384
[28] ebd., S. 384

14

Goldhagen kommt zu der Einschätzung, daß die Täter mit einigen Ausnahmen keine Karriereinteressen oder materielle Anreize gehabt haben, die sie dazu hätten bringen können, immer weiter zu töten und nicht „nein" zu den Massenmorden sagen zu wollen.[29] Ob Goldhagens Einschätzung in dieser Schärfe berechtigt und historisch zutreffend ist, muß hier dahingestellt bleiben. Im Rahmen der Zielsetzung dieser Arbeit genügt es aber, der Schlußfolgerung in einer abgeschwächten Form zuzustimmen: Nicht alle, sondern nur eine mehr oder weniger große Teilmenge der Täterhandlungen kann über das rücksichtslose Verfolgen von eigenen Interessen erklärt werden. Auch hier ist übrigens das von mir oben entwickelte Argument anwendbar: Damit überhaupt die Möglichkeit besteht, sich durch die Tötung und Folterung von Juden zu bereichern, muß eine entsprechende Situationsdefinition erst einmal durchgesetzt worden sein. Auch hier müssen also zumindest an Zahl und Macht einflußreiche überzeugte 'Judenhasser' wirksam geworden sein.

Die von Goldhagen der fünften Kategorie zugeordneten Holocaust-Erklärungen (unsichtbare Verantwortung durch stark fragmentierte Aufgaben) können Goldhagen zufolge ebenfalls nicht für sich in Anspruch nehmen, eine allgemeingültige Erklärung für die Handlungen der Täter zu liefern. Für die Täter, die den Opfern bei deren Ermordung von Angesicht zu Angesicht gegenüberstanden, könnten sie auf gar keinem Fall gelten. Aber auch in bezug auf 'Schreibtischtäter', für die eine entsprechende Argumentation häufig angeführt wird, meldet Goldhagen erhebliche Zweifel an der Angemessenheit des Argumentes an:

„Since it is clear that tens of thousands of Germans who understood all too well what they were doing were willing to kill Jews, there is no need to concoct an (empirically unsustainable) alibi of incomprehension to explain why some others did not understand quite what it was that they were doing or did not realize that they had the responsibility to say „no". Most of them understood perfectly well, and there is no reason to believe that those who did not would have acted otherwise had they had more knowledge."[30]

Zu einer ähnlichen Einschätzung kommt übrigens der von Goldhagen scharf kritisierte Holocaust-Forscher Raul Hilberg in seiner umfangreichen Untersuchung „Die Vernichtung der europäischen Juden". Hilberg schreibt: "Man muß sich bewußt machen, daß die meisten der Mittäter keine Gewehre auf jüdische Kinder abfeuerten oder Gas in Gaskammern leiteten (...) Gleichwohl waren die Männer nicht naiv; sie kannten den

---

[29] vgl. ebd., S. 384
[30] ebd., S. 385

Zusammenhang zwischen ihrer Papierarbeit und den Leichenbergen im Osten."[31] Hilberg geht wie Goldhagen davon aus, daß die Bürokraten in Eigeninitiative handelten und ihren Taten einen Sinn beimaßen.[32] Der Unterschied von Hilbergs Sichtweise gegenüber der Goldhagens besteht aber darin, daß Hilberg davon ausgeht, daß sich die Bürokraten angesichts ihrer Handlungen mit ihrem Gewissen konfrontiert gesehen hätten, das ihnen gesagt hätte, daß sie unter moralischen Gesichtspunkten falsch handelten. Rationalisierungsstrategien wurden nach Hilberg deshalb als psychologische Entlastungsmechanismen notwendig. Goldhagen dagegen geht davon aus, daß Gewissenskonflikte für die Täter gar nicht erst entstanden, da diese auch in ihrem 'tiefsten Inneren' von der Richtigkeit ihres mörderischen Tuns überzeugt gewesen seien.

Goldhagen kommt zu dem Schluß, daß die fünf von ihm betrachteten „konventionellen" Holocausterklärungen nicht einmal die auf Befehl hin erfolgten Tötungen von Juden vollständig erfassen können. In bezug auf diese befohlenen Handlungen hätten sie allerdings wenigstens ein gewisses Maß an „surface plausibility", während sie die anderen in der 2x2-Matrix aufgeführten Handlungsarten überhaupt nicht erklären könnten.[33] Goldhagen schließt aus seinen Analysen:

> „An explanation of the perpetrators action must minimally account for the empirical evidence, namely for the four kinds of action that have been shown here to have been typical. None of the conventional explanations can explain why the Germans did not take advantage of their ready opportunities either to avoid killing or to ameliorate Jewish suffering. None can explain why, by and large, the Germans did the opposite, producing unnecessary Jewish suffering and carrying out their lethal tasks with zeal and, for many, apparent eagerness."[34]

## 1.2. Goldhagens eigener Erklärungsansatz

Welche Konsequenzen zieht nun Goldhagen aus seiner Kritik an den herkömmlichen Erklärungen des Holocaust? Goldhagen entwickelt einen Erklärungsansatz, der sich dadurch auszeichnet, daß er das Handeln der Täter nicht als durch äußere Zwänge motiviertes Handeln wider deren Willen betrachtet. Stattdessen geht er davon aus, daß „the German people, like other people, consistently made choices about how they

---

[31] Hilberg, Raul: Die Vernichtung der europäischen Juden. Frankfurt am Main 1990, S. 1093
[32] vgl. Hilberg, S. 1061ff. Dieser Punkt ist in Hilbergs Schriften oft zu wenig beachtet worden. So betrachtet etwa Bauman in „Modernity and the Holocaust" Hilbergs Deutung des Holocaust fälschlicherweise als Darstellung einer perfekt funktionierenden, Verantwortung gegenüber per se blinden Bürokratie. Vgl. Bauman, S. 38ff
[33] vgl. Goldhagen, S.388
[34] ebd., S. 389

would act, choices that consistently produced immense Jewish suffering and mortality. They individually made choices as contented members of an assenting genocidal community, in which the killing of the Jews was normative and often celebrated."[35]

Die wohl als Hauptthese des Buches zu bezeichnende Behauptung Goldhagens besteht nun im folgenden: Der Holocaust kann nach Goldhagen nur erklärt werden über die *Überzeugung* der meisten Täter, daß es *richtig* war, die Juden umzubringen und über den Glauben der Täter, daß ihre 'Vernichtung' eine nicht abzuwendende Aufgabe gewesen sei. Die Täter wirkten nach Goldhagen also bewußt an einem 'Projekt' mit, das sie größtenteils selbst bejahten und eben aufgrund dieser Überzeugung mit vorantrieben. Die Quelle für diese Überzeugung siedelt Goldhagen in der Ideologie an: Die wesentliche Antriebskraft für den Holocaust liege in der motivationalen Kraft des deutschen Antisemitismus. Dieser sei eine Form von Antisemitismus gewesen, die auf die Eliminierung der Juden von Anfang an abzielte. In dieser Form, in der der Antisemitismus die Juden als auszurottendes Weltübel definiert hätte (und Goldhagens Deutung zufolge schon am Ende des letzten Jahrhunderts in der entscheidenden Form in Deutschland vorhanden war[36]) bewirkte er nach Goldhagen, daß die Täter und mit ihnen die Mehrheit der Deutschen von der prinzipiellen Richtigkeit der Vernichtung der Juden überzeugt gewesen seien. Da es sich hier um eine Schlüsselstelle von Goldhagens Buch handelt, soll sie ausführlich zitiert werden:

> „My explanation - which is new to the scholary literature on the perpetrators - is, that the perpetrators, 'ordinary' Germans, were animated by antisemitism, by a particular *type* of antisemitism that led them to conclude, that the Jews *ought to die*. The perpetrators' beliefs, their particular brand of antisemitism, though obviously not the sole source, was, I maintain, a most significant and indispensable source of the perpetrators' action and must be at the center of any explanation of them. Simply put, the perpetrators, having consulted their own convictions and morality and having judged the mass annihilation of Jews to be right, did not *want* to say „no"."[37]

Dem deutschen „eliminationist antsimitism" weist Goldhagen dabei den Status eines „social cognitive model'" zu. In dieser Eigenschaft enthalte es „beliefs, viewpoints and values, which may not be explicitly articulated - nevertheless serve to structure every society's conversation."[38] Kognitive Modelle, die normalerweise aus einer kleinen Anzahl von „conceptual objects and their relations to each other" bestünden, wür-

---

[35] vgl. ebd., S. 13
[36] vgl. ebd., S. 49ff.
[37] ebd., S. 14 (Hervorhebung im Original)
[38] ebd., S. 33

den die Mitglieder über alle Aspekte ihres Lebens und der Welt sowie über ihre Praktiken informieren und so das Bild, das sich diese von der Welt machen, auf basale Weise prägen.[39] Wenn bestimmte Inhalte der durch kognitive Modelle geprägten Diskurse[40] monolithisch oder beinahe monolithisch - also ohne Gegenmodelle - seien, würden die Mitglieder der Gesellschaft „automatically incorporate its features into the organization of their minds, into the fundamental axioms that they use in perceiving, understanding, and responding to all social phenomena."[41]

Beim deutschen Antisemitismus war dieses nach Goldhagen der Fall. Goldhagen zeichnet die Entwicklung des eliminatorischen Antisemitismus über viele Jahrzehnte hin nach und kommt zu dem Schluß, daß, schon bevor die Nationalsozialisten an die Macht gekommen seien, ein gesellschaftlicher Konsens darüber bestanden hätte, daß ein „Judenproblem" existiere von dessen Lösung die Zukunft Deutschlands und der Welt abhängen würde. Von dort sei es nur noch ein kleiner, ein logischer Schritt zur Vernichtung der Juden gewesen - ein Plan, den Goldhagen zufolge Hitler von Anfang verfolgte. Es habe in Deutschland schon Jahrzehnte vor 1933 keine einzige Institution gegeben, die ein positives Bild der Juden verbreitet hätte. Und selbst unter 'Nicht-Nazis' wäre die Überzeugung verbreitet gewesen, daß ein „Judenproblem" tatsächlich existiere, das in der einen oder anderen Form gelöst werden müsse. So habe es dann letztendlich zu einer „consonance between macro, meso and the micro" kommen können, die nach Goldhagen darin bestand, daß „the same beliefs moved policy makers, infused and shaped the character of the institutions of killing, and motivated the executors of genocidal policy."[42] Deutsche hätten in ihren Beziehungen zu Juden von Angesicht zu Angesicht dasselbe Denken reproduziert wie diejenigen, die die Gesamtpolitik des Holocaust gestalteten.[43] Seinen Ansatz bezeichnet Goldhagen als „anthropologist's approach". Er plädiert dafür, sich der Naziperiode anzunähern *ohne* die Annahme, daß es sich bei dem Deutschland der damaligen Zeit um eine „normale" Gesellschaft gehandelt habe, die nach Regeln des „common sense" operiert hätte, die denjenigen der heutigen amerikanischen ähnlich gewesen seien.[44]

---

[39] vgl. ebd., S. 33
[40] Goldhagen spricht von „conversations", mir scheint hier das deutsche Wort „Diskurs" die zutreffendste Übersetzung zu sein.
[41] Goldhagen, S. 33 f.
[42] ebd., S. 399
[43] vgl. ebd., S. 399
[44] vgl. ebd., S. 15

18

Wichtig ist mir in diesem Zusammenhang vor allem das folgende: Goldhagen kennzeichnet das soziale kognitive Modell des Antisemitismus als *eigentliches Motiv* des Holocaust. Hitler und seine Gefolgsleute aktivierten nach Goldhagen lediglich den bereits fertig ausgeprägten Antisemitismus. Dementsprechend war Hitler aus der Sicht Goldhagens lediglich der letzte Anstoß, der Antreiber der Judenvernichtung, für den der „ordinary German" schon perfekt durch die deutsche Kultur vorbereitet gewesen sei und zur Verfügung gestanden hätte.[45] Goldhagen weigert sich weiter, die Ideologie des Antisemitismus auf andere Gründe zurückzuführen - etwa auf ökonomische oder soziale Faktoren - oder ihn mit Hilfe einer Theorie wie der „Sündenbocktheorie" zu erklären. Stattdessen plädiert er dafür, die Motivationskraft des Antisemitismus ernst zu nehmen und nicht zu versuchen, den Holocaust auf andere Motive - Motive, die dem 'common sense' der eigenen (heutigen amerikanischen) Gesellschaft einleuchtender erschienen, zurückzuführen. Daß Ideen eine äußerst starke Motivationskraft besitzen können, habe sich in der Menschheitsgeschichte immer wieder gezeigt:

> „We know that many societies have existed in which certain cosmological and ontological beliefs were well-nigh universal. Societies have come and gone where everyone believed in God, in witches, in the supernatural, that all foreigners are not human, (...), that Blacks are inferior, or that Jews are evil. The list could go on. There are two different points here. The first is that even if many of these beliefs are now considered to be absurd, people once held them dearly, as articles of faith. Because they did, such beliefs provided them with maps, considered to have been infallible, to the social world, which they used in order to apprehend the contours of the surrounding landscapes, as guides through them and, when necessary, as sources and inspiration for designs to reshape them. Second, and equally important, such beliefs, however reasonable or absurd some of them may be, could be and were subscribed to by the vast majority, if not all of the people in a given society. The beliefs seemed to be so self-evidently true, that they formed part of the people's „natural world", of the „natural order of things."(...) As axioms, namely as unquestioned norms, they were embedded in the very fabric of different societies' moral orders, no more likely to have been doubted than one of the foundational notions of our own, namely that freedom is a good."[46]

Da man es bei dem nationalsozialistischen Deutschland mit einer völlig fremden Kultur zu tun habe, verschließe sich diese Gesellschaft der Anwendung von „commonsense"-Überlegungen. Stattdessen solle man sich dieser Zeit nach Goldhagen nähern „with the critical eye of an anthropologist disembarking on unknown shores, open to meeting a radically different culture and conscious of the possibility that he might need to devise explanations not in keeping with, perhaps even contravening his own

---

[45] vgl. ebd., S. 45
[46] ebd., S. 28f.

common-sense notion"[47]. Nur so könne man die Funktionsweise dieser Gesellschaft erklären.

## 1.3. Kritik an Goldhagens Ansatz

Goldhagens Buch hat insbesondere in den USA und in Deutschland bereits unmittelbar nach seinem Erscheinen in englischer Sprache eine zum Teil heftig und polemisch geführte Debatte ausgelöst. Dabei fällt auf, daß die Reaktionen in den Vereinigten Staaten überwiegend positiv ausfielen, während in Deutschland die Reaktionen mehrheitlich kritisch bis ablehnend waren.[48] Die Kritik macht sich vor allem an Goldhagens Angriff auf die etablierte Holocaustforschung fest sowie an der Vorrangrolle, die er dem Antisemitismus zuweist. Besonders emotional wurde in Deutschland außerdem darüber gestritten, ob es sich bei Goldhagens Buch um eine Kollektivanklage aller Deutschen handle, und inwiefern die herausgelesenen Beschuldigungen gerechtfertigt seien. Nur teilweise allerdings ist die bisher geführte Kontroverse sachlich zu nennen. Viele Beiträge - insbesondere solche der von Goldhagen angegriffenen Autoren - scheinen eher durch eine prinzipielle Abwehrhaltung motiviert, als durch eine sachliche und unvoreingenommene Auseinandersetzung.[49] Einige der vorgetragenen Kritikpunkte an Goldhagen halte ich aber durchaus für zutreffend und bedeutsam:

Ein Aspekt, der in der Debatte über die Studie Goldhagens mehrmals genannt wird, gleichzeitig aber in seinen (theoretischen) Konsequenzen noch zu wenig beachtet worden ist, scheint mir besonders wichtig zu sein: die Tatsache, daß Goldhagen das Phänomen Nazi-Deutschland als ein sowohl in räumlicher als auch zeitlicher Hinsicht isoliertes und vollkommen singuläres Ereignis betrachtet.[50] Wenn Goldhagen sich dafür ausspricht, Deutschland als Land zu betrachten, das eine ganz eigene - fremde - Kultur besessen hätte und daß deshalb der Betrachter seine eigenen Maßstäbe als in Deutschland nicht geltend ansehen solle, ja Deutschland so betrachtet werden müsse - darauf läuft Goldhagens Vorschlag hinaus - wie ein fremder Stamm von Eingeborenen

---

[47] ebd., S. 15

[48] vgl. die Sammlung von Beiträgen zu Goldhagens Buch von Julius Schoeps (Hg.): Ein Volk von Mördern? Die Dokumentation zur Goldhagen-Kontroverse und um die Rolle der Deutschen im Holocaust. Hamburg 1996

[49] Zur Reaktion der deutschen Kritiker vgl.: Andrei S. Markowitz: Störfall im Endlager der Geschichte, in: Schoeps: Ein Volk von Mördern?, S. 228-240G

[50] vgl. die Kritiken von Paul Johnson, in: Schoeps, S. 28-31, Omer Bartov in: Schoeps, S. 63-80, hier insbes. S. 76f. und Hans-Ulrich Wehler, in: Schoeps: S.193-209, hier insbes. S. 203

20

auf einer abgelegenen Südseeinsel, bringt dieser Ansatz die äußerst problematische Konsequenz mit sich, daß die westlichen demokratischen Staaten hier nicht mehr als Maßstab und Referenzpunkt für die Behandlung des nationalsozialistischen Deutschlands dienen können. Das Nazi-Deutschland ist dann nicht mehr als *Abweichung von* dem zeitgenössischen westlichen Gesellschaftsmodell zu erfassen, sondern wird einfach als 'fremd' betrachtet. Doch Deutschland mit den gleichen ('Fremdheits')-Maßstäben zu betrachten wie einen entfernten Stamm von Eingeborenen in der Südsee ohne Kontakt zur übrigen Welt oder wie eine in der Vergangenheit einmal existiert habende Zivilisation, verkennt wichtige Tatsachen: Deutschland war vor 1933 fest integriert in die Welt westlicher Staaten, war diesen kulturell, wirtschaftlich und politisch strukturell ähnlich und kein fremder Sonderling. Wird das nationalsozialistische Deutschland - wie bei Goldhagen - trotzdem als ein solcher behandelt, hat dies äußerst unliebsame Folgen auf der theoretischen Ebene:

- Das nationalsozialistische System, insbesondere der Holocaust, wird nicht mehr betrachtet unter dem Gesichtspunkt einer der westlichen zivilisierten, modernen, kapitalistischen Welt inhärenten Möglichkeit und Gefahr. Wenn der Holocaust ausschließlich durch die Besonderheit der deutschen Ideologie erklärt wird, (die bei Goldhagen explizit *nicht* auf andere Ursachen - etwa auf bestimmte Konflikte oder Konstellationen in der modernen Gesellschaft - zurückgeführt wird,) ist hier der Holocaust letzten Endes nur als von dieser besonderen ideologischen Situation verursacht gedacht. Er kann damit nicht als eine Gefahr erfaßt werden, die eventuell erneut an anderer Stelle als in (dem angeblich völlig abstrusen Ideen verfallenen) damaligen Deutschland drohen könnte. Die Untersuchung möglicher Zusammenhänge zwischen bestimmten Eigenschaften moderner Gesellschaften und der Möglichkeit des Holocaust oder anderer Völkermorde ist damit in Goldhagens Ansatz von vornherein ausgeschlossen.

- Gleichzeitig bedeutet Goldhagens Weigerung, den Antisemitismus und die aus ihm entspringende Gewalt auf mögliche, hinter der Ideologie liegende Ursachen zurückzuführen, daß er darauf verzichtet, den Antisemitismus als einen *pathologischen*[51] Gesellschaftszustand zu begreifen. Bei Goldhagen ist der Holocaust ledig-

---

[51] Zum Begriff der sozialen Pathologie sowie zur Tradition der Kennzeichnung gesellschaftlicher Zustände als Pathologien in den Sozialwissenschaften vgl.: Honneth, Axel: Pathologien des Sozialen. Tradition und Aktualität der Sozialphilosophie, in: ders. (Hg.): Pathologien des Sozialen. Die Aufgaben der Sozialphilosophie. Frankfurt am Main 1994, S. 9-70. Honneth zeichnet die in sozialwissen-

lich die Konsequenz einer - wenn auch ungewöhnlichen und grausamen - Idee, die irgendwann einmal zufälligerweise entstanden ist - und eben kein wegen seiner Grausamkeit und Anormalität selbst wiederum erklärungsbedürftiger, von einer erstrebenswerten und als prinzipiell erreichbar gedachten Normalität abweichender Zustand einer Gesellschaft. Von der Möglichkeit einer gewaltfreien modernen Gesellschaft als theoretischem Referenzpunkt hat sich Goldhagen in „Hitler's Willing Executioners" durch die Weigerung, hinter der aggressiven Ideologie des Antisemitismus liegende mögliche Gründe für diese Aggressivität und Menschenverachtung zu suchen, meines Erachtens verabschiedet.

- Für problematisch halte ich ebenfalls, daß das nationalsozialistische Regime bei Goldhagen als Terrorregime kaum in den Blick gerät.[52] Dies mag unter anderem darauf zurückzuführen sein, daß Goldhagens Schwerpunkt gerade auf dem Nachweis einer großen Anzahl von nicht auf Zwang und Befehl basierenden Handlungen der Täter des Holocaust liegt. Es ist aber meiner Ansicht nach durchaus gerechtfertigt, Goldhagen eine zu stark selektiv auf sein Erkenntnisziel ausgerichtete Auswahl der behandelten historischen Tatsachen vorzuwerfen. Betrachtet man das Ausmaß des heute bekannten Terrors, den der Nationalsozialismus auf die gesamte deutsche Bevölkerung ausübte, erscheint mir Goldhagens Sichtweise als zu radikal und - insofern, als sie verbunden ist mit einer starken Schuldzuweisung - streckenweise überzogen und ungerecht zu sein. Meines Erachtens sprechen gute Gründe für Goldhagens Insistieren auf der Motivationskraft des Vernichtungsantisemitismus. Diesen aber in den Rang der mehr oder weniger einzigen, fast alle Handlungen des

schaftlichen Theorien enthaltenen Charakterisierungen gesellschaftlicher Pathologien von Rousseau über Nietzsche und Marx bis zu Arendt, Horkheimer, Adorno und Fromm nach. Honneth betont, daß es, „um von einer sozialen Pathologie sprechen zu können die nach dem Vorbild der Medizin einer Diagnose zugänglich sein soll, (einer) (...) Vorstellung von Normalität (bedarf), die auf das gesellschaftliche Leben im ganzen bezogen ist." (S. 50) In seinem Aufsatz arbeitet Honneth heraus, daß alle von ihm vorgestellten Versuche, einen Maßstab für die Normalität gesellschaftlicher Verhältnisse zu gewinnen, den Bezugspunkt der sozialen Lebensbedingungen des individuellen Subjekts gemeinsam haben: „als gelungen, ideal oder „gesund" werden stets Organisationsformen des Sozialen eingeschätzt, die dem einzelnen eine unverzerrte Verwirklichung seiner selbst erlauben." (S.53) Dieses Kriterium geht also über die von mir oben vorgenommene Kennzeichnung eines gesellschaftlichen Zustandes als gewaltfrei hinaus. Gewaltfreiheit ist aber gleichzeitig eine Bedingung für die Selbstverwirklichung der Gesellschaftsmitglieder und insofern auch in Honneths Charakterisierung implizit. Bei der Überprüfung des Kriteriums, ob die hier vorgestellten Theorien den Nationalsozialismus als eine pathologischen Gesellschaftszustand erfassen, wird Honneths Maßstab der Möglichkeit der Selbstverwirklichung der Gesellschaftsmitglieder von mir berücksichtigt.
[52] vgl. auch die Kritik von Richard Bernstein, in: Schoeps, S. 32-35, hier insbes. S.33 und Robert Harris, in Schoeps, S. 17-21, hier insbes. S.21

22

Holocaust erklärenden Ursache zu heben, scheint kaum den historischen Tatsachen gerecht zu werden. Zu viele Faktoren scheinen nach dem Stand der historischen Forschung eine Rolle zu spielen, die bei Goldhagen aufgrund seines - trotz gelegentlicher Betonung des Gegenteils - doch monokausalen Ansatzes [53] in keiner Weise berücksichtigt werden. Ich stimme in diesem Punkt mit Christopher Brownings Ansicht überein, der in einer Kritik an Goldhagens Buch schreibt: „ Ein dämonisierender deutscher Antisemitismus reicht als Erklärung (...) nicht aus." [54] Ich werde im nächsten Abschnitt bei Aufstellung von vier Beurteilungskriterien für Studien zum Nationalsozialismus auf dieses Problem zurückkommen.

Die Grenzen der monokausalen Erklärung der Handlungen der Täter durch die Ideologie des Antisemitismus (also durch die Motivationskraft einer - von Goldhagen in keiner Weise auf andere möglicherweise hinter ihr liegenden Ursachen zurückgeführten - *Idee*) zeigt sich aus soziologischer Sicht insbesondere in dem Teil von Goldhagens Argumentation, in dem er auf die Unterscheidung von Makro-, Meso- und Mikroebene zu sprechen kommt.[55] Goldhagen geht an diesem Punkt davon aus, daß der Antisemitismus auf allen drei Ebenen bereits vorhanden war, bevor Hitler an die Macht kam.[56] Durch das jahrzehntelang ohne Konkurrenz in Deutschland existierende Bild des Juden als auszurottendem Übel - dem Vernichtungsantisemitismus als soziales kognitives Modell - hätte sich in (fast) allen Deutschen ein *latenter* eliminatorischer Antisemitismus ausgebildet, der nun von Hitler von einer latenten in eine manifeste Form gebracht und damit als Handlungsmotivation wirksam wurde.[57] Die Historikerin Ingrid Gilcher-Holtey, die Goldhagens Arbeit als konsequent „wissenssoziologischen" Ansatz verstanden wissen will, berührt einen wichtigen Punkt, wenn sie herausstellt, daß Goldhagen den Blick zwar auf die mentalitäts- und verhaltensprägende Wirkung des „eliminatorischen" Antisemitismus lenkt[58], aber dabei zu erklären versäumt, „wie

---

[53] Zwar schreibt Goldhagen: „This, it must be emphasized, is not a monocausal account of the perpetration of the Holocaust. Many factors were necessary for Hitler and others to have conceived the genocidal program, for them to have risen to the position from which they could implement it, for its undertaking to have become a realistic possibility, and for it then to have been carried out." Doch schon wenige Sätze später bekennt Goldhagen, daß er in bezug auf die Taten der Vollstrecker des Holocaust letztendlich doch eine monokausale Erklärung anstrebt: „With regard to the motivational cause of the Holocaust, for the vast majority of perpetrators, a monocausal explanation does suffice." Goldhagen, S. 416
[54] Christopher R. Browning: Dämonisierung erklärt nichts, in: Schoeps 1996, S. 118-124, hier: S.124
[55] vgl. Goldhagen, S. 399
[56] vgl. ebd., S. 428
[57] vgl. Goldhagen, S. 80 ff., S. 428, und S. 446
[58] vgl. Ingrid Gilcher-Holtey: Die Mentalität der Täter, in: Schoeps, S. 210-213, hier: S.210

es möglich wurde, die Ideologie des Antisemitismus in eine verhaltenprägende Mentalität zu überführen".[59] Mit anderen Worten: Wie der Übergang von der Makroebene zur Mikroebene tatsächlich stattgefunden haben soll, wird von Goldhagen nicht erklärt. Eine Übereinstimmung von gesellschaftlichen Ideen, Zielen von Institutionen, individuellen Überzeugungen und den Handlungen von Individuen wird von Goldhagen *angenommen*[60], aber nach einem Mechanismus der Herstellung dieser Übereinstimmung wird nicht gesucht. Damit fehlt Goldhagens Argumentation an einer zentralen Stelle ein aus soziologischer Sicht notwendiges „Zwischenstück". Sie weist ein für das Verständnis der Dynamik des Holocaust relevantes Erklärungsdefizit auf.[61] Es könnte sein, daß die Studien aus den vierziger Jahren über den Zusammenhang von Nationalsozialismus und Charakter ein solches „Zwischenstück" zur Verfügung stellen können. Dies zu prüfen wird eine Aufgabe dieser Arbeit sein.

Bevor ich zur Analyse der Studien der vierziger Jahre übergehe, sollen nun zunächst vier Kriterien für die Analyse von Studien über den Nationalsozialismus hergeleitet werden, wie sie sich meines Erachtens aus der Auseinandersetzung mit Goldhagens Werk ergeben.

---

[59] ebd., S.213
[60] vgl. ebd., S. 399
[61] Ich werde auf diese Frage im nächsten Abschnitt bei der Aufstellung des dritten Kriteriums zurückkommen.

## 2. Schlußfolgerungen aus der Auseinandersetzung mit Goldhagen: Vier Kriterien für die soziologische Beurteilung von Theorien über den Nationalsozialismus

Ich möchte im folgenden zunächst zwei Kriterien angeben, die meiner Ansicht nach direkt aus der Auseinandersetzung mit der Studie Goldhagens herzuleiten sind - das erste in Anlehnung an Goldhagen, das zweite im Widerspruch zu dessen Ansatz. Anschließend möchte ich zwei weitere Kriterien aufstellen, die sich im Anschluß an meine Kritik an Goldhagen ergeben.

### 2.1 Erstes Kriterium: Täterverantwortung

An Goldhagens Kritik an den „herkömmlichen" Erklärungsansätzen für den Holocaust halte ich den folgenden Punkt für äußerst wichtig: Jede allgemeine Theorie des Nationalsozialismus ist daran zu messen, inwiefern sie den Holocaust in ihrer Theorie berücksichtigt, bzw. - falls die entsprechende Theorie zu einem Zeitpunkt entstanden ist, an dem das ganze Ausmaß des Grauens noch nicht gewußt werden konnte - inwiefern der Holocaust innerhalb dieses Theorierahmens berücksichtigt werden könnte. Dabei ist stets zu fragen, inwieweit das Handeln der Täter in den vier von Goldhagen unterschiedenen Handlungsarten, die von ihm als regelmäßig vollzogen herausgearbeitet wurden, von den Ansätzen erfaßt werden kann.[1]

*Zu vermeiden ist* - diesem Schluß Goldhagens schließe ich mich ohne Vorbehalte an - *eine theoretische Auseinandersetzung mit dem Nationalsozialismus, die das auf eigenen Entscheidungen beruhende Element in den Handlungen der Täter nicht zur Kenntnis nimmt und stattdessen äußere und innere Zwänge oder Befehle als hinreichende Begründung für Handlungen im Zusammenhang mit dem Holocaust annimmt.* Bei der Erörterung der hier zu behandelnden Faschismusanalysen der vierziger Jahre steht also immer zur Diskussion: Inwieweit und wenn ja, in welcher Weise, wird von einer - wie auch immer beschränkten - vorhandenen Entscheidungsmöglichkeit und damit von der Notwendigkeit einer handlungsleitenden Situationsdefinition der Akteure ausgegangen? (Bis hierher ist schon deutlich geworden, daß Theorien, die die Akteure als bloße „Marionetten" innerhalb von Systemzusammenhängen begreifen, gera-

---

[1] vgl. oben die 2x2-Matrix Goldhagens

de in bezug auf den Faschismus abzulehnen sind, da in ihnen die Verantwortung der Täter für ihr Tun 'wegtheoretisiert' wird.)

Es handelt sich also bei diesem ersten Kriterium, mit dem die hier behandelten Faschismusstudien konfrontiert werden sollen, um das *Gebot, diejenigen Handlungen der Täter zu berücksichtigen, die nicht auf Zwang bzw. Befehl, sondern auf der Überzeugung der Täter von der Richtigkeit ihres Tuns basierten. Die Entscheidungsmöglichkeiten des Individuums dürfen entsprechend nicht 'wegtheoretisiert' werden, und die Handelnden sind als sinnhaft handelnde Akteure zu begreifen.* Der angesprochene Sachverhalt findet sich prägnant formuliert bei Talcott Parsons wieder. Dieser schreibt in dem Essay „Aktor, Situation und normative Muster" in bezug auf das Problem der Entwicklung einer - von ihm selbst als „voluntaristisch" bezeichneten - Theorie des Handelns, sie erfordere „die Betrachtung von Aktor und Situation in wechselseitiger Beziehung zueinander." Anders ausgedrückt: Der Aktor zeigt wie der Organismus eine gewisse Unabhängigkeit von seiner Umwelt bzw. von seiner Situation. Er „reagiert" nicht bloß auf deren Stimuli, sondern „nützt" die Situation, um seine Ziele und normativen Tendenzen voranzubringen. Die Beziehung zur Situation ist nicht bloß eine der Abhängigkeit. Der Aktor ist „teleologisch" orientiert, jedoch in einer Weise, die eine subjektive Form erlaubt." [2] In diesem Kontext wird der Aktor als eine Entität definiert, die sich gleichzeitig an normativen Mustern und an einer Situation orientiert.

## 2.2  Zweites Kriterium: Nationalsozialismus als soziale Pathologie

Wie ich oben in meiner Kritik an Goldhagen herausgearbeitet habe, kann eine Theorie, die den Holocaust (genauer: die Motivation, Menschengruppen mit bestimmten Eigenschaften zu vernichten) nicht auch als eine gesellschaftliche Pathologie begreifen will und kann, nicht als befriedigende Problemlösung bezeichnet werden. Denn wenn der Holocaust innerhalb moderner Gesellschaften nicht als pathologisch - als eine Form von Abweichung von dem Ideal einer als prinzipiell erreichbar vorgestellten gewaltfreien Gesellschaftsform - begriffen wird, verschwindet der Referenzpunkt der Möglichkeit einer gewaltfreien Gesellschaft, der zweifelsohne einen wichtigen Bestandteil der modernen Sozialwissenschaft darstellt. Zu bearbeiten sind bei der Behandlung der

---

[2] Talcott Parsons: Aktor, Situation und normative Muster. Ein Essay zur Theorie sozialen Handelns, Frankfurt a. M. 1994, S.68

Faschismusstudien deshalb die folgenden Fragen: Inwiefern wird der Holocaust als eine soziale Pathologie begriffen? Wie wird das Gegenbild - die 'gesunde' Gesellschaft - gedacht und charakterisiert? Und schließlich: Welche Gründe werden gegeben für die Abweichung der deutschen Gesellschaft von diesem Normalzustand? (Wie ich oben bereits begründet habe, gehe ich im Gegensatz zu Goldhagen davon aus, daß die Referenzgesellschaften, in bezug auf die das nationalsozialistische Deutschland als temporäre Abweichung zu verstehen ist, die moderne demokratische und kapitalistische Gesellschaft jener Zeit (einschließlich ihrer etwaigen faschismusfördernden Eigenschaften) sein sollten. Ich möchte dieses zweite Kriterium bezeichnen als *das Gebot, den Nationalsozialismus als einen pathologischen modernen Gesellschaftszustand zu erfassen.*

## 2.3 Drittes Kriterium: Interdependenz von Persönlichkeit und Sozialstruktur

Aus soziologischer Sicht können diese ersten beiden Kriterien aber noch nicht hinreichend sein. Zentral ist aus soziologischer Sicht - und dieses gilt insbesondere für Analysen, die mit Hilfe des Konstruktes des Charakters argumentieren - vor allem die Frage nach dem in den Studien jeweils angenommenen Vermittlungszusammenhang zwischen Eigenschaften der Persönlichkeit und Eigenschaften der Sozialstruktur. Daß es sich hier um eines der Kernprobleme der Soziologie handelt, braucht wohl nicht eigens betont zu werden.[3] Die Thematik kann hier natürlich nicht erschöpfend behandelt werden. Die Sichtung eines Aufsatzes von Talcott Parsons zu diesem Thema soll stattdessen auf möglichst knappe Weise den Weg weisen für die Aufstellung des dritten Kriteriums.

*Talcott Parsons' „Psychoanalysis and the Social Structure "*

In seinem Aufsatz „Psychoanalysis and the Social Structure"[4] schreibt Parsons unter der Unterüberschrift „The Social System as a Structural-Functional System of Action": „It is essential from the point of view of social science to treat the social system

---

[3] vgl. z.B. Durkheim, Emile: Die Regeln der soziologischen Methode. Frankfurt a. M. 1991, S. 176 ff.; Weber, Max: Soziologische Kategorienlehre, in: Wirtschaft und Gesellschaft. Tübingen 1980, S. 9; Simmel, Georg: Soziologie. Untersuchungen über die Vergesellschaftung. Frankfurt am Main 1992, S. 35ff.
[4] Parsons, Talcott: Psychoanalysis and the Social Structure, in: ders.: Essays in Sociological Theory. Glencoe, Illinois 1954, S. 336-347

as a distinct and independent entity which must be studied and analysed on its own level, not as a composite resultant of the actions of the component individuals alone."[5] Daß Parsons auch ein reduktionistisches Denken in die andere - von mir oben behandelte - Richtung ablehnt, betont er schon im folgenden Satz: „There is no reason to attribute any fundamental logical or ontological priority to either the social system or the personality."[6]

Das direkte Schließen von der Ebene der psychologischen Struktur auf die Ebene der sozialen Struktur oder umgekehrt ist nach Parsons insbesondere deshalb gefährlich, weil keine einfache Korrespondenz bestehe zwischen der Persönlichkeitsstruktur und der Sozialstruktur.[7] Dieses werde unter anderem deutlich durch die Tatsache, daß „on the level of clinical diagnosis, the person occupying the same well-defined status in the social system will be found to cover a wide range of personality types."[8] Grundsätzlich erklärungsbedürftig - und nicht als selbstverständlich vorauszusetzen - ist deshalb für Parsons die Frage, wie das Verhalten der Individuen mit den Anforderungen des sozialen Systems in Einklang gebracht wird: „(...) there must be a mechanism by which the behavior of individuals is motivated to conform with institutional expectations even though personality structure as such does not give an adequately effective background for it."[9]

Eine Lösung dieses Problems - die in dem zitierten Aufsatz nur angedeutet und an anderen Stellen im Werk Parsons' ausformuliert wird - ist für Parsons die Analyse von Rollenerwartungen und ihrer Erfüllung. Bei der Behandlung von motivationalen Problemen im Zusammenhang mit dessen Bezug zur Sozialstruktur, bietet es sich nach Parsons an, die Sozialstruktur zu behandeln als „a system of patterned expectations of the behavior of individuals who occupy particular statuses in the social system."[10] Das soziale System rückt hier also in den Blick als System von Rollen. Wenn ein „Cluster" von Rollen von strategischer Bedeutung für das soziale System ist, soll nach Parsons dieser Rollenkomplex, der das erwartete Verhalten definiert, als Institution aufgefaßt werden.[11]

---

[5] ebd., S. 337
[6] ebd., S. 337
[7] Parsons spricht hier von „institutional structure".
[8] ebd., S. 338
[9] ebd., S. 338
[10] ebd., S. 337
[11] vgl. ebd., S. 337

Einen für die Soziologie besonders wichtigen Beitrag kann für Parsons nun die Psychoanalyse leisten, indem sie innerhalb einer „dynamic theory of motivation of the individual in the context of the structure of the personality" zum Verständnis des empirischen Verhaltens von Individuen beitragen kann. Dabei geht Parsons allerdings bereits von einer Arbeitsteilung, bzw. von unterschiedlichen Erkenntniszielen der Soziologie und der Psychologie aus: Der Psychologe interessiere sich für die Erklärung von „concrete acts, attitudes, or ideas of individuals". Das Problem der Soziologen dagegen sei davon unterschieden: „They concern the balance of motivational forces involved in the maintenance of, and alteration in, the structure of a social system"[12]. Es ist an diesem Punkt der Arbeit bereits möglich zu vermuten, daß die hier zu behandelnden Faschismusstudien quer zu der von Parsons postulierten Arbeitsteilung liegen.

Doch dies muß hier zunächst im einzelnen nicht weiter interessieren. Ins Spiel gebracht habe ich Parsons, weil er auf eine für den in dieser Arbeit verfolgten Zusammenhang äußerst wichtige Frage aufmerksam macht: auf die Frage nach der Vermittlung von Tatbeständen der Persönlichkeitsstruktur und Tatbeständen auf der Ebene des sozialen Systems. Zu fragen ist nämlich, wenn man Parsons Argumentation - die Verneinung einer einfachen Korrespondenz von Sozialstruktur und Persönlichkeit - auf die hier zu behandelnden Ansätze anwendet: Inwieweit wird hier eine theoretische Erklärung gegeben für die Übereinstimmung von Phänomenen, die der Sozialstruktur zuzuordnen sind und der Persönlichkeitsstruktur? Da die hier behandelten Studien alle in der einen oder anderen Form davon ausgehen, daß der Sozialcharakter (die durchschnittlich in einer Gesellschaft vorgefundene Persönlichkeitsstruktur) mitverantwortlich ist für den Erfolg des Nationalsozialismus, ist Parsons Hinweis auf die Notwendigkeit einer Erklärung für den gegebenenfalls vorhandenen Einklang der beiden Ebenen von enormer Wichtigkeit. Es läßt sich aus dem Aufsatz „Psychoanalysis and the Social Structure" das dritte Kriterium für die Behandlung der ausgewählten Faschismusanalysen herleiten: *Sofern eine Übereinstimmung von Persönlichkeitsstruktur und sozialem System angenommen wird, ist zu fragen: Wird diese Übereinstimmung nicht lediglich als fraglos und quasi automatisch gegeben angenommen, sondern wird sie - unter Angabe von entsprechenden Vermittlungsmechanismen - auch erklärt?*

---

[12] ebd., S. 341

## 2.4 Viertes Kriterium: Naziherrschaft als Terrorregime

Ich hatte in meiner Kritik an Goldhagen beanstandet, daß in seinem Ansatz der Nationalsozialismus als Terrorregime zu wenig in den Blick gerät. Zur Untermauerung der Notwendigkeit einer Berücksichtigung des Zwang-Elements möchte ich kurz auf einen Aufsatz Adornos eingehen.[13] Adorno schreibt in einem Postscriptum zu dem Aufsatz „Zum Verhältnis von Psychologie und Soziologie" (1955, Postscriptum 1966): „Angesichts der gegenwärtigen Ohnmacht des Individuums - aller Individuen - hat bei der Erklärung gesellschaftlicher Vorgänge und Tendenzen die Gesellschaft, und die mit ihr befaßten Wissenschaften Soziologie und Ökonomie den Vorrang. Auch wo das Individuum individuell, doch im Sinne Max Webers gesellschaftlich handelt, ist das Organ des Handelns, die ratio, wesentlich gesellschaftliche, nicht psychologische Instanz."[14] Dieses ist nach Adorno der Fall, weil die Gesellschaft sich gegenüber ihrem Ursprung - den Individuen - verselbständigt habe und ihnen nun als allgegenwärtiger Zwang gegenübertrete: „Denn die Gesellschaft ist keine vom Menschen unmittelbar, sondern die Beziehungen zwischen diesen haben sich verselbständigt, treten allen Einzelnen übermächtig entgegen und dulden die psychologischen Regungen kaum eben als Störung des Getriebes, die womöglich integriert werden." Deshalb sei es - zumindest bei dem jetzigen Zustand der Gesellschaft - „Ideologie", ein falsches Bewußtsein, die Soziologie als angewandte Psychologie zu denken. Die Trennung von Psychologie und Soziologie würde erst in dem Moment verschwinden, in dem die Gesellschaft nicht mehr *repressiv* wäre.[15]

Warum habe ich diese Stelle aus Adornos Werk hier ausgewählt? Auch wenn Adornos Gedanke der „psychologischen Regungen" als bloße Störungen dem ersten von mir aufgestellten Kriterium widerspricht und insofern in dieser krassen Form abgelehnt werden muß, verweist Adorno hier auf einen für die vorliegende Arbeit wichtigen Punkt. Adorno bezieht sich in den oben zitierten Ausführungen zwar auf die postulierten Eigenschaften jeder kapitalistischen Gesellschaft, gerade in bezug auf den Nationalsozialismus als autoritäres Terrorregime berühren diese aber einen zentralen Punkt:

---

[13] Bei dem bewußt sehr knapp gehaltenen Nachvollzug der Argumentation Adornos verzichte ich unter anderem darauf, die Kritik Adornos an Parsons oben zitierten Aufsatz „Psychoanalysis and the Social Structure" einzugehen. Sie erscheint mir als ungerechtfertigt, was darzustellen den Rahmen der Arbeit allerdings sprengen würde.

[14] Adorno, Theodor: Zum Verhältnis von Soziologie und Psychologie, in: ders.: Soziologische Schriften Band I. Frankfurt am Main 1995, S. 42-92, hier: S. 86

[15] vgl. ebd., S. 87

Man kann zu einem soziologisch angemessenen Gesamtverständnis der Dynamik des nationalsozialistischen Herrschaftssystems nur gelangen, wenn man berücksichtigt, daß hier ein perfektioniertes, rigides Kontrollsystem etabliert wurde, das nicht zögerte, Dissidenten und „Vaterlandsverräter" gegebenenfalls zu erschießen oder zu vergasen, das dazu ermunterte, Andersdenkende zu diffamieren, und das Terror an die Stelle eines berechenbaren und um Gerechtigkeit bemühtes Rechtssystem setzte. Franz Neumann sieht in „Behemoth" ein wesentliches Strukturmerkmal des Nationalsozialismus in der Art seines nicht-rationalen Kontrollapparates. Er schreibt: „Das nationalsozialistische Rechtssystem ist nichts anderes als eine Technik der Manipulation der Massen durch Terror. Die Strafgerichte sind heute im Verein mit der Geheimen Staatspolizei, der Staatsanwaltschaft und den Henkern in erster Linie Praktiker der Gewalt". [16] Bei dem Nationalsozialismus handelt es sich nach Neumanns Auffassung um eine „Gesellschaftsform (...) in der die herrschenden Gruppen die übrige Bevölkerung direkt kontrollieren - ohne die Vermittlung durch den wenigstens rationalen, bisher als Staat bekannten Zwangsapparat."[17] Recht wurde nach Neumann im Dritten Reich durchgängig durch Terror ersetzt. Zu prüfen, ob dieses alle gesellschaftlichen Bereiche prägende Strukturmerkmal des nationalsozialistischen Regimes von den in dieser Arbeit behandelten Studien über den Nationalsozialismus angemessen erfaßt wird, halte ich für sehr wichtig. Aus den obigen Ausführungen läßt sich für die Behandlung der sozialpsychologischen Faschismusstudien ein viertes - und letztes - Kriterium ableiten: *Ist der Blickwinkel auch ein psychologischer, so darf doch das nationalsozialistische System als eine Zwang, rigide Kontrolle und extreme Repression ausübende Gesellschaftsform nicht aus den Blick geraten. Mit anderen Worten: Das 'Dritte Reich' muß auch in seiner Eigenschaft als Terrorregime berücksichtigt werden.*

---

[16] Franz Neumann: Behemoth. Struktur und Praxis des Nationalsozialismus 1933-1944. Frankfurt am Main 1984, S. 530
[17] Adorno: Zum Verhältnis von Soziologie und Psychologie, S. 543

*Zusammenfassung: Vier Kriterien für die soziologische Beurteilung von Studien zum Nationalsozialismus*

**Kriterium 1:** Erfaßt die jeweilige Theorie über den Nationalsozialismus, daß Menschen nicht nur durch äußere Zwänge veranlaßt wurden, am Holocaust teilzunehmen, sondern daß zumindest eine Teilmenge der Täter zeitweise oder andauernd von der Richtigkeit ihres grausamen Tuns überzeugt waren? Werden die vier Handlungsarten, von denen Goldhagen zeigt, daß sie regelmäßig vollzogen wurden, von der Theorie berücksichtigt? Werden die Aktoren als sinnhaft Handelnde vorgestellt, die sich - wenn auch in mehr oder weniger engen Grenzen - für oder gegen bestimmte Handlungen entscheiden konnten? Und: Erfaßt sie die Gewalt und Brutalität, mit der die „Vernichtung" der Juden streckenweise realisiert wurde?

**Kriterium 2:** Wird der Nationalsozialismus als ein pathologischer Gesellschaftszustand betrachtet? Mit anderen Worten: Werden der Nationalsozialismus und seine Vernichtungsaktionen als eine erklärungsbedürftige Abweichung vom Ideal der modernen, gewaltfreien demokratischen Gesellschaft erfaßt und wird nach im Sozialen liegenden Gründen für diese pathologische Abweichung gesucht?

**Kriterium 3:** Sofern eine Übereinstimmung von Persönlichkeit und Sozialstruktur (bzw. der Form der Gesellschaft) angenommen wird, ist zu fragen: Wird diese Übereinstimmung *nicht* lediglich als fraglos und 'quasi automatisch' gegeben vorausgesetzt, sondern - unter der Angabe von Vermittlungsmechanismen zwischen diesen beiden Ebenen - innerhalb der Theorie auch erklärt?

**Kriterium 4:** Wird das nationalsozialistische System (auch dort wo der Blickwinkel ein psychologischer bzw. psychiatrischer ist) in seiner Eigenschaft als Terrorregime, als ein massiven Zwang ausübendes System erfaßt?

## Teil II: Erste Studien zum „autoritären Charakter": Die Arbeiten Erich Fromms

Für das Thema „Holocaust und autoritärer Charakter" sind vor allem zwei Studien des 1900 geborenen Psychoanalytikers Erich Fromm von erheblicher Bedeutung: Zum einen der von ihm verfaßte „Sozialpsychologische Teil" der vom Institut für Sozialforschung herausgegebenen „Studien über Autorität und Familie" aus dem Jahr 1936, zum anderen das 1941 in Amerika erschienene Buch „Die Furcht vor der Freiheit". Den „Studien über Autorität und Familie" kommt der Verdienst zu, den Topos des „autoritären Charakters" erstmals formuliert zu haben.[1] Fromms Arbeit muß somit wohl als Anstoß der gesamten „Autoritarismus"-Diskussion angesehen werden. Beide Studien Fromms stellen zweifelsohne einen wichtigen Anknüpfungspunkt für alle im Teil III dieser Arbeit zu behandelnden, späteren Studien zum Autoritätsthema dar.

## 3. Erich Fromms „Sozialpsychologischer Teil" der „Studien über Autorität und Familie" (1936)

### 3.1 Die „Studien über Autorität und Familie": ein Gemeinschaftsprojekt des Instituts für Sozialforschung

Mit den im Jahr 1936 - im zweiten Jahr des Exils des Instituts für Sozialforschung in den USA - erschienenen „Studien über Autorität und Familie" liegt eine Gemeinschaftsarbeit dreier wichtiger Mitarbeiter des Frankfurter Instituts für Sozialforschung vor: Max Horkheimer, Herbert Marcuse und Erich Fromm schrieben jeweils einen Aufsatz für den theoretischen Teil der Autoritätsstudien. Dieser wurde ergänzt durch einen umfangreichen Anhang, in dem Ergebnisse empirischer Erhebungen zur Autoritätsproblematik vorgestellt wurden. Die Erhebungen waren von 1933 bis 1934 von Genf aus - dem ersten kurzfristigen Exilort des Instituts - koordiniert und in der Schweiz, in Österreich, Frankreich, Belgien und Holland durchgeführt worden.[2] Rolf

---

[1] vgl. Funk, Rainer: Anmerkung 139, in: Erich Fromm, Gesamtausgabe Band I: Analytische Sozialpsychologie. München 1989, S. 404

[2] Zu Umfang, Ort und Zeitraum der Erhebungen: Rolf Wiggershaus: Die Frankfurter Schule. Geschichte, theoretische Entwicklung, politische Bedeutung. Frankfurt am Main 1991, S. 162f.

Wiggershaus betont in seiner Monographie über die Frankfurter Schule, daß die „Studien über Autorität und Familie" das „einzige 'Kollektiv-Produkt' der empirische Forschung im engeren Sinne einschließenden Arbeit des Instituts" blieben. Er sieht in den Studien gleichzeitig den Höhepunkt „interdisziplinären und Theorie und Empirie kombinierenden Arbeitens" des Instituts erreicht. [3]

Für den in der vorliegenden Arbeit behandelten Zusammenhang ist vor allem der von Erich Fromm verfaßte „Sozialpsychologische Teil" relevant. Die Arbeiten Horkheimers und Marcuses beschäftigen sich mit etwas abseits von dem hier verfolgten Thema liegenden Problembereichen und sollen hier deshalb nicht behandelt werden. Auch auf eine Betrachtung der empirischen Ergebnisse wird verzichtet. Dieses Vorgehen erscheint mir insbesondere nach einer Sichtung der Bewertung des empirischen Teils der „Studien" in der Sekundärliteratur gerechtfertigt.[4] Bevor ich mich der Studie Fromms zuwende, sei aber zitiert, welche Stellung Horkheimer im 'allgemeinen Teil' der Studien sozialpsychologischen Untersuchungen wie der vorliegenden im Rahmen der theoretischen Arbeit des Institutes zuwies. Horkheimer schrieb:

> „Werden auch Richtung und Tempo dieses Prozesses (der Wechselwirkung von Natur und Gesellschaft, M.P.) in letzter Linie durch Gesetzmäßigkeiten des ökonomischen Apparates der Gesellschaft bestimmt, so läßt sich doch die Handlungsweise der Menschen in einem gegebenen Zeitpunkt nicht allein durch ökonomische Vorgänge erklären, die sich im unmittelbar vorhergehenden Augenblick abgespielt haben. Vielmehr reagieren die einzelnen Gruppen jeweils auf Grund des typischen Charakters ihrer Mitglieder, der sich ebenso sehr im Zusammenhang mit der früheren wie mit der gegenwärtigen gesellschaftlichen Entwicklung

---

[3] vgl. Wiggershaus, S. 178

[4] So urteilt etwa Wiggershaus: „Daß die theoretischen Entwürfe sich an keiner Stelle auf die Erhebungs-, Forschungs-, und Literaturberichte bezogen, demonstrierte drastisch, wie wenig noch von einer „Durchdringung konstruktiver und empirischer Verfahrensweisen" die Rede sein konnte. Zugleich zeigen die Briefe Horkheimers und Fromms: empirische Forschung und einzelwissenschaftliche Informiertheit dienten den beiden Cheftheoretikern des Instituts als eine Art Schutzschirm, hinter dem eine Theorie betrieben wurde, die sich von reiner Philosophie unterscheiden wollte, die aber den Einzelwissenschaften und der empirischen Forschung skeptisch gegenüber stand und sich ihres eigenen Status nicht sicher war." (Wiggershaus, S. 173) Laut Helmut Dubiel hat selbst Horkheimer zugestanden, daß das forschungstechnische Niveau der empirischen Erhebungen der „Studien" (für die Fromm verantwortlich zeichnete) nicht einmal den damals möglichen Standards empirischer Sozialforschung genügt hätte. (Vgl. H. Dubiel: Wissenschaftsorganisation und politische Erfahrung. Studien zur frühen kritischen Theorie. Frankfurt am Main 1978, S.186.) Und selbst Burkhard Bierhoff kommt in seiner Fromm sehr freundlich gesonnenen Monographie zu der Beurteilung, daß „die empirische Einlösung des interdisziplinär-materialistischen Anspruchs offenbar nur halbherzig betrieben wurde." (Bierhoff, Burkhard: Erich Fromm. Analytische Sozialpsychologie und visionäre Gesellschaftskritik. Wiesbaden 1992, S. 35)

gebildet hat. Dieser Charakter geht aus der Entwicklung der gesamten gesellschaftlichen Einrichtungen hervor, die für jede soziale Schicht in eigentümlicher Weise funktionieren."[5]

Die wichtige Rolle der psychischen Verfassung für eine Theorie der Gesellschaft resultiert hier demnach also aus der vermittelnden Funktion des Charakters zwischen der ökonomischen Dynamik und den menschlichen Handlungen. In Erich Fromms Arbeiten findet sich dieser Gedanke in modifizierter Form wieder. Der Charakter dient bei Fromm - wie noch darzustellen sein wird - der Vermittlung zwischen Anforderungen der Gesellschaft an das Individuum und dessen Bedürfnissen. Da es sich bei Fromms Text um einen äußerst wichtigen Schlüsseltext für die vorliegende Arbeit handelt, der viele für die weitere Argumentation wichtige Gedanken erstmals formuliert und als ein wichtiger Anknüpfungspunkt für alle weiteren zu behandelnden Autoren fungiert, werde ich den äußerst dichten Text - Wiggershaus nennt ihn „das beste, was Fromm je schrieb"[6] - zunächst relativ ausführlich darstellen. Daran schließe ich eine knappe Zusammenfassung der wichtigsten Annahmen Fromms in Form von 10 Thesen an, bevor ich zu einer Kritik der Studie mit Hilfe der im Teil I aufgestellten vier Kriterien komme.

## 3.2 Der „Sozialpsychologische Teil" der „Studien über Autorität und Familie" von Erich Fromm: Eine Darstellung

Zu Beginn seines Textes gibt Fromm zunächst eine negative Bestimmung von Autorität - eine Bestimmung dessen, was Autorität *nicht* ist: „Das Autoritätsverhältnis ist nicht ein bloß erzwungenes Verhältnis."[7] Eine nähere Definition zu geben sei nicht möglich, da viele verschiedene Arten von Verhältnissen gegenüber Autoritäten existierten. Sicher scheine aber, daß bei dem Verhältnis zur Autorität immer Furcht, Ehrfurcht, Respekt, Bewunderung, Liebe und auch Haß eine Rolle spielen würden. Das Ziel seiner Arbeit sieht Fromm zunächst in der Beschreibung derjenigen „Triebtendenzen und seelischen Mechanismen (...), die bei der Ausbildung der verschiedenen Formen von „Autoritätsstellungen" wirksam sind."[8] Fromm betont, daß das Thema Autorität bisher noch kaum zum Gegenstand einer psychologischen Untersuchung gemacht worden sei. [9] Nur an einen einzigen Psychologen kann seiner An-

---

[5] Max Horkheimer (Hg.): Studien über Autorität und Familie. Paris 1936, S. 9
[6] Wiggershaus, S.173
[7] Erich Fromm Gesamtausgabe Band I, S. 143
[8] ebd., S. 143
[9] ebd., S.143. Die Bedeutung der Studie Fromms kann man heute nur angemessen würdigen, wenn

sicht nach sinnvoll angeknüpft werden: an Sigmund Freud. Diesem wendet sich Fromm in dem zweiten Kapitel seiner Arbeit zu.

*„Autorität und Über-Ich. Die Rolle der Familie bei ihrer Entwicklung"*

Die wesentliche Leistung Freuds in bezug auf das Problem von Autoritätsverhältnissen sieht Fromm in dessen Konstruktion des „Über-Ichs". Nach Freud sei die wichtigste Funktion des „Über-Ichs" die „Selbstbeobachtung, das moralische Gewissen, die Traumzensur und der Haupteinfluß der Verdrängung". [10] Fromm deutet die Freudsche Konstruktion des „Über-Ichs" nun unter dem folgenden Gesichtspunkt: Freud habe mit dem „Über-Ich" vor allem gezeigt, wie äußere Gewalt zu einer vom einzelnen verinnerlichten Gewalt wird. Damit habe er gleichzeitig gezeigt, wie es dabei möglich sei, daß die in einer Gesellschaft herrschende Gewalt im Individuum wirksam werde: „Die Autoritäten als die Vertreter der äußeren Gewalt werden verinnerlicht, und das Individuum handelt ihren Geboten und Verboten entsprechend nun nicht mehr allein aus Furcht vor äußeren Strafen, sondern aus Furcht vor der psychischen Instanz, die es in sich selbst aufgerichtet hat." [11] Fromm zufolge hat das Über-Ich damit eine wichtige Funktion bei der gesellschaftlichen Kontrolle der Menschen, da an die Stelle eines aufwendigen Kontrollapparates die Selbstkontrolle der Menschen durch das in ihnen errichtete Über-Ich tritt. Damit die Selbstkontrolle im Sinne der gesellschaftlichen Autoritäten aber funktioniert, muß nach Fromm „die Seele des einzelnen in ihrer Qualität verändert" [12] werden.

Ihren Ausgang nimmt die Entwicklung des Über-Ichs nach Fromm in der Familie. Hier trete die äußere in der Gesellschaft wirksame Gewalt dem aufwachsenden Kind in der Person der Eltern - in der patriarchalischen Familie speziell in der Figur des Vaters - erstmals entgegen. Durch die Identifizierung mit dem Vater und durch die Verinnerlichung seiner Ge- und Verbote wird hier Fromm zufolge das Über-Ich aufgebaut und mit den „Attributen der Moral und Macht bekleidet." [13] Ist so über die Einwirkung der Familie bzw. des Vaters die Instanz des Über-Ichs erst einmal aufge-

---

man die 'Vorreiterrolle' Fromms berücksichtigt.
[10] Sigmund Freud: Neue Folge der Vorlesungen zur Einführung in die Psychoanalyse, S. 72, zitiert nach Erich Fromm Gesamtausgabe Band I, S.145. Die Grundzüge der Freudschen Theorie setze ich hier als bekannt voraus.
[11] Erich Fromm Gesamtausgabe Band I, S.146
[12] vgl. ebd., S.146
[13] ebd., S. 146

richtet, beginnt ein kompliziertes Wechselverhältnis zwischen Über-Ich und gesellschaftlichen Autoritäten aller Art: „Das Über-Ich wird immer wieder von neuem auf die in der Gesellschaft herrschenden Autoritätsträger projiziert, mit anderen Worten, das Individuum bekleidet die faktischen Autoritäten mit den Eigenschaften seines eigenen Über-Ichs."[14] Für eine Schlüsselstelle des Textes in bezug auf den in der vorliegenden Arbeit verfolgten Zusammenhang halte ich nun Fromms Feststellung, daß durch den Akt der Projektion des Über-Ichs auf die Autoritäten diese Autoritäten weitgehend der *rationalen Kritik entzogen werden:* „Es wird an ihre Moral, Weisheit, Stärke in einem von ihrer realen Erscheinung bis zu einem hohen Grade unabhängigen Maße geglaubt. Dadurch aber werden diese Autoritäten umgekehrt wiederum geeignet, immer von neuem verinnerlicht und zu Trägern des Über-Ichs zu werden."[15] Für Fromm wird erst so die häufig beobachtete kritiklose Haltung gegenüber in der Gesellschaft herrschenden Autoritäten erklärbar. Auf diesen Gedanken Fromms wird noch des öfteren zurückzukommen sein.

Das als „Dialektik von Über-Ich und Autorität" bezeichnete Wechselverhältnis ist nach Fromm ein dynamisches: Das Über-Ich ist nicht eine Instanz, die in der Kindheit einmal ausgebildet wird und von da an im Menschen unabhängig von der Gesellschaft, in der er lebt, wirksam ist. Die Aufrechterhaltung des Über-Ichs sei vielmehr davon abhängig, daß es beim Erwachsenen immer wieder durch die wiederholte Verinnerlichung faktischer äußerer Gewalt erneuert werde. Fromm vermutet, daß in einer Gesellschaft ohne diese äußere Gewalt das Über-Ich in den meisten Fällen „mehr oder weniger verschwinden oder seinen Charakter und seine Inhalte völlig ändern" würde[16] - ein Gedanke, den man für die folgenden Ausführungen ebenfalls 'im Hinterkopf' behalten sollte. Allerdings geht Fromm wie Freud davon aus, daß die in der Kindheit angelegten Dispositionen den Charakter auf eine Weise determinieren, die durch spätere Ereignisse oft nicht mehr verändert werden können.[17]

Die Erzeugung des Über-Ichs durch die Familie geschieht für Fromm nun nicht privat, individuell und ohne Zusammenhang zur bestehenden Gesellschaft. Vielmehr erfüllt ihm zufolge die Familie mit der Ausbildung des Über-Ichs die Aufgabe einer

---

[14] ebd., S.147
[15] ebd., S. 147
[16] ebd., S.147
[17] vgl. ebd., S.148

„psychologische Agentur der Gesellschaft".[18] Fromm wirft Freud vor, den Zusammenhang zwischen der Familienstruktur und der Struktur der Gesamtgesellschaft zu übersehen, indem er das Über-Ich als „Erbe des Ödipuskomplexes" ansieht.[19] Der Vater ist Fromm zufolge „dem Kind gegenüber (zeitlich gesehen) der erste Vermittler der gesellschaftlichen Autorität, aber (inhaltlich gesehen) ist er nicht ihr Vorbild, sondern ihr Abbild."[20] Die Autorität, die der Vater inne hat, ist keine zufällige. Vielmehr schließt sich der Vater lediglich der in der Gesellschaft herrschenden Autorität an. Seine Autorität gründet damit letztendlich in der Autoritätsstruktur der Gesamtgesellschaft. Fromm schreibt: „Die Familie ist das Ergebnis einer ganz bestimmten gesellschaftlichen Struktur, und ihre Funktionen sind in erster Linie von dieser bestimmt."[21] Diese Feststellung führt Fromm nun zu einer Erörterung der allgemeinen gesellschaftlichen Bedingungen der Notwendigkeit von Über-Ich und Autorität. Er hält es dabei für notwendig, sich ausführlicher mit der „Struktur und Dynamik des seelischen Apparates"[22] auseinanderzusetzen, insbesondere mit dem Verhältnis von Ich und Über-Ich sowie ihrer Rolle bei der Triebabwehr.

*„Autorität und Verdrängung"*

Den Ursprung der Notwendigkeit eines Über-Ichs siedelt Fromm in dem Kapitel „Autorität und Verdrängung" im Bereich der unerfüllbaren Bedürfnisse in Verbindung

---

[18] ebd., S.149

[19] Auf eine Erörterung der Frage, inwiefern Fromms hier und an anderen Stellen an Freud geübte Kritik gerechtfertigt ist, muß hier verzichtet werden. Sie würde eine eingehende Betrachtung des Freud'schen Werkes erforderlich machen, die vom Thema dieser Arbeit zu weit abführen würde. Für eine Auseinandersetzung mit Fromms Freud-Kritik vgl. u.a.: Bierhoff, Burkhard: Erich Fromm. Analytische Sozialpsychologie und visionäre Gesellschaftskritik, Wiesbaden 1992, S. 57ff. ; Biancoli, Romano: Erich Fromm und seine Kritik an Sigmund Freud, in: Wissenschaft vom Menschen, Jahrbuch der Erich-Fromm-Gesellschaft Band 1. Münster 1990, S. 67-84; Rickert, John: Die Fromm-Marcuse-Debatte im Rückblick, in: Wissenschaft vom Menschen. Jahrbuch der Erich-Fromm-Gesellschaft Band 2. Münster 1991, S.82; Görlich, Bernhard: „Trieb" und/oder „Gesellschaftscharakter"? Anmerkungen zu Fromms Versuch einer „Neubestimmung der Psychoanalyse", in: Kessler, Michael (Hg.): Erich Fromm und die Frankfurter Schule. Tübingen 1992, S. 75-86; Otto Fenichel: Psychoanalytische Bemerkungen zu Fromms Buch „Die Furcht vor der Freiheit", in: Görlich, Bernhard (Hg.): Der Stachel Freud. Frankfurt am Main 1980, S.93-118. Ebenfalls nicht eingehen werde ich auf die 'Kulturismus-Debatte', die im wesentlichen in den fünfziger Jahren zwischen Herbert Marcuse und Erich Fromm ausgetragen wurde. Der zum Teil recht polemisch geführte Streit hatte vor allem die unterschiedliche Auslegung Freuds zum Gegenstand und bietet in bezug auf das Thema dieser Arbeit keine weiterführenden Erkenntnisse.

[20] Erich Fromm Gesamtausgabe Band I, S. 149

[21] ebd., S.153

[22] ebd., S.153

mit einer mangelhaften Selbstbeherrschung des Menschen an: Im Verlauf der bisherigen Geschichte seien die Bedürfnisse der Menschen stets größer gewesen als die Möglichkeiten zu ihrer Befriedigung. Aus der - zwar im Verlauf der Geschichte verminderten, aber nie ganz verschwundenen - Abhängigkeit des Menschen von der Natur resultiere immer ein gewisses Maß an notwendiger Triebunterdrückung und Triebabwehr (wobei dieses Maß für die beherrschten Klassen immer größer gewesen sei als für die herrschenden). Der Mensch sei deshalb bisher immer gezwungen gewesen, eine bestimmte Anzahl seiner Triebimpulse zu unterdrücken, anstatt sie zu befriedigen. Die aktive Bewältigung und Planung der natürlichen und gesellschaftlichen Kräfte wachse aber nur allmählich. Hier tritt nach Fromm das Über-Ich 'auf den Plan': Die Notwendigkeit der Ausbildung eines Über-Ichs ist nach ihm gegeben, „solange der Mensch noch relativ schwach ist" und deshalb „der Aufgabe der Unterdrückung und Abwehr von Triebimpulsen, die mit den gesellschaftlichen Bedingungen unvereinbar sind, noch nicht gewachsen"[23] ist. Mit anderen Worten: Wo die Menschen nicht von sich aus in der Lage sind, durch Selbstbeherrschung ihre Triebe in dem Maß, in dem dies gesellschaftlich nötig ist, zu unterdrücken, wird diese Aufgabe durch das Über-Ich gewährleistet - also insbesondere durch eine bestimmte Beziehung zu den gesellschaftlichen Autoritäten. Das Entscheidende ist dabei das emotionelle Verhältnis des Ichs zum Über-Ich sowie zu den Autoritäten. Der Mensch wolle sowohl vom Über-Ich als auch von den Autoritäten geliebt werden, und es befriedige seine Selbstliebe, wenn er den Autoritäten, mit denen er sich identifiziere, gefällt.[24] Mit Hilfe dieser emotionellen Kräfte gelinge es dem Individuum, gesellschaftlich unzulässige beziehungsweise gefährliche Impulse und Wünsche zu unterdrücken. Die Autoritäten bilden somit einen Ersatz für die fehlende Selbstkontrolle und Selbstbeherrschung der Individuen.

An dieser Stelle wird es für Fromm nötig, den Unterschied genau herauszuarbeiten zwischen einer Triebabwehr, die auf der Angst vor den direkten Folgen - insbesondere vor Strafe - der verbotenen Triebregung basiert und derjenigen Triebabwehr, die mit Hilfe des Über-Ichs bzw. des (verinnerlichten) Verhältnisses zur Autorität zustande kommt. In allen Fällen, in denen Triebimpulse wegen einer Angst vor Strafe nicht ausgeführt werden, spiele sich der Konflikt und die Entscheidung *im Bewußtsein* ab. Der Impuls sei dort bewußt, ebenso die möglichen Folgen dieses Impulses. Und je

---

[23] ebd., S. 157
[24] vgl. ebd., S.158

nach Stärke des Impulses und Einschätzung der Wahrscheinlichkeit und Härte der Strafe und entsprechend der Stärke der Angst vor dieser werde darauf verzichtet, dem Impuls nachzugeben oder auch nicht. Ganz anders verhält es sich nach Fromm bei der Impulsabwehr, die auf der Angst vor dem Über-Ich und vor den Autoritäten basiert. Auch hier ist zwar nach Fromm neben dem Wunsch, von der Autorität geliebt zu werden, die Angst ein entscheidender Faktor. Allerdings handele es sich hier um eine ganz andere Art von Angst: Es sei keine *'Realangst'*, keine „klar umrissene Angst vor einer unbestimmten Folge, die das verbotene Handeln nach sich zieht, sondern eine *irrationale, unbestimmte, emotionelle* vor der Autoritätsperson beziehungsweise ihrem Repräsentanten."[25] Man fürchte sich zum einen davor, seine Liebe, Achtung und Fürsorge zu verlieren, zum anderen davor, seinen Zorn mit den sich daraus ergebenden unbestimmten, aber als furchtbar antizipierten Konsequenzen, zu erregen.

Aus der Irrationalität und Emotionalität der Angst erklärt sich nach Fromm die in der Regel wesentlich größere Wirkung dieser in Verbindung mit dem Über-Ich und den Autoritäten stehenden Angst im Vergleich mit der Wirkung der 'Realangst': Die Über-Ich- oder Autoritätsangst wirke so stark, daß der Impuls gar nicht mehr ins Bewußtsein gelange, sondern sofort *verdrängt* werde. Während also eine auf 'Realangst' basierende Triebabwehr nach Fromm damit einhergeht, daß der abgewehrte Trieb bzw. der versagte Wunsch bewußt ist, sorgt die durch das Über-Ich hervorgerufene Angst dafür, daß der Trieb dem Individuum gar nicht mehr bewußt wird, sondern stattdessen ins Unbewußte verdrängt wird.[26] Diesen Mechanismus der Verdrängung als Folge der Über-Ich-Angst begründet Fromm in dem Text nicht über den hier bereits angeführten Begründungszusammenhang hinaus. Vielmehr setzt er ihn als unhinterfragbar und automatisch gegeben voraus. Die Stärke, Emotionalität und Irrationalität der Angst scheint für Fromm hier die hinreichende Bedingung für die Verdrängung und gleichzeitig die einzige mögliche Reaktion auf diese Art von Angst zu sein. Meines Erachtens bleibt Fromm hier eine Begründung für die Reaktion der Verdrängung schuldig.

Auf der *Verdrängung* der tabuisierten Impulse basiert Fromm zufolge die erhebliche soziale Bedeutung des Über-Ichs. Denn während eine auf 'Realangst' basierende Triebabwehr keine absolute Wirksamkeit garantieren könne (es ist ja stets möglich,

---

[25] ebd., S.157 (Hervorhebung von mir - M.P)
[26] vgl. ebd., S. 158f.

daß das Individuum die mit der Triebbefriedigung einhergehende Gefahr als geringer einschätzt als sie tatsächlich ist, oder daß es bereit ist, die realistisch eingeschätzte Gefahr auf sich zu nehmen), biete die auf Verdrängung beruhende Triebabwehr eben diese Garantie der absoluten Wirksamkeit: Der Wunsch kommt gar nicht mehr zum Bewußtsein, die Unterlassung der Befriedigung des entsprechenden - sozial unerwünschten - Wunsches funktioniert deshalb automatisch. Auf die „Vernünftigkeit" des Individuums muß man sich hier deshalb nicht mehr verlassen.[27] Fromm kommt zu dem Schluß: „Je gesellschaftlich wichtiger die Unterlassung der betreffenden Handlungen ist, desto weniger kann sich eine Gesellschaft auf die bewußte und Realangst vor der Strafe verlassen." [28] Insofern handelt es sich für Fromm - so läßt sich aus seinen Ausführungen bis hierher schließen - bei dem Über-Ich um eine (zumindest in dem damaligen und allen früheren Stadien der Menschheitsentwicklung) in jedem Fall unverzichtbare gesellschaftliche Funktion. Die Inhalte der zu verdrängenden Impulse sind entsprechend von den gesellschaftlichen Bedingungen abhängig.

Dem Vorteil der Triebverdrängung - seine garantierte Wirksamkeit bei der Verhinderung der Realisierung dieses Triebes - stehen nun nach Fromm gleichzeitig schwere Nachteile gegenüber, die allerdings mehr für das private Glück des Individuums als für den Bestand der Gesellschaft ins Gewicht fallen würden. Ein Nachteil liege in dem für die Verdrängung notwendigen Energieaufwand.[29] Wesentlicher ist aber nach Fromm die Einschränkung des Ichs, die mit der Verdrängung einhergeht: „Je umfangreicher und intensiver die Verdrängungen, desto mehr ist zwar das Individuum gegen gefährliche Triebausbrüche geschützt, desto mehr ist aber auch die Kraft seines Ichs eingeschränkt und desto steifer und unrealistischer werden seine Reaktionen". [30] Indem so das Ich ein Sklave der die Verdrängungen bewirkenden Faktoren wird, verliert es Fromm zufolge seine Selbständigkeit und Souveränität.

Allerdings kommt es im Laufe der Menschheitsgeschichte nach Fromm zu einer Entwicklung, die zu einer alternativen Möglichkeit der Triebabwehr führt: Indem die Menschen im Lauf der Geschichte die Natur veränderten, wüchse die Stärke und die Fähigkeit des Ichs.[31] Aus diesem Wachstum des Ichs folge, daß das Ich mehr und

---

[27] Auf diese 'Vernünftigkeit' wird in der Kritik an Fromm zurückzukommen sein.
[28] ebd., S.158
[29] Auch hier gibt Fromm keine Erklärung für diese Notwendigkeit, man Fromm hier seine Erfahrungen als praktizierender Psychoanalytiker einfließen läßt.
[30] ebd., S. 158
[31] Auch dies scheint bei Fromm den Status eines automatisch ablaufenden Prozesses zu haben.

mehr imstande sei, eine neue Form der Triebabwehr zu realisieren: Die Triebabwehr durch *Verurteilung* seitens des Ichs. Bei dieser Art der Triebabwehr spielt - im Gegensatz zur Verdrängung - die selbständige Tätigkeit des Ichs Fromm zufolge eine wesentliche Rolle. Fromm schreibt: „Hier führt das *vernünftige Denken* zur Einsicht, wird zu einer produktiven Kraft, zu einer Gewalt, die an die Stelle der in der Beziehung zum Über-Ich und den Autoritäten liegenden Triebkräfte tritt".[32] Durch diese zusätzliche Möglichkeit der Triebabwehr ist die Rolle, die Über-Ich und Autorität spielen, nicht mehr nur von der Notwendigkeit der abzuwehrenden Triebe in einer Gesellschaft abhängig, sondern zudem von einem zusätzlichen Faktor: davon, inwieweit das Ich ohne Zuhilfenahme der Verdrängung die unerwünschte Triebregung durch *Verurteilung* bewältigt.

Die Stärke des Ichs hängt dabei nach Fromm von der Lebenspraxis ab. Eine wesentliche Determinante der Ich-Entwicklung ist bei Fromm die Erziehung, die ihrerseits wesentlich durch gesellschaftliche Faktoren bedingt ist: „Wenngleich auch innerhalb einer Gesellschaft und einer Klasse mannigfache individuelle Unterschiede vorhanden sind, ist doch Minimum und Maximum der möglichen Erziehung im einen oder anderen Sinne (Entfaltung oder Unterdrückung des Ichs - M.P.) von der Struktur der Gesamtgesellschaft und von der Lebenspraxis, die das Kind als Erwachsener erwartet, abhängig." [33]

Die Struktur der Gesamtgesellschaft ist nach Fromm selbst aber weitgehend determiniert durch das Verhältnis der betreffenden Gesellschaft zur Natur. Denn für die Entwicklung des Ichs gelten nach Fromm zwei Bedingungen: Die positive Bedingung ist eine aktive und rationale Lebenspraxis, die aber - wenn überhaupt - nur der herrschenden Klasse zugänglich sei. Die negative Bedingung für die Entwicklung des Ichs ist für Fromm das Fehlen von Angst. Der Betrag an Angst sei wiederum in doppelter Weise gesellschaftlich bedingt: „Je geringer die Macht der Gesellschaft einer gefährlichen und bedrohlichen Natur gegenüber ist, desto größer ist die Angst vor dieser. (...) Die Natur flößt nicht an sich Angst ein, sondern nur in dem Maße, in dem sie sich der Lebenspraxis als gefährlich und feindlich erweist." [34] Der Betrag an Angst ist deshalb nach Fromm naturgemäß für die unteren Schichten größer als für die oberen. Wenn Fromm nun davon spricht, daß das Ich sich nicht nur entwickele, indem die Außen-

---

[32] ebd., S.159 (Hervorhebung von mir, M.P.)
[33] ebd., S.161
[34] ebd., S. 162

welt auf es wirke, sondern auch und vor allem, indem es auf die Außenwelt wirke und sie verändere,[35] die Entwicklung dieser Fähigkeit aber selbst wieder an Bedingungen der Welt geknüpft ist, auf die das Individuum trifft, wird meiner Ansicht nach spätestens hier deutlich, daß die von Fromm angenommenen Beziehungen der Beeinflussung von Ich, Gesellschaft und Über-Ich in dieser frühen Arbeit recht undurchsichtig und verworren sind. Ich möchte deshalb Fromms Ausführungen über die Wechselbeziehungen zwischen Natur, Gesellschaft und Entfaltung des Individuums hier zunächst verlassen und erst in der an dieses Kapitel anschließenden 'Zusammenfassung in 10 Thesen' den Versuch unternehmen, die Annahmen Fromms auch in dieser Hinsicht zu systematisieren. Hier möchte ich mich nun zunächst wieder dem zuwenden, worin meiner Ansicht nach die wesentliche Leistung dieser frühen Arbeit Fromms liegt: dem Verhältnis von Autorität, Über-Ich und Vernunft.

Nachdem Fromm den Zusammenhang von Autorität, Über-Ich, Ich-Schwächung und Verdrängung eingehend dargestellt hatte, ist es ihm nun möglich, das Verhältnis zur Autorität als eine *„durch den Ich-Abbau bedingte hypnoide Situation"*[36] zu kennzeichnen. Dieser Vergleich bringt Fromm dazu, den Glauben an alle Arten von Ideologien, die den Massen in der Geschichte suggeriert worden seien, in einer bestimmten Weise zu deuten: Wie es einem Hypnotiseur möglich sei, den Hypnotisierten dazu zu bringen, eine rohe Kartoffel für eine Ananas zu halten, könnten die Autoritäten durch ihre Stellung den ihnen Untergebenen alle möglichen Glaubensinhalte verkaufen.[37] Die Macht, die Autoritäten auf die ihnen Unterworfenen ausüben, ist nach Fromm allerdings vollständig nur dann zu verstehen, wenn man nicht nur die Funktion der Unterdrückung bzw. Verdrängung von Trieben sieht, sondern zudem einen zweiten Aspekt berücksichtigt: die *positive* Funktion der Autorität, ihre Eigenschaft, anspornend zu wirken, indem sie als Vorbild und Ideal fungiert. Gerade dieses 'doppelte Gesicht' der Autorität hat nach Fromm einen wesentlichen Anteil an ihrer Wirksamkeit. Denn wenn die Autorität nicht nur gefürchtet, sondern auch als Verkörperung der eigenen Ideale geliebt wird, bedeutet die Übertretung eines Verbotes der Autorität nicht nur die Gefahr einer Bestrafung. Vielmehr droht zusätzlich der Verlust der Zu-

---

[35] Außerdem geht Fromm davon aus, daß das Ich neben Vernunft und Besonnenheit vor allem die Fähigkeit zum aktiven planenden, die Umwelt verändernden Handeln auszeichne. (vgl. Erich Fromm Gesamtausgabe Band I, S.161),
[36] ebd., S. 166 (Hervorhebung von mir - M.P.)
[37] vgl. ebd., S. 16

neigung jener Instanz, die die eigenen Ideale und den Inhalt dessen, was man selbst werden möchte, verkörpert.

## *„Der autoritär-masochistische Charakter"*

Zu erklären ist Fromm zufolge weiter die „eigenartige Befriedigung, die das Verhältnis zur Autorität für viele der ihr Unterworfenen hat."[38] Nach Fromm ist es ein großer Fehler, die weitverbreitete Lust nach Gehorsam und Unterwerfung mit Hilfe eines angeborenen und natürlichen Triebs zur Unterwerfung zu erklären, wie dies häufig versucht werde. Stattdessen erklärt Fromm die Lust an der Unterwerfung im Rückgriff auf die Charakterlehre Freuds bzw. auf seine Interpretation derselben: Der Charakter entwickele sich nach Freud im Sinne einer Anpassung der Triebstruktur an bestimmte gesellschaftliche Bedingungen, indem durch Sublimierung und Reaktionsbildung die Triebimpulse, zu Charakterzügen transformiert, im Ich erschienen. Der Charakter hat hier also die Funktion, den Menschen so zu verändern, daß eine Übereinstimmung zwischen den Trieben und dem gesellschaftlich erforderten Verhalten hergestellt wird über eine entsprechende Transformation der Triebe in gesellschaftlich akzeptierte - und damit praktizierbare - Formen. Die Charakterzüge verhelfen dem Individuum also letztendlich zu einer Befriedigung seiner Triebe. Diese Tatsache erklärt nach Fromm auch die Zähigkeit, mit der an einem einmal erworbenen Charakter und den aus diesem entspringenden *attitudes* festgehalten wird: Die Charakterzüge sind nach dieser Erklärung nicht zufällige Eigenschaften, vielmehr sind sie verwurzelt in der spezifischen Triebstruktur des Individuums. [39] Damit hängt auch zusammen, daß es sich bei dem Charakter für Fromm nicht um eine Summierung von Einzelzügen handelt, sondern um eine jeweils ganz bestimmte Struktur.

Fromm unternimmt nun - auf den ersten Blick nicht sofort erkennbar - in dem letzten Kapitel vor allem eine Erklärung der weiten Verbreitung des sado-masochistischen Charakters[40] in der bürgerlichen Gesellschaft. Bestimmte Eigenschaften der bürgerlichen Gesellschaft macht Fromm dabei verantwortlich für die Ausbildung einer Triebstruktur und die Befriedigung derselben, die im sado-masochistischen Charakters mündet. Als wesentliche Bedingungen nennt Fromm die mangelnden Einflußmöglich-

---

[38] ebd., S. 168
[39] vgl. ebd., S.171
[40] Der autoritäre Charakter ist bei Fromm die nicht-pathologische Form des sado-masochistischen Charakters.

keiten des Individuums auf sein eigenes Schicksal: "Wie in der bürgerlichen Gesellschaft überhaupt, so ist auch im autoritären Staat das Leben des einzelnen um so mehr, je tiefer er in der Hierarchie steht, dem Zufall preisgegeben. Die relative Undurchschaubarkeit des gesellschaftlichen und damit des individuellen Lebens schafft eine schier hoffnungslose Abhängigkeit, an die sich das Individuum anpaßt, indem es eine sado-masochistische Charakterstruktur entwickelt."[41] Der masochistische Charakter erlebe sein Verhältnis zur Welt vor allem unter dem Gesichtspunkt des unentrinnbaren Schicksals. Das Schicksal könne dabei als „Naturgesetz", als „Zwang der Tatsachen", als „Macht der Vergangenheit", als „Wille Gottes" oder als „Pflicht" rationalisiert sein. Immer handele es sich dabei aber um eine höhere Gewalt außerhalb des Menschen, gegenüber der jede eigene Aktivität ende und gegenüber der deshalb nur blinde Unterwerfung möglich sei. Dieses Gefühl, daß das Leben des Menschen von Mächten bestimmt sei, die außerhalb seines Wollens und seiner Interessen liegen, ist nach Fromm allem sado-masochistischen Denken gemeinsam.

Zwischen gesellschaftlichen Tatbeständen und der Verbreitung sado-masochistischer Tendenzen sieht Fromm nun den folgenden Zusammenhang: Je mehr Widersprüche innerhalb der Gesellschaft herrschen, je weniger kontrollierbar die gesellschaftlichen Kräfte sind und je mehr Katastrophen wie Krieg und Arbeitslosigkeit als unabwendbare Schicksalsmächte das Leben des einzelnen überschatten, desto stärker und allgemeiner wird die sado-masochistische Triebstruktur. Damit werde gleichzeitig die Hingabe an das Schicksal zur obersten Tugend und zur Lust. Erst diese Lust ermögliche es dem Menschen, ein solches ohnmächtiges Leben zu ertragen. Der Sado-Masochismus wird so bei Fromm zum 'Kitt' der Gesellschaft, zu einer der wichtigsten psychischen Bedingungen für das Funktionieren der zeitgenössischen bürgerlichen Gesellschaft. Die autoritäre Gesellschaftsstruktur *schafft* und *befriedigt* somit nach Fromm *gleichzeitig* die Bedürfnisse, die auf der Basis des Sado-Masochismus erwachsen. Eine Überwindung dieses Sado-Masochismus ist für Fromm folgerichtig auch nur in einer Gesellschaft denkbar, in der die Menschen ihr Leben „planmäßig, vernünftig und aktiv regeln".[42]

Die sado-masochistische Einstellung zur Autorität befriedigt Fromm zufolge gleichermaßen das Bedürfnis nach der Verminderung der Angst wie auch das Bedürfnis

---

[41] Erich Fromm Gesamtausgabe Band I, S.174
[42] ebd., S.177

nach Größe und Macht.[43] Der Autorität komme dabei bei dem „autoritären Charakter" die gleiche psychologische Funktion zu, die bei religiösen Menschen oft die Religion erfülle. Die masochistische Einstellung zur Autorität erlaube, das Schicksal als ein sinnvolles zu verstehen: Der autoritäre Charakter verzichte darauf, die Gesetze, nach denen sein Leben und das der Gesellschaft bestimmt wird, zu verstehen und selbst zu prägen; dafür besitze Gott oder die sonstige Herrschaft sein ganzes Vertrauen und stehe über allem Zweifel. Wenn auch der einzelne in der Masse keine Möglichkeit habe, das Leben zu verstehen, wenn er auch den Kräften in und außer ihm hilflos gegenüberstehe, so könne er sich zumindest Beruhigung verschaffen, indem er sich an den Starken halte und sich von ihm führen lasse.[44] Der Glaube an die Autorität ist also bei Fromm eine Beruhigung gegenüber der eigenen Hilflosigkeit, der zunächst Sicherheit bietet.

Gleichzeitig schafft nach Fromm das masochistische Verhältnis zur Autorität einen Ersatz für die Unmöglichkeit, Wünsche nach Größe und Macht zu befriedigen. Denn das Aufgehen im Größeren, Stärkeren bedeute gleichzeitig das Teilhaben an einer machtvollen, überragenden Persönlichkeit. Mit dem Führer könne man sich zwar nicht identifizieren, man könne aber an ihm partizipieren. Dieses Partizipieren ersetze dem Autoritätsgläubigen vieles von der narzißtischen Befriedigung, die ihm aufgrund seiner eigenen gesellschaftlichen Position versagt sei. Die entsprechende narzißtische „Ersatzbefriedigung" könne nicht nur durch das - masochistische - Verhältnis zum Herrscher, sondern auch durch das Partizipieren am Glanz der Nation oder der Rasse erreicht werden - ein Gedanke auf den natürlich in dem thematischen Zusammenhang dieser Arbeit noch zurückzukommen sein wird.

Eine letzte, entscheidend wichtige Eigenschaft der autoritären Einstellung sieht Fromm darin, daß diese Einstellung den gesellschaftlichen Inhalt des Autoritätsverhältnisses verdeckt und verfestigt. An sich wäre die Tatsache, daß der Autoritätsträger den seiner Autorität Unterworfenen beherrscht und ausnutzt, geeignet, Haß und Neid in diesem zu wecken. Wenn aber nun die Träger der Autorität als überlegene Wesen bewundert und geliebt werden, kommt dieser Haß und Neid wahrscheinlich nicht auf. Denn nicht nur wird die feindselige Haltung durch die Stärke der positiven Gefühle gegenüber der Autorität unterdrückt, sondern gleichzeitig wird über den

---

[43] ebd., S 178
[44] vgl. ebd., S.178 f.

Glauben an die Großartigkeit der Autorität der Unterschied im Lebensglück zwischen Autorität und Autoritätsuntergebenem gerechtfertigt: Wenn die Autorität tatsächlich so großartig ist, wie der Untergebene glaubt, ist es vernünftig und erklärlich, daß diese so viel besser und glücklicher leben kann als der Untergebene selbst. Das Ausgenutzt - und Beherrschtwerden wird laut Fromm so innerlich begründet, vertieft, verewigt und verklärt.

Zusätzlich sei allerdings nötig, daß der „Glaube an die Allmacht der Autorität (...) durch die verschiedenen psychologischen und kulturellen Veranstaltungen gestärkt" wird.[45] Als eine zentrale entsprechende 'Veranstaltung' nennt Fromm die Herstellung eines Glaubens an eine möglichst große Kluft, eine absolute Distanz und Wesensverschiedenheit von Autoritätsinhaber und Autoritätsunterworfenen. Soll das Objekt der Autorität an deren Allmacht glauben, so muß es auch davon überzeugt sein, daß sie völlig anders ist. Nötig sei dafür nicht nur, daß die Autorität mächtig, angsterregend und absolut überlegen wirke, sondern die Autorität müsse auch ein moralisches Vorbild für die ihr Unterworfenen bilden. Nur indem die Autorität das verkörpere, was sie von ihren Untergebenen fordere, könne jener Doppelcharakter entstehen, der oben bereits beschrieben wurde. Er besteht nach Fromm darin, daß die Autorität nicht nur gefürchtet, sondern ebenso als vorbildhaft, edel und wertvoll sowie als Verkörperung der eigenen Ideale geliebt wird. Wichtig ist dieses Prinzip für Fromm vor allem bei der Ausbildung des autoritären Charakters in der Familienerziehung: "Das Kind soll glauben, die Eltern lögen nie und erfüllten tatsächlich alle die moralischen Forderungen, die sie dem Kind auferlegen. Es soll glauben, daß alles, was die Eltern tun, zu seinem Besten sei und nichts ihnen ferner liege, als in der Erziehung egoistische Ziele zu verfolgen." [46] In diesem Stück der Familienerziehung zu den moralischen Qualitäten, die das Kind von Anfang an mit der Autorität zu verknüpfen lerne, sieht Fromm eine der wichtigsten Funktionen bei der Erzeugung des autoritären Charakters.

Schließlich kommt Fromm noch auf einen wichtigen Unterschied zwischen der psychologischen Struktur der demokratischen Autorität und derjenigen im totalitären Staat zu sprechen. Während nach Fromm für die Autoritätsstruktur im autoritären Staat die Tatsache der prinzipiellen, unüberbrückbaren Distanz zwischen dem der Autorität Unterworfenem und dem Autoritätsinhaber fundamental ist, zeichnet sich die

---

[45] ebd., S.182
[46] ebd., S.184

demokratische Autorität dadurch aus, daß hier die Kluft zwischen dem Autoritätsträger und dem Autoritätsobjekt nicht als unüberbrückbar erscheint. In der Autorität könne deshalb ein erreichbares Vorbild gesehen werden. Triebkräfte könnten damit für das Ziel freigesetzt werden, durch Anstrengungen dieser Autorität immer ähnlicher zu werden.

### 3.3  Zusammenfassung der wichtigsten Annahmen Fromms in 10 Thesen

Im folgenden möchte ich die recht ausführliche und den Gedankengang Schritt für Schritt nachvollziehende Darstellung von Fromms Studie ergänzen durch eine systematisierte Zusammenfassung der für diese Arbeit zentralen Annahmen.

**These 1:** Jeder Mensch ist genötigt, eine gewisse Anzahl seiner Triebregungen abzuwehren anstatt ihnen nachzugeben. Dies ist so, weil die Bedürfnisse des Menschen stets größer sind als die Mittel zu ihrer Befriedigung.

**These 2:** Welche Triebe abzuwehren gesellschaftlich notwendig ist, hängt von der jeweiligen Gesellschaftsform und ihrem Verhältnis zur Natur ab. In jeder Gesellschaft ist jeweils die Abwehr einiger Triebe so wichtig, daß diese Abwehr garantiert sein muß. Eine bloße Androhung von Strafe reicht in diesem Fall nicht aus, weil die Triebabwehr über diesen Weg nicht zuverlässig genug funktioniert.

**These 3:** Wenn der Mensch die Möglichkeit hatte, ein starkes „Ich" auszubilden, ist es ihm möglich, durch eigenständiges Denken, durch die Einsicht in die Notwendigkeit der Abwehr bestimmter Triebe, diese Abwehr ohne Zwang aus äußerer Kraft zu leisten. Dies bezeichnet Fromm als Triebabwehr durch *Verurteilung*.

**These 4:** Ist das „Ich" der Mitglieder einer Gesellschaft nicht stark genug entwickelt um eine Triebabwehr durch Verurteilung zu leisten, wird eine Triebabwehr über die Ausbildung eines starken „Über-Ichs" notwendig - und damit auch die Verinnerlichung bestimmter Autoritäten in dieser Gesellschaft.

**These 5:** Die Triebabwehr durch Über-Ich und Autorität funktioniert - im Gegensatz zur Triebabwehr durch Strafe bzw. durch äußere Gewalt - garantiert, weil hier an die Stelle der Realangst vor einer Strafe die Furcht vor der psychischen Instanz tritt, die das Individuum in sich selbst errichtet. Sie ist eine irrationale, unbestimmte Angst vor der Autoritätsperson beziehungsweise vor ihren Repräsentanten. Diese Angst vor Über-Ich und Autorität bewirkt, daß der abzuwehrende Trieb gar nicht mehr ins Bewußtsein gelangt, sondern *verdrängt* wird. Die Autoritäten werden gleichzeitig über deren Verinnerlichung der *rationalen Kritik entzogen* und sie werden zur geliebten Verkörperung der eigenen Idealen für das Individuum.

**These 6:** Die Verinnerlichung der Autorität und damit die Entwicklung des autoritären Charakters erfolgt zuerst in der Familie. Die Autorität des Vaters ist dabei keine zufällige. Sie gründet vielmehr in der autoritären Struktur der Gesamtgesellschaft. Die Autorität des Vaters ist nur ein Abbild der gesellschaftlichen Autorität und die Familie übernimmt die Ausbildung des autoritären Charakters lediglich als „psychologische Agentur der Gesellschaft". Das in der Kindheit ausgebildete Über-Ich wird durch die wiederholte Verinnerlichung faktischer äußerer Gewalt beim Erwachsenen aufrechterhalten.

**These 7:** Die Triebabwehr durch die Verinnerlichung von Autorität und Über-Ich - durch Verdrängung - hat negative Konsequenzen für das Individuum: Durch die Verdrängung wird die Kraft des Ichs eingeschränkt, seine Reaktionen werden steif und unrealistisch. Die Verdrängung erfordert einen hohen Energieaufwand und beraubt das Individuum seiner Souveränität und Selbständigkeit.

**These 8:** Die Entwicklung eines starken „Ichs", das für die Triebabwehr durch Verurteilung (siehe These 3) notwendig ist, ist an zwei Bedingungen geknüpft: a) an die Freiheit von Angst und b) an eine rationale Lebenspraxis.

**These 9:** Die beiden Bedingungen aus These 8 sind in der bürgerlichen Gesellschaft zur Zeit der Entstehung der 'Studien über Autorität und Familie' nicht erfüllt. Der Mensch in der bürgerlichen Gesellschaft ist nicht in der Lage, sein Leben eigenständig zu planen und zu führen, sondern er ist dem Zufall preisgegeben. In der unübersichtlichen, autoritären bürgerlichen Gesellschaft ist der Mensch den gesellschaftlichen Mächten gegenüber ohnmächtig, er ist ihnen ausgeliefert.

**These 10:** Die bürgerliche Gesellschaft legt die Ausbildung einer sado-masochistischen Charakterstruktur nahe. (Bei der Charakterstruktur eines Individuums handelt es sich um eine Anpassung der Triebstruktur an gesellschaftliche Bedingungen. Die

Triebstruktur wird so transformiert, daß eine Befriedigung der Triebe auf eine in der entsprechenden Gesellschaft akzeptierte und damit praktizierbare Weise möglich wird.) Das in der bürgerlichen Gesellschaft dominante Ausgeliefertsein gegenüber den gesellschaftlichen Mächten wird hier transformiert in eine lustvolle Unterwerfung unter Autoritäten. Der Sado-Masochismus wird damit zum „Kitt" der autoritären Gesellschaft.

### 3.4 Kritik an Fromms Beitrag zu den „Studien über Autorität und Familie" anhand der vier Kriterien aus 'Teil I'

Wie geplant möchte ich mich bei der Auseinandersetzung mit den hier vorgestellten Analysen von den 'in Teil I' aufgestellten vier Kriterien leiten lassen. Zu berücksichtigen ist dabei natürlich jeweils die Intention der erörterten Studie und entsprechend ein mögliche Differenz zwischen der in der vorliegenden Arbeit verfolgten Frage und den von dem jeweiligen Autor problematisierten Phänomenen. Auf eine entsprechende Differenz stößt man bei Fromms Studie: Fromm erwähnt den Nationalsozialismus in dieser 1936 erschienen Studie noch mit keinem Wort. (Trotzdem ist wohl davon auszugehen, daß den Mitarbeitern des Instituts, die vor den Nationalsozialisten bereits im Jahr 1933 über Umwege nach New York flohen, der Nationalsozialismus als ein zentrales Thema ihrer 'Studien' galt.) Bei der Beurteilung von Fromms Arbeit ist zudem stets zu berücksichtigen, daß es sich hier um eine Arbeit handelt, die die Frage des autoritären Charakters in dieser Form erstmals formuliert, und zwar zu einem Zeitpunkt, an dem die Nationalsozialisten erst seit sehr kurzer Zeit an der Macht war und der Nationalsozialismus sein heute bekanntes 'Gesicht' noch kaum gezeigt hatte.

*Kriterium 1: Täterverantwortung*

Das erste Kriterium, welches ich in 'Teil I' aufgestellt hatte, besagte, daß eine Theorie über den Nationalsozialismus daran gemessen werden sollte, inwiefern sie die freiwillig vollzogenen Handlungen der Täter des Holocaust - einschließlich der häufig angewandten Brutalität - erfassen kann. Insbesondere geht es hier auch darum zu überprüfen, inwiefern die Tatsache, daß eine Teilmenge der Täter ihr Tun *richtig* fand bzw. mit *Sinn* verband und sich trotz anderer Alternativen für eine Teilnahme am Holocaust entschloß, von der Theorie erfaßt werden kann.

Zunächst halte ich einige Anmerkungen über das Verhältnis von Goldhagens und Fromms Theorie für nötig. Denn betrachtet man Goldhagens Schema der vier Handlungsarten im Holocaust sowie sein daraus abgeleitetes Vorgehen, nach dem der Beweis, daß kein mit Strafandrohung verbundener Befehl zu Tötungen oder Mißhandlungen vorlag, gleichzeitig ein Beleg dafür ist, daß der entsprechende Teilnehmer am Holocaust aus Überzeugung teilnahm, muß man zunächst feststellen, daß Fromms Thesen in zweifacher Hinsicht quer zu Goldhagens Thesen und seinem Angriff gegen die Erklärungsmuster der Autoritätsgläubigkeit laufen: 1) In bezug auf Goldhagens Einteilung in freiwillige und unter Zwang durchgeführte Handlungen 2) Im Hinblick auf Goldhagens Gegenüberstellung des (abzulehnenden) Erklärungsmuster des 'autoritären Charakters' auf der einen und der (nach Goldhagen einzig richtigen) Erklärung des Holocaust über die Überzeugung von der Richtigkeit der Ermordung von Juden auf der anderen Seite.

Zu 1) Fromm macht in seinem Beitrag zu den Studien über Autorität und Familie darauf aufmerksam, daß die mit der Verinnerlichung von Autoritäten und der entsprechenden Ausbildung eines „Über-Ichs" einhergehende Angst nicht identisch ist mit einer Realangst vor Strafe. Die Besonderheit des Handelns des autoritären Charakters besteht nach Fromm ja gerade darin, daß an die Stelle der äußeren Gewalt und der Angst vor Strafe eine *innere* Instanz gesetzt wird. Insofern wäre nach Fromms Thesen Goldhagens Argument, daß die Täter häufig nicht mit einer Strafe zu rechnen hatten und sich folglich hätten entziehen können, zumindest entschärft. Fromms Thesen stellen insofern - zumindest wenn man einen autoritären Charakter der Täter annimmt - Goldhagens Argumentation in weiten Teilen in Frage. Zu fragen wäre Fromm zufolge nämlich nicht primär nach der real drohenden Strafe, sondern nach der subjektiv geglaubten Gefahr. Diese kann nach Fromm im Fall des autoritären Charakters wesentlich von der real drohenden Strafe abweichen. Nun sieht Goldhagen, obwohl er auch ausführlich mit Hilfe der Abwesenheit einer real drohenden Strafe argumentiert, zwar durchaus, daß ein Unterschied besteht zwischen geglaubter drohender Strafe und tatsächlicher Strafandrohung, wenn er es für wichtig erachtet, darauf hinzuweisen, daß das Fehlen von Strafe bei einer Weigerung, an der Tötung von Juden teilzunehmen, allgemein bekannt war und diese Bekanntheit auch durch entsprechende Zitate von Tätern des Holocaust belegt wird.[47] Wenn aber Fromm recht hat mit der These, daß es sich bei der mit der verinnerlichten Autorität verbundenen Angst um eine „irrationale,

<hr />

[47] vgl. Teil I dieser Arbeit

unbestimmte, emotionelle" Angst handelt, dürfte das Vorhandensein bzw. Nichtvorhandensein dieser Angst wesentlich schwerer zu bestimmen sein als Goldhagen annimmt: Die Angst hat dann nur noch wenig mit der tatsächlichen Strafandrohung *und* dem Wissen um dieselbe zu tun. Und sie kann selbst dann vorhanden sein, wenn der der Autorität Untergebene weiß, daß ihm eigentlich - rational betrachtet - keine Gefahr droht. Ich möchte mit diesem Einwand auf keinen Fall sagen, daß Goldhagens Einschätzung, nach der die Teilnahme vieler Deutscher am Holocaust auch über die Überzeugung von der Richtigkeit der Judentötungen erklärt werden muß, falsch ist. Ich habe das erste Kriterium für meine Analyse ja bewußt in Anlehnung an Goldhagen formuliert. Zweifel scheinen mir nur angebracht im Hinblick auf Teile der Beweisführung Goldhagens. Die Abwesenheit von real vorhandener und rational erwartbarer Strafe ist eben - zumindest wenn man Fromm folgt - nicht in jedem Fall identisch mit dem Nichtvorhandensein von Angst vor einer Bestrafung durch die Autorität bei dem Individuum. Dies dürfte insbesondere für Terrorregime wie das „Dritte Reich" gelten, welches die willkürliche und unkalkulierbare Bestrafung bewußt in weiten Teilen an die Stelle der Verurteilung in Einklang mit dem geschriebenen Gesetz des Rechtsstaates setzte.

Goldhagens Argumentation ist damit durch Fromm geschwächt, aber nicht widerlegt. Goldhagen weist in „Hitlers Willing Executioners" darauf hin, daß die Beweisführung andersherum verlaufen sollte, als dies in der Regel im Zusammenhang mit dem Holocaust getan wird. Da alle Anzeichen darauf hinwiesen, daß im Nazideutschland die Überzeugung vorherrschte, daß die Vernichtung der Juden eine richtige und notwendige Handlung war, ist nach Goldhagen die Beweisführung folgendermaßen zu führen: Daß die Täter *nicht* aus Überzeugung bzw. *gegen* diese handelten ist zu beweisen - und nicht das Gegenteil.[48] Stimmt man dieser Sicht Goldhagens zu - und ich halte dieses für sinnvoll - wäre entsprechend zu beweisen, daß die Täter *allein* durch Zwang und *gegen* ihre eigene Überzeugung teilnahmen. Nur durch diesen Beweis kann Goldhagens Behauptung einer vorhandenen Zustimmung zum Holocaust sowie dessen Motivationskraft letztendlich widerlegt werden. Dieser Beweis ist aber auch nach der hier mit Fromm vorgenommenen Ergänzung des äußeren Zwanges durch inneren, auf dem „Über-Ich" basierenden Zwang nicht erbracht, und zwar aus folgenden Gründen: 1. Zunächst müßte bewiesen werden, daß die Mehrzahl der Täter des Holocaust tatsächlich ein entsprechendes Verhältnis zur Autorität hatten, daß eine Abweichung von

---

[48] vgl. Goldhagen, S. 10f.

Realangst und irrationaler, verinnerlichter Angst verursachen kann. 2. Es müßte zudem bewiesen werden, daß, wenn nicht alle, so doch zumindest die Mehrzahl der am Holocaust Mitwirkenden Grausamkeiten deshalb begingen, weil die gefürchtete oder tatsächlich drohende Strafe bzw. Sanktion so dominant war, daß ihnen trotz einer gegenteiligen Überzeugung keine andere Wahl als die Beteiligung an den Tötungen zu bleiben schien. Tatsächlich spricht - hier stimme ich Goldhagen ebenfalls zu - vieles für die Annahme, daß eine solche Konstellation nicht vorherrschte.[49] Goldhagens Argument (und damit auch das erste Kriterium dieser Arbeit), daß die Mitwirkung am Holocaust nicht allein durch Zwang, sondern auch über die Überzeugung der Täter von der Richtigkeit ihres Tuns erklärt werden muß, ist also auch nach der Sichtung von Fromms Ansatz beizubehalten.

Zu 2) Interessant wird im Zusammenhang mit Goldhagens Argumentation Fromms These, daß für den autoritären Charakter die Glaubensinhalte der Autorität einer rationalen Kritik entzogen sind und im Zuge der Idealisierung der Autorität zu den *eigenen* Idealen der Autoritätsuntergebenen werden. Es ergibt sich durch dieses Element in der Theorie Fromms die folgende, bemerkenswerte Konstellation: Fromms Theorie des autoritären Charakters ist - anders als Goldhagen in seiner Kritik am Autoritätsansatz annimmt - *vereinbar* mit seiner Forderung, daß eine Theorie über den Nationalsozialismus ein Handeln der Mitwirkenden am Holocaust, welches auf eigener Initiative bzw. auf der Überzeugung von der Richtigkeit der Tötungen basierte, erfassen können sollte! Diese Vereinbarkeit besteht aus dem folgendem Grund: Wenn die Autoritätsuntergebenen die Ideale der Autoritäten übernehmen und gleichzeitig diesen Autoritäten - durch Nacheiferung - gefallen wollen, ist ein Befehl zur Mitwirkung am Holocaust auch bei Fromm gar nicht unbedingt nötig. Fromm schreibt, daß die Situation für den autoritären Charakter dadurch gekennzeichnet ist, daß die Autorität der rationalen Kritik entzogen wird und die Autoritäten in der Folge in der Lage sind, den ihr Untergebenen alle möglichen Glaubensinhalte zu vermitteln. Geht der Antisemitismus als Motivationskraft von Personen aus, die von anderen Individuen als Autoritäten anerkannt werden, *übernehmen* also nach Fromms Theorie die der Autorität Unterworfenen den Antisemitismus und die daraus folgenden Handlungsimperative besonders leicht und kritiklos.

---

[49] Goldhagen liefert in „Hitler's Willing Executioners" in den Teilen III, IV und V zahlreiche entsprechende Gegenbeispiele.

Es ist in den obigen Anmerkungen zum Verhältnis von Fromm und Goldhagen bereits deutlich geworden, daß Fromm die Entscheidungsfreiheit der Täter wahrscheinlich als wesentlich kleiner ansehen würde, als Goldhagen dies tut. Die Angst vor den Autoritäten vermag schließlich bei Fromm einen weit über die Wirkung von realer Strafe hinausgehenden Einfluß auf das Individuum auszuüben. Und sie bewirkt in der Regel - ist der autoritäre Charakter erst einmal etabliert - eine erhebliche Folgsamkeit gegenüber den Autoritäten. Die laut Goldhagen auf dem Vernichtungsantisemitismus basierende Überzeugung von der Richtigkeit der Judentötungen als Handlungmotivation hat aber in Fromms Theorie - eben über die beschriebene Übernahme der Glaubensinhalte der Autoritäten durch den autoritären Charakter - durchaus einen Platz. Goldhagens Forderungen und Fromms Ansatz sind insofern letztendlich miteinander vereinbar. Somit kann das erste in dieser Arbeit aufgestellte Kriterium für die Beurteilung von Studien zum Nationalsozialismus als erfüllt gelten. Und nicht nur das: Anders als Goldhagens Theorie deutet Fromms Ansatz gleichzeitig eine Erklärung dafür an, *wie* der Antisemitismus von einer Idee zu einer Handlungsmotivation geworden sein könnte - eben über die leichte Beeinflußbarkeit des weit verbreiteten autoritären Charakters in Verbindung mit überzeugten Antisemiten in der Stellung gesellschaftlich anerkannter, mit Macht ausgestatteter Autoritäten. Auf diesen Punkt wird zurückzukommen sein.

Allerdings bringt Fromms Erklärungsansatz, wendet man ihn auf das Phänomen des Holocaust an, auch einige Schwierigkeiten mit sich. Soll das Handeln von am Holocaust Beteiligten, das nicht auf einen mit innerem oder äußerem Zwang ausgestatteten Befehl zurückzuführen ist, über die Autoritätsgläubigkeit im Sinne Fromms erklärt werden, basiert diese Erklärung zwangsläufig auf zwei Prämissen: 1. Die fraglichen Täter besaßen tatsächlich einen autoritären Charakter 2. Die Nationalsozialisten - allen voran natürlich Hitler - hatten für diese Täter den Status einer idealisierten, rationaler Kritik nicht zugänglichen Autorität. Beide Prämissen implizieren zunächst einmal eine enorme empirische Beweislast, die weder Fromm noch die im Anhang der Studien über Autorität und Familie dargestellten empirischen Erhebungen einlösen. Insofern sind Fromms Thesen zunächst stark hypothetisch. Erste Hinweise dafür, daß Fromms Thesen alles andere als abwegig sind, liefert allerdings eine empirische Studie des Instituts für Sozialforschung, die unter der Leitung Fromms durchgeführt wurde und mit deren Auswertung 1929 begonnen wurde: die „Arbeiter- und Angestelltenstudie".[50] Die Befragung arbeitete mit Fragebögen, die - inspiriert durch die Psychoana-

---

[50] Die Studie wurde erst 1980 von Wolfgang Bonß unter dem Titel „Arbeiter und Angestellte am

lyse - tiefenpsychologisch ausgewertet wurden. Die Untersuchung basierte Fromms Einleitung zufolge auf den folgenden Überlegungen:

> „Wir nahmen an, daß nur solche Meinungen starke Motivationen zum Handeln darstellen, die in der Charakterstruktur eines Menschen verwurzelt sind - wenn es sich um „innerste Überzeugungen" handelt. Tief verwurzelte Überzeugungen sind in der Tat sehr starke Motivationen für das Handeln, vorausgesetzt daß die Möglichkeiten für derartige Aktionen gegeben sind. (...) Wir folgerten aus dieser Annahme, daß nur dann, wenn wir die Charakterstruktur der deutschen Arbeiter und Angestellten kannten, ihre voraussichtliche Reaktion auf einen Sieg der Nationalsozialisten vorherzusehen sei. Unser Hauptinteresse galt (...) nicht dem Gesellschaftscharakter im allgemeinen, sondern dem hinsichtlich der nationalsozialistischen Herausforderung relevantesten Aspekt: dem autoritären bzw. dem demokratisch-revolutionären Charakter."[51]

Die statistische Auswertung der Studien ergab, daß 10% der Befragten einen autoritären Charakter aufwiesen; 75% zeigten einen ambivalenten Charakter (und damit eine nicht auszuschließende Anfälligkeit für den Nationalsozialismus) und 15% einen stark anti-autoritären Charakter.[52] Die Ergebnisse der Untersuchung wurden von den Mitarbeitern des Institutes als höchst entmutigend gewertet, insbesondere hinsichtlich der Wahrscheinlichkeit eines breiten Widerstandes gegen den Nationalsozialismus. Dieser würde den Ergebnissen zufolge vermutlich ausbleiben.[53]

Die Fertigstellung der Studie wurde durch die politischen Verhältnisse verhindert. Seit dem Wahlsieg der Nationalsozialisten am 14. September 1930 betrieb das Institut eine entschiedene Emigrationspolitik.[54] Übrigens führt Leo Löwenthal die Tatsache, daß Horkheimer und seine Mitarbeiter der SA zuvorgekommen waren und, als diese das Frankfurter Institut besetzten und schließen wollten, bereits mitsamt des Institutskapitals das Land verlassen hatten, auf die ersten Ergebnisse der Arbeiter- und Angestellenstudie zurück.[55] Zwar war und ist die Methodologie der Studie umstritten, festzuhalten ist

---

Vorabend des Dritten Reiches" veröffentlicht. Die Gründe für diese späte Veröffentlichung sind nach wie vor umstritten (Vgl. hierzu Bierhoff, Burkhard: Erich Fromm. Analytische Sozialpsychologie und visionäre Gesellschaftskritik. Opladen 1993, S. 30 ff.).

[51] Erich Fromm: Arbeiter und Angestellte am Vorabend des Dritten Reiches, in: Erich Fromm Gesamtausgabe Band III, S. 1-224, hier S. 3

[52] ebd., S. 6. Für eine Aufschlüsselung nach Beruf, Herkunft und Parteipräferenz siehe S. 186 ff.

[53] Gerade in der Gruppe, von der am meisten Protest erwartet worden war - bei den Arbeitern - ergab die Studie einen besonders hohen Anteil von autoritärszentrierten Charakteren.

[54] vgl. Bierhoff, S. 32

[55] vgl. Bierhoff, S. 32. Leo Löwenthal sagte in bezug auf die entsprechende empirische Forschung des Instituts in einem Gespräch mit Helmut Dubiel, daß „unsere Interpretation der Ereignisse dazu beitrug, unser Leben zu retten." (Leo Löwenthal: Mitmachen wollte ich nie. Ein autobiographisches Gespräch mit Helmut Dubiel. Frankfurt am Main 1980, S. 93, zitiert nach Bierhoff, S. 32)

aber, daß die Auswertung noch im Exil durch Mitarbeiter mit Erfahrungen in der empirischen Sozialforschung und unter der Beratung von Paul Lazarsfeld fortgeführt wurde.[56] Die oben herausgestellte empirische Beweislast ist damit allerdings nur zum Teil berührt. Zeigen kann die Studie aber zumindest, daß vermutlich eine ausreichende Anzahl von autoritären Charakteren im vornationalsozialistischen Deutschland vorhanden war, aus der die Täter 'rekrutiert' worden sein *könnten*. Die Frage, ob die Täter aber tatsächlich nur oder hauptsächlich solche waren, die einen autoritären bzw. ambivalenten Charakter hatten und ob Hitler für sie eine entsprechende Autorität wurde, ist mit der Studie natürlich nicht angesprochen. Fromm ist vor dem Hintergrund seiner empirischen Bemühungen und Erkenntnisse (auch bei dem empirischen Teil der „Studien über Autorität und Familie" war Fromm mit der Leitung betraut worden) sicher nicht vorzuwerfen, daß seine in den „Studien über Autorität und Familie" und in der „Furcht vor der Freiheit" entwickelte Theorie einer Beschäftigung mit der Realität unter empirischen Gesichtspunkten vollkommen entbehrt. Im Teil III dieser Arbeit werden zudem einige empirische Studien aus den vierziger Jahren zu behandeln sein, die - so werde ich dort darlegen - in weiten Teilen als zusätzliche empirische Bestätigung von Fromms Thesen gelesen werden können.

Doch selbst wenn man die beiden oben genannten Prämissen als erfüllt ansähe, bliebe noch eine wesentliche Frage bei der Anwendung der Thesen Fromms auf den Holocaust zu klären: Warum waren es gerade die Nationalsozialisten, die eine entsprechende Autorität für sich beanspruchen konnten? Wie ist es - wenn die obigen Prämissen zutreffen - zu der Übertragung der Autorität an Hitler und seine Verbündeten gekommen? Bei Fromm finden sich in dem Autoritätstext von 1936 lediglich einige Andeutungen für eine Beantwortung dieser Frage: Bestimmte Elemente des sadomasochistischen Charakters weisen seiner Ansicht nach unter anderem die Tendenz auf, für eine auf Rassenwahn und Stolz auf die Nation beruhende Überhöhung anfällig zu sein. Auch Grausamkeiten sind für den autoritären Charakter - der nach Fromm eine Abart des sado-masochistischen Charakters ist - durchaus naheliegend.

Der Akzent von Fromms Theorie liegt aber eindeutig in der Beschreibung der Mechanismen des Funktionierens einer bereits etablierten Autorität, unabhängig von dessen konkreten Inhalt. Wodurch bestimmte Persönlichkeiten oder Gruppen zu gesellschaftlich akzeptierten Autoritäten werden, kann Fromms Ansatz nicht erklären. Zur

---

[56] vgl. ebd., S. 33

Beantwortung der Frage, wie der auf Vernichtung zielende Antisemitismus in den Status einer unhinterfragten Autorität gelangt ist, und wie und warum es überhaupt auf der Seite der Autorität Ausübenden zu dessen Durchsetzung kam, kann Fromms frühe Studie deshalb nur wenig beitragen. Unklar bleibt außerdem, wo die Grenze zwischen Autoritätsinhabern und Autoritätsuntergebenen im Nationalsozialismus zu ziehen ist. Fromms Ansatz ist - so kann man zusammenfassend feststellen - dazu geeignet, bestimmte Mechanismen der Unterordnung unter Autoritäten und Handlungsweisen von Autoritätsgläubigen zu erklären, und zwar unabhängig von Inhalt und Inhabern der gesellschaftlichen Autoritäten. Wie und warum bestimmte Autoritätspersonen, die bestimmte Inhalte vertreten, in diese Machtposition gelangen, bleibt aber weitgehend offen. Die theoretische Leistung Fromms liegt also vor allem darin, bestimmte Aspekte des bereits etablierten Systems und ihrer Aufrechterhaltung zu erklären. Inwieweit Fromms explizit mit dem Nationalsozialismus befaßte Studie „Die Frucht vor der Freiheit" von 1941 die hier offen gebliebenen Fragen beantwortet, wird in Kapitel 4 zu klären sein.

Anzumerken ist noch, daß sich bestimmte Schwierigkeiten ergeben durch Elemente von Fromms Theorie, die eingeführt, aber nicht näher begründet werden. In der Darstellung der Theorie Fromms hatte ich bereits auf solche Stellen hingewiesen. Für besonders gravierend halte ich die Tatsache, daß Fromm annimmt, daß eine über das Über-Ich laufende Triebabwehr immer zur Verdrängung des Triebes führt, er diesen Mechanismus aber ebensowenig wie seine angebliche Zwangsläufigkeit genau erläutert.

*Kriterium 2: Nationalsozialismus als soziale Pathologie*

Das zweite Kriterium, das ich im ersten Kapitel aufgestellt hatte, lautete, daß Theorien über den Nationalsozialismus diesen als soziale Pathologie begreifen können sollten. Man kann Fromms Ausführungen in seiner Autoritätsstudie durchaus entsprechend interpretieren: Fromm kennzeichnet die autoritäre bürgerliche Gesellschaft als eine Gesellschaft, die unter einer kollektiven Ich-Schwäche leidet. Aus dieser Ich-Schwäche resultiert letztendlich eine irrationale Lebenspraxis, in der die Individuen durch die Stärke ihres Über-Ichs erheblich eingeschränkt sind. Eine Gegenbild zu dieser 'Pathologie' wird ebenfalls dargestellt: eine Gesellschaft, in der die Individuen ihr Leben in einer rationalen Lebenspraxis und bei Abwesenheit von Angst (siehe Kap.

3.3, These 3 und These 8) führen können. Das Vorherrschen des sado-masochistischen Charakters ist insofern nicht ein 'gesunder' Gesellschaftszustand. Er ist vielmehr eine Reaktion auf bestimmte repressive Elemente der Gesellschaft. Das zweite Kriterium kann insofern hier als erfüllt gelten. Trotzdem ergeben sich durch die Anlage von Fromms Theorie in dieser Hinsicht einige Probleme.

Zum einen wird in Fromms Beitrag zu den „Studien" deutlich, daß Fromm in dieser frühen Arbeit von 1936 das Grauen, das der Nationalsozialismus in den folgenden Jahren verbreiten würde, noch nicht erahnte (und wohl auch kaum erahnen konnte). Fromm spricht hier davon, daß die Nachteile einer Triebabwehr durch das Über-Ich zu Nachteilen führen, die vor allem das Glück des Individuums beträfen. Er geht hier also noch davon aus, daß eine Gesellschaft als ganze durchaus zufriedenstellend funktionieren kann, auch wenn sie auf einer Triebabwehr durch Über-Ich und Verdrängung basiert. In diesem Zusammenhang stößt man auf ein weiteres Problem von Fromms Studie: Indem Fromm die Triebabwehr über das Über-Ich letztendlich als eine notwendige Phase der Menschheitsgeschichte charakterisiert (vgl. Kapitel 3.3, These 1 und These 4), stellt sich die Frage, inwiefern die bürgerliche Gesellschaft bei Fromm etwas anderes als eine solche notwendige - und also in gewisser Hinsicht normale - Entwicklungsstufe ist. Auch wenn in Fromms Beitrag zu den „Studien" durchaus deutlich wird, daß Fromm die bürgerliche Gesellschaft seiner Zeit als eine Gesellschaft betrachtet, die hinter ihrem geschichtlichen Potential zurückbleibt, ist unklar, wann für Fromm eine autoritäre Gesellschaft eine normale geschichtliche Phase ist und wann sie eine Verfehlung bedeutet.

Falls man die damalige bürgerliche Gesellschaft trotzdem als eine im Sinne Fromms verfehlte betrachtet - und ich glaube, man sollte Fromm so interpretieren - stellt sich eine weitere wichtige Frage: Wie soll die Gesellschaft zu einer werden, in der die Mitglieder ein starkes Ich besitzen und in der folglich eine Autorität nicht mehr nötig ist? Indem Fromm die Autorität für den Fall, daß die Mitglieder der Gesellschaft ein zu schwaches Ich aufweisen, als notwendige gesellschaftliche Instanz ausweist, ist unklar, wie ein Ausweg aus einer solchen autoritären Konstellation möglich sein soll. Mit anderen Worten: Über das Postulat der Notwendigkeit einer Autorität im Fall „Ich-schwacher" Gesellschaftsmitglieder sowie der Voraussetzung eines starken Ichs der Gesellschaftsmitglieder für eine autoritätsfreie Gesellschaft ergibt sich ein Konstellation, die sich selbst theoretisch ad infinitum reproduziert: In der (historischen)

Ausgangssituation ist das „Ich" der Gesellschaftsmitglieder schwach und eine selbständige Triebkontrolle ist nicht möglich. Deshalb treten Fromms Theorie zufolge gesellschaftliche Autoritäten 'auf den Plan'. Diese sorgen für eine Triebabwehr durch Verdrängung und damit für das Vorherrschen einer irrationalen Lebenspraxis und eines schwach ausgeprägten Ichs der Gesellschaftsmitglieder. Diese Ich-Schwäche macht nun aber Fromm zufolge wieder eine autoritäre Gesellschaft nötig und so weiter... Fromms Postulat einer *Notwendigkeit* von Autoritäten unter der Bedingung einer Ich-Schwäche der Gesellschaftsmitglieder ist deshalb unhaltbar. Sie ist auch kaum vereinbar mit Fromms Anspruch einer kritischen Gesellschaftstheorie. Denn problematisch ist diese Annahme auch, weil in ihr gleichzeitig die Annahme der *Naturgegebenheit* einer den Menschen überfordernden Triebabwehr impliziert ist. Übersehen wird dabei von Fromm, daß die Notwendigkeit einer Abwehr bestimmter Triebe in der Regel eben nicht naturgegeben ist, sondern selbst häufig erst das Ergebnis von Forderungen der (oft primär ihre Eigeninteressen verfolgenden) herrschenden Autoritäten an die ihr Untergebenen war und ist. Eine Triebabwehr durch Verurteilung durch die Untergebenen ist dann aber ursprünglich wegen der Unvernünftigkeit der Forderungen und nicht wegen der Ich-Schwäche der Untergebenen unmöglich. Letztendlich ist das Postulat der Notwendigkeit von über das Über-Ich verinnerlichten Autoritäten bei bestimmten gesellschaftlichen Konstellationen also gleichzeitig eine (sicher nicht in der Intention Fromms liegende) Rechtfertigung der Existenz dieser Autoritäten.

*Kriterium 3: Interdependenz von Persönlichkeit und Sozialstruktur*

Das dritte in 'Teil I' hergeleitete Kriterium lautete: Sofern eine Übereinstimmung von Persönlichkeit und Sozialstruktur bzw. der Gesellschaftsform angenommen wird, sollte diese Übereinstimmung nicht als automatisch gegeben vorausgesetzt werden, sondern - unter der Angabe von Vermittlungsmechanismen zwischen diesen beiden Ebenen - innerhalb der Theorie auch erklärt werden. Zu fragen ist also zunächst, ob Fromm eine Übereinstimmung zwischen der durchschnittlichen Persönlichkeit der Gesellschaftsmitglieder und der Gesellschaftsstruktur annimmt. Dieses ist zweifelsohne der Fall: Schon Fromms Sichtweise des menschlichen Charakters als einer Anpassung der Triebstruktur an die gesellschaftlichen Bedingungen (vgl. Kap. 3.3, These 10) macht deutlich, daß Fromm einen äußerst engen Zusammenhang von Persönlichkeit und Gesellschaftsform annimmt. Insbesondere der autoritäre Charakter - Fromm entwickelte einige Jahre später den in diesem Zusammenhang wichtigen und im nächsten Kapitel zu behandelnden Begriff des „Gesellschaftscharakters" - ist bei Fromm eine direkte Folge der autoritären Gesellschaft. (vgl. Kap. 3.3, These 9). Auch ein Vermittlungsmechanismus scheint auf den ersten Blick für die bürgerliche Gesellschaft von Fromm angegeben zu werden: Bereits in der Familie wird in dem Kind die an die Gesellschaft angepaßte, erforderliche Charakterstruktur angelegt. Die Familie bereite im Kind, indem es ihm einen autoritären Charakter anerzieht, die Akzeptanz der späteren Autoritäten vor, denen das Kind als Erwachsener begegnet. Indem die Familie bei Fromm als „psychologische Agentur der Gesellschaft" handelt, sorgt hauptsächlich sie für die Entsprechung von Gesellschaftsstruktur und Persönlichkeit.

Doch nur oberflächlich betrachtet hat Fromm damit schon einen theoretisch vollständigen Vermittlungsmechanismus zwischen Gesellschaft und Persönlichkeitsstruktur angegeben. Fromm bezeichnet zwar die Familie als „psychologische Agentur der Gesellschaft", läßt aber vollkommen offen, wie die Familie dazu gebracht wird, diese Funktion zu erfüllen. Eine entsprechende Funktion der Familie - die Erziehung zu einer gesellschaftskonformen Persönlichkeit - ist aber nicht automatisch gegeben. Als Hinweis in diese Richtung sind Elemente des nationalsozialistischen Erziehungssystems zu lesen: Das nationalsozialistische Regime war häufig bestrebt, die Kinder dem Einfluß ihrer Eltern weitgehend zu entziehen und sie - etwa in Lagern, in denen die Kinder auch übernachteten und dem Kontakt mit dem Elternhaus zeitweise entzogen waren - lieber 'in eigener Regie' zu indoktrinieren.[57] Den Nationalsozialisten genügte die Leistung der Familie als „psychologischer Agentur der Gesellschaft" offenbar keineswegs. (Ein Indikator für den „Erfolg" dieser nationalsozialistischen Erziehung war, daß Kinder im „Dritten Reich" in einigen Fällen soweit gingen, ihre eigenen Eltern zu denunzieren.[58]) Daß die Familie die Aufgabe einer „psychologischen Agentur der Gesellschaft" im Sinne der gesellschaftlichen Autoritäten erfüllt, scheint also selbst an bestimmte Bedingungen geknüpft zu sein, die folglich anzugeben wären. Fromms Argumentation weist hier eine ernstzunehmende Lücke auf. Indem Fromm

---

[57] vgl. dazu: Katz, Michael H.: Die deutsche Elternschaft im nationalsozialistischen Erziehungssystem, in: Hermann, Ulrich: „Die Formung des Volksgenossen": der „Erziehungsstaat" des Dritten Reiches. Weinheim 1995, S. 79-101. Benz, Wolfgang: Kinder und Jugendliche unter der Herrschaft des Nationalsozialismus, in: Benz, Ute und Wolfgang: Sozialisation und Traumatisierung. Kinder in der Zeit des Nationalsozialismus. Frankfurt am Main 1992. Graml, Herrmann: Integration und Entfremdung. Inanspruchnahme durch Staatsjugend und Dienstpflicht, in: Benz: Sozialisation und Traumatisierung, S. 70-79
[58] vgl. dazu: Müller-Hohagen, Jürgen: Gleichschaltung und Denunziation. Disziplinierung der Eltern über ihre Kinder, in: Benz: Sozialisation und Traumatisierung

von einer fraglosen Gegebenheit der Übereinstimmung von Gesellschaftsstruktur auf der einen Seite und Familie und Charakter auf der anderen Seite ausgeht, erfüllt sein Beitrag zu den „Studien über Autorität und Familie" das dritte Kriterium nicht. Es wird zu untersuchen sein, ob Fromms erstmals in dem Buch „Die Furcht vor der Freiheit" vorgestelltes Konstrukt des „Gesellschaftscharakters" die hier aufgezeigte Lücke schließen kann.

*Kriterium 4: Naziherrschaft als Terrorregime*

Doch bevor ich zur „Furcht vor der Freiheit" übergehe, muß zunächst noch erörtert werden, in welchem Verhältnis der „sozialpsychologische Teil" der „Studien über Autorität und Familie" zu dem im ersten Kapitel entwickelten vierten Kriterium steht: Kann innerhalb von Fromms Ansatz die Eigenschaft des nationalsozialistischen Systems als Terrorregime erfaßt werden? Hier ist die oben bereits betonte Differenz zwischen der Frage, die der Autor mit seinem Text zu beantworten sucht, und den Fragen, auf die in dieser Arbeit eine Antwort gesucht wird, besonders groß: Fromm hat sich in seinem Text aus dem Jahr 1936 an keiner Stelle explizit mit dem nationalsozialistischen System auseinandergesetzt. Ich halte es deshalb für sinnvoll, dieses Kriterium erst bei dem späteren Text Fromms - der „Furcht vor der Freiheit" - , der sich explizit auf den Nationalsozialismus bezieht, anzulegen. Hier möchte ich mich auf die Anmerkung beschränken, daß bei Fromm die Gesellschaft von vornherein als eine grundsätzlich Einschränkung fordernde und Zwang ausübende Gesellschaft betrachtet wird. Die Gesellschaft fordert nach Fromm von dem Individuum grundsätzlich Triebverzicht und setzt diesen - in der einen oder anderen Form - auch durch. Speziell für die bürgerliche Gesellschaft der dreißiger Jahre betont Fromm die Ohnmacht, mit der das Individuum den gesellschaftlichen Gegebenheiten gegenübersteht.[59] Insofern läßt sich bis hierher kaum vermuten, daß der Aspekt des Zwanges im nationalsozialistischen System von Fromm vernachlässigt werden wird. Bei der Auseinandersetzung mit der „Furcht vor der Freiheit" wird dieses zu überprüfen sein.

---

[59] vgl. dazu auch: Fromm, Erich: Zum Gefühl der Ohnmacht (1937), in: Erich Fromm Gesamtausgabe Band I, S. 189-206

# 4. Erich Fromm: „Die Furcht vor der Freiheit" (1941)

Als die „Furcht vor der Freiheit" im Jahr 1941 in Amerika erschien, erregte das Buch erhebliche Aufmerksamkeit.[1] Die Zeitschrift „Psychiatry" etwa hielt die Veröffentlichung der „Furcht vor der Freiheit" für so bedeutend, daß sie ihr auf 26 Seiten Kritiken von acht Autoren widmete.[2] Martin Jay betont in seiner „Geschichte der Frankfurter Schule und des Instituts für Sozialforschung 1923-1950", daß das Buch „auf seinem Gebiet bald zum Klassiker" wurde.[3] An der „Furcht vor der Freiheit" dem Buch schieden sich damals die Geister. Die Meinungen reichten von „one of the most important books in our time" (M.F. Ashley Montagu)[4] und „Erich Fromm has offered something that is (...) novel and excellent" (Ernest E. Hadley)[5] über „I can find few points of agreement" (Anton T. Boisen)[6] bis zu Otto Fenichels Einschätzung im Jahr 1944, „daß alles, was an ihm (dem Buch - M.P.) gut ist, nicht neu ist, und alles, was an ihm neu ist, nicht gut ist."[7] Zu schaffen machte den Kritikern vor allem der stark spekulative Charakter des Buches,[8] und auch heute macht dieser Aspekt der „Furcht vor der Freiheit" eine Beschäftigung mit dieser Schrift nicht gerade einfacher. Fromm hatte 1939 das „Institut für Sozialforschung" endgültig verlassen, nachdem sein Einfluß auf dieses bereits ab 1936 stark zurückgegangen war.[9] Die „Furcht vor der Freiheit" bleibt allerdings noch dem Programm einer die Sozialpsychologie integrierenden Sozialforschung verpflichtet[10], während spätere Werke Fromms (angefangen bei „The Sane Society" (1955) bis hin zu populären Bestsellern wie „The Art of Loving" (1956) oder „Haben oder Sein (1976)) sich immer weiter von den früheren Arbeiten entfernen.

---

[1] vgl. Jay, Martin: Dialektische Phantasie. Die Geschichte der Frankfurter Schule und des Instituts für Sozialforschung 1923-1950. Frankfurt a. M. 1976, S. 126.
[2] Escape from Freedom. A Synoptic Series of Reviews, in: Psychiatry. Journal for the Study of Interpersonal Process. Vol. 5. Washington 1942, S. 109-134
[3] Jay, S. 126
[4] ebd., S.122
[5] ebd., S. 134
[6] ebd., S. 113
[7] Otto Fenichel: Psychoanalytische Bemerkungen zu Fromms Buch „Die Furcht vor der Freiheit", übersetzter Nachdruck des erstmals 1944 in der Zeitschrift „Psychoanalytic Review", Vol.31 erschienenen Aufsatzes, in: Bernhard Görlich (Hg.): Der Stachel Freud. Beiträge und Dokumente zur Kulturismus-Kritik. Frankfurt am Main 1980
[8] vgl. z.B. R. Benedict, in: Psychiatry. Vol.5. 1942, S. 112; Louis Wirth, in: ebd., S. 130f.
[9] vgl. Bierhoff, S.38
[10] vgl. hierzu auch: Michael Wilson: Das Institut für Sozialforschung und seine Faschismusanalysen. Frankfurt a. M. 1982, S.168

Auch wenn ein großer Teil der „Furcht vor der Freiheit" nicht direkt den Nationalsozialismus behandelt, halte ich es aufgrund des Aufbaus der Fromm'schen Argumentation trotzdem für notwendig, zunächst eine recht ausführliche, wenngleich deutlich akzentuierte Darstellung der gesamten „Furcht vor der Freiheit" vorzunehmen. Analog zum Vorgehen im Kapitel über die „Studien über Autorität und Familie" werde ich anschließend die Argumentation Fromms wieder in Thesen zusammenfassen. Daran schließt sich eine Kritik an, die wieder angeleitet ist durch die im Teil I aufgestellten Kriterien.

## 4.1 Die „Furcht vor der Freiheit": Eine Darstellung

Die Herrschaft des Nationalsozialismus in Deutschland, die für Fromm der primäre Anlaß für das Verfassen der „Furcht vor der Freiheit" ist[11], gerät dort unter einem ganz bestimmten Aspekt in den Blick: Erklären will Fromm vor allem, warum „Millionen von Deutschen ebenso bereitwillig ihre Freiheit aufgaben, wie ihre Väter für sie gekämpft hatten; daß sie, anstatt sich nach Freiheit zu sehnen, sich nach Möglichkeiten umsahen, ihr zu entfliehen; daß weitere Millionen gleichgültig waren und nicht glaubten, daß die Verteidigung der Freiheit es wert sei, für sie zu kämpfen und für sie zu arbeiten."[12] Fromms Perspektive ist also davon bestimmt, daß er den Nationalsozialismus nicht als den Deutschen von Hitler und seinen Mitstreitern durch List, Tücke oder Terror aufoktroyiert ansieht, sondern ihn als von den Deutschen zum Teil als aktiv erwünscht, zum Teil als ohne Widerstand hingenommen charakterisiert.

Verantwortlich für die entsprechende Anfälligkeit der Deutschen für den Faschismus macht Fromm wesentlich die Charakterstruktur des modernen Menschen. Den Zweck seines Buches sieht er darin, „jene dynamischen Faktoren in der Charakterstruktur des modernen Menschen zu analysieren, die in den faschistischen Ländern dazu geführt haben, die Freiheit aufzugeben." Neben ökonomischen und gesellschaftlichen Gründen hält Fromm insofern psychologische Tatbestände für eine wesentliche Bedingung für die Etablierung des Nationalsozialismus. In das Zentrum stellt er dabei - Fromm betont dieses ausdrücklich im Vorwort und drückt es natürlich auch in der Wahl des Buchtitels aus - das Problem der menschlichen Freiheit als ein allgemeines und vor allem als ein psychologisches Problem.

---

[11] vgl. Erich Fromm: Die Furcht vor der Freiheit, in: Gesamtausgabe Band I, S. 217-392, hier S. 217
[12] ebd., S. 220

Während Fromm die Beachtung psychologischer Faktoren bei der Analyse von Gesellschaft grundsätzlich für wichtig erachtet,[13] hält er sie bei der Analyse des Faschismus für besonders bedeutsam:

> „Jeder Versuch, die Anziehungskraft zu begreifen, die der Faschismus auf große Nationen ausübt, zwingt uns, uns mit der Rolle der psychologischen Faktoren zu beschäftigen. Denn wir haben es hier mit einem System zu tun, das seinem Wesen nach nicht an die rationalen Kräfte des Selbstinteresses appelliert, sondern das im Menschen diabolische Kräfte weckt und mobilisiert, von deren Existenz wir nichts wußten oder von denen wir zumindest annahmen, sie seien schon lange ausgestorben." [14]

Die psychologischen Faktoren sind für Fromm dabei aber nicht losgelöst von gesellschaftlichen Faktoren zu verstehen. Vielmehr geht er von einem engen Zusammenhang beider aus. Fromms Theorie des Verhältnisses von psychischen und gesellschaftlichen Faktoren mündet in dem Konstrukt des Gesellschaftscharakters und stellt eine Weiterentwicklung der Thesen dar, die er in seinem Beitrag zu den 'Studien über Autorität und Familie' und in dem 1932 veröffentlichtem Aufsatz 'Über Methode und Aufgabe einer Analytischen Sozialpsychologie' entwickelt hatte. Seine Position entwickelt Fromm wieder über eine Auseinandersetzung mit Freud.[15]

### „Charakter und Gesellschaftsprozeß"

Um Fromms Ausführungen im ersten Kapitel seines Buches richtig einordnen zu können, scheint es mir nötig zu sein, zunächst vorzugreifen auf die Überlegungen über den Zusammenhang von „Charakter und Gesellschaftsprozeß", die Fromm in einem Anhang am Ende des Buches darstellt. Psychologische Faktoren gewinnen danach Einfluß auf das gesellschaftliche Leben über den Charakter der Mitglieder einer Gesellschaft. Fromm geht zunächst wieder von der Tatsache aus, daß jeder Mensch bestimmte Bedürfnisse hat.[16] Er übernimmt hier seine Vorstellungen über den Charak-

---

[13] vgl. vor allem Fromms Ausführungen in den Aufsätzen: „Über Methode und Aufgabe einer Analytischen Sozialpsychologie" (1932), in: Erich Fromm Gesamtausgabe Band I, S. 37-58 und „Die psychoanalytische Charakterologie und ihre Bedeutung für die Sozialpsychologie", in: Erich Fromm Gesamtausgabe Band I, S. 59-79. Ich gehe hier nicht auf diese Aufsätze ein, da alle für das vorliegende Thema relevanten Aspekte von Fromm in seinem Beitrag zu den „Studien über Autorität und Familie" und in der „Furcht vor der Freiheit" wiederholt werden.

[14] Die Furcht vor der Freiheit, Erich Fromm Gesamtausgabe Band I, S. 221

[15] Wie bei der Behandlung der „Studien über Autorität und Familie" werde ich auch hier auf Fromms zum Teil problematische Freud-Rezeption nicht näher eingehen, sondern mich auf die Darstellung von Fromms eigenen Thesen beschränken.

[16] Welche das sind, wird weiter unten zu behandeln sein.

ter und seine Funktion aus den „Studien über Autorität und Familie". Für das Individuum besteht nach Fromm die subjektive Funktion des Charakters darin, daß er den Menschen veranlaßt, so zu handeln, wie es vom praktischen Standpunkt notwendig ist, diese Notwendigkeit aber gleichzeitig verbindet mit einer psychologischen Befriedigung.

Neu in der „Furcht vor der Freiheit" ist nun der folgende Gedanke: Dadurch, daß die Mitglieder einer Gruppe in einer Gesellschaft ähnliche Bedingungen vorfinden, ähnliche grundlegende Erfahrungen machen und eine ähnliche Lebensweise praktizieren, bilden sich Fromm zufolge Ähnlichkeiten in der Charakterstruktur dieser Gruppenmitglieder aus. Diese Ähnlichkeiten bezeichnet Fromm als 'Gesellschaftscharakter'. Es handele sich dabei um „den wesentlichen Kern der Charakterstruktur der meisten Mitglieder einer Gruppe, wie er sich als Ergebnis der grundlegenden Erfahrungen und der Lebensweise dieser Gruppe entwickelt hat." [17] Den „Gesellschaftscharakter" betrachtet Fromm gleichzeitig als einen „Schlüsselbegriff für das Verständnis des Gesellschaftsprozesses überhaupt."[18]

Die gesellschaftliche Funktion des Gesellschaftscharakters besteht seiner Ansicht nach darin, daß er die Mitglieder einer Gruppe dazu bewegt, daß sie so handeln *möchten*, wie sie handeln *müssen*: „Der Gesellschaftscharakter internalisiert äußere Notwendigkeiten, und spannt auf diese Weise die menschliche Energie für die Aufgaben eines bestimmten ökonomischen und gesellschaftlichen Systems ein."[19] Zu einem Faktor, der selbst wiederum auf den Gesellschaftsprozeß Einfluß nimmt, wird der „Gesellschaftscharakter" nun Fromm zufolge durch die Tatsache, daß Ideen eine „emotionelle Matrix besitzen". Dieses bedeute, daß nur solche Ideen zu einflußreichen und mächtigen Kräften werden könnten, die Antworten auf bestimmte menschliche Bedürfnisse eines bestimmten Gesellschaftscharakters darstellten.[20] Den Einfluß von Ideen führt Fromm also darauf zurück, daß diese Ideen bestimmte Bedürfnisse einer großen Gruppe von Menschen innerhalb einer Gesellschaft befriedigen. Im Laufe der Darstellung von Fromms Argumentation wird deutlich werden, daß seine gesamte Argumentation wesentlich auf dieser These basiert.

---

[17] ebd., S. 379
[18] ebd., S. 379
[19] ebd., S. 383
[20] vgl. ebd., S. 381

Bei der Bildung des Gesellschaftscharakters im einzelnen Menschen - also bei der Ausbildung einer Übereinstimmung von persönlichen Wünschen und Erfordernissen der gesellschaftlichen Rolle - kommt laut Fromm der Erziehung eine entscheidende Rolle zu. Fromm greift hier auf Überlegungen zurück, die er schon in den „Studien über Autorität und Familie" formuliert hatte: Den Einfluß der Erziehung in bezug auf den Gesellschaftscharakter sieht er darin, daß die Erziehungsmethoden Mechanismen begründen würden, mit deren Hilfe der Charakter geformt werde.[21] Wieder - wie bereits in den „Studien" - bezeichnet Fromm die Familie als „psychologische Agentur der Gesellschaft". Doch während er in den Studien keine Begründung dafür gegeben hatte, warum die Familie diese Aufgabe erfüllt, deutet Fromm hier eine Erklärung zumindest an: „Die Antwort (auf die Frage, wie das Kind von der Gesellschaft geformt wird - M.P.) lautet nicht nur, daß die Eltern - von gewissen individuellen Ausnahmen abgesehen - die Erziehungsmethoden der Gesellschaft anwenden, in der sie selbst leben, sondern daß auch deren eigene Persönlichkeit den Charakter ihrer Gesellschaft oder ihres Standes repräsentiert. Sie vermitteln dem Kind das, was man als die psychologische Atmosphäre oder den Geist einer Gesellschaft bezeichnen könnte, indem sie das sind, was sie sind, nämlich die Vertreter dieses Geistes."[22]

Der von Fromm postulierte Zusammenhang von Gesellschaftsprozeß und Charakter sei zur Verdeutlichung in einem Schaubild darstellt, bevor ich zu den Ausführungen Fromms im ersten Kapitel seines Buches zurückkehre:

[21] vgl. ebd., S. 384f.
[22] ebd., S. 385

| BEDÜRFNISSE DES MENSCHEN | GESELLSCHAFTLICHE ANFORDERUNGEN |
|---|---|

werden in Einklang gebracht über den
GESELLSCHAFTSCHARAKTER

entscheidet darüber, welche
IDEEN
einflußreich werden

---

*Zwei unbedingt zu befriedigende Bedürfnisse des Menschen*

Nur vor dem im Anhang bereitgestellten theoretischen Hintergrund erschließt sich der Sinn des ersten Kapitels der „Furcht vor der Freiheit" vollständig. Fromm stellt hier zunächst dar, daß er die Reaktion des Individuums auf die Anforderungen der Gesellschaft als eine dynamische Anpassung betrachtet: Das Individuum reagiere nicht starr auf die gestellten Anforderungen, sondern passe sich ihnen durch eine Änderung seiner Charakterstruktur an. Wie Fromm im Anhang dargelegt hatte, bedeutet eine Veränderung der Charakterstruktur immer auch, daß die Bedürfnisse des Individuums verändert und in eine gesellschaftlich akzeptierte Form gebracht werden.

Im ersten Kapitel führt Fromm eine Unterscheidung zwischen zwei Typen von Bedürfnissen ein: Einerseits gäbe es Bedürfnisse, auf die im Laufe der Anpassung an die Gesellschaft auch verzichtet werden könne, andererseits gäbe es jene, bei denen es sich um unentbehrliche Teile der menschlichen Natur handele und die deshalb unbedingt befriedigt werden müßten. Bei diesen nicht disponiblen Bedürfnisse handelt es sich laut Fromm zum einen um alle jene Bedürfnisse, die physiologisch bedingt sind, und bei denen es jeweils eine Schwelle gibt, jenseits derer die fehlende Befriedigung des Bedürfnisses unerträglich wird. Hierzu zählen vor allem Hunger, Durst und Schlaf. Indem die Befriedigung dieser physiologischen Bedürfnisse zur Selbsterhaltung unbedingt nötig ist, zwingen diese nach Fromm den Menschen, für ihre Befriedigung zu arbeiten. Diese Notwendigkeit der Arbeit zwinge den Menschen aber gleichzeitig weitgehend, die gesellschaftlichen Bedingungen, auf die er trifft, anzunehmen:

> „Beide Faktoren, sein Bedürfnis zu leben und das Gesellschaftssystem, kann (...) (der Mensch) als Individuum prinzipiell nicht ändern, und es sind diese Faktoren, die die Entwicklung jener anderen, flexibleren Charakterzüge bestimmen. So wird die Lebensweise, wie sie für den einzelnen durch die Besonderheit eines Wirtschaftssystems gegeben ist, zu dem Faktor, der primär seine gesamte Charakterstruktur bestimmt, weil der gebieterische Selbsterhaltungstrieb ihn zwingt, die Bedingungen, unter denen er leben muß, zu akzeptieren." [23]

Neben den physiologischen Bedürfnissen meint Fromm aber noch eine andere Art von Bedürfnis entdecken zu können, welches ebenfalls in der einen oder anderen Form notwendig befriedigt werden müsse: das Bedürfnis, auf die Welt außerhalb seiner selbst bezogen zu sein oder - mit anderen Worten - das Bedürfnis, Einsamkeit zu vermeiden.[24] Den Ursprung dieses Bedürfnisses, meint Fromm allerdings lediglich andeuten zu können. Eine wichtige Rolle spiele die Tatsache, daß der Mensch, um am Leben zu bleiben, mit anderen zusammenarbeiten muß, sowohl bei der Verteidigung gegen Feinde als auch in der Produktion von lebenswichtigen Gütern. Die Möglichkeit, allein gelassen zu werden, bedeute deshalb eine schwere Bedrohung des Lebens.[25] Außerdem macht Fromm das Wissen um die Endlichkeit des eigenen Lebens und das Gefühl der relativen Bedeutungslosigkeit des einzelnen für das Bedürfnis, „dazuzugehören" verantwortlich.[26]

Auf der Einschätzung Fromms, daß es sich bei dem Bedürfnis, Einsamkeit zu vermeiden und sich zu etwas außerhalb seiner selbst zugehörig zu fühlen, um ein unbedingt zu befriedigendes handelt, basiert seine gesamte Einschätzung der Rolle der Freiheit in der modernen Welt und ihrer Problematik für das Individuum. Fromm meint zu erkennen, daß die Befriedigung dieses Bedürfnisses nach „Einssein mit seinen Mitmenschen und der Natur" um so problematischer werde, je mehr Freiheit das Individuum in der Geschichte erlange.

---

[23] ebd., S. 228

[24] vgl. ebd., S. 228

[25] vgl. ebd., S. 229

[26] Fromm schreibt: „Dadurch, daß er (der Mensch - M.P.) sich als von der Natur und den anderen Menschen unterschieden erfährt, und dadurch, daß er sich - wenn auch nur vage - bewußt ist, daß es Tod, Krankheit und Alter gibt, empfindet er unvermeidlich seine Bedeutungslosigkeit und Kleinheit im Vergleich zum All und zu allen andern, die nicht „er" sind. Wenn er nicht irgendwo dazugehörte, wenn sein Leben keinen Sinn und keine Richtung hätte, würde er sich wie ein Staubkörnchen vorkommen und von seiner Bedeutungslosigkeit überwältigt werden." (ebd., S.229)

Diesen Prozeß der Freiheitsgewinnung, den Fromm als die „Dialektik der zunehmenden Individuation" oder auch als „Doppelgesicht der Freiheit" bezeichnet, sucht er zunächst am Entwicklungsprozeß des einzelnen Individuums zu verdeutlichen. Der Prozeß der zunehmenden Individuation im Laufe des Heranwachsens des Kindes hat Fromm zufolge zwei Seiten. Die eine besteht darin, daß die Stärke des Selbst wächst. Das Kind werde körperlich, seelisch und geistig stärker und lerne immer mehr, aufgrund seines eigenen Willens zu handeln und die eigene Vernunft einzusetzen. Der andere Aspekt, der mit diesem Wachstum der Stärke des Ichs einher geht, ist Fromm zufolge die zunehmende Vereinsamung. Indem das Kind sich von den primären Bindungen an die Mutter und von dem Gefühl der Einheit mit der Welt befreie, wachse dieses bedrohliche Gefühl der Einsamkeit. Nach Fromm gibt es zwei Möglichkeiten, dieser mit der Individuation notwendig einhergehenden Vereinsamung zu begegnen:
1. Die Individualität wird aufgegeben. Das Gefühl der Einsamkeit wird dann dadurch überwunden, daß man völlig in der Außenwelt aufgeht. Dieses geschieht in der Form, daß der Mensch sich einer Autorität unterwirft. Bei dieser Art der Einsamkeitsvermeidung handelt es sich nach Fromm nicht um eine langfristig erfolgreiche, denn sie werde mit dem Verlust an Stärke und Integrität des Selbst bezahlt. Unsicherheit und Angst würden letztendlich nicht beseitigt, sondern noch vermehrt.[27]
2. Der Mensch tritt „mit seinen Mitmenschen und der Natur spontan in Beziehung (...) und zwar in eine Beziehung, welche den einzelnen mit der Welt verbindet, ohne seine Individualität auszulöschen."[28] Diese Art der Beziehung - deren beste Ausdrucksformen Liebe und produktive Arbeit seien - wurzelt nach Fromm in der Integration und Stärke der Gesamtpersönlichkeit. Diese Möglichkeit, der Einsamkeit und der damit einhergehenden Angst zu begegnen, hält Fromm für die einzig langfristig erfolgreiche.

Anschließend betrachtet Fromm die Rolle der Freiheit in der Geschichte der Menschheit. Auch diese Phylogenese läßt sich nach Fromm als ein Prozeß der zunehmenden Individuation und Freiheit verstehen. Und auch hier sieht Fromm zwei Seiten des Wachstumsprozesses des Individuums: Zum einen komme es zu einer zunehmenden Stärke, zu einer sich stetig verbessernden Meisterung der Natur und einer zunehmenden Beherrschung der menschlichen Vernunft. Die Kehrseite bestehe in einer wach-

---

[27] vgl. ebd., S. 234f.
[28] ebd., S. 235

70

senden Individuation und einer zunehmenden Isolierung. Es komme deshalb in der Geschichte als Folge zu „Unsicherheit und, hierdurch bedingt, zunehmenden Zweifel an der eigenen Rolle im Universum, am Sinn des eigenen Lebens und, durch das alles bedingt, zu einem wachsenden Gefühl der eigenen Ohnmacht und der Bedeutungslosigkeit des Individuums."[29] Und wieder sieht Fromm nur eine einzige produktive und damit langfristig erfolgreiche Möglichkeit zur Bewältigung dieser Probleme: „die aktive Solidarität mit allen Mitmenschen und sein spontanes Tätigsein, Liebe und Arbeit."[30] Nur ein freies, unabhängiges Individuum ist nun aber nach Fromm dazu fähig, diesen produktiven Ersatz für die primären Bindungen[31] zu leisten, die dem Menschen im Laufe der Geschichte verloren gegangen seien.

Die in der Gesellschaft vom Menschen vorgefundenen Verhältnisse stehen Fromm zufolge aber gleichzeitig der Ausbildung von freien und unabhängigen Individuen im Wege. Wenn die wirtschaftlichen, gesellschaftlichen und politischen Bedingungen keine Grundlage für eine entsprechende Verwirklichung der nötigen Individualität bieten, die Menschen aber gleichzeitig die primären Bindungen verloren haben, die ihnen vorher Sicherheit geboten hatten, so hat diese Konstellation Fromm zufolge fatale Konsequenzen: Das Individuum sei dann frei von jeder Bindung, aber nicht im Besitz der Möglichkeiten zu einer positiven Verwirklichung dieser Freiheit. Die Folge sei ein „leerer Raum der Freiheit", der zu einer unerträglichen Last würde.[32] Fromm macht - so deutet er bereits im zweiten Kapitel seines Buches an - dieses Mißverhältnis von „Freiheit von" und fehlender „Freiheit zu" wesentlich verantwortlich für den Erfolg des Faschismus in Europa[33]. Er schreibt, daß dieses Mißverhältnis „in Europa zu einer panikartigen Flucht vor der Freiheit in neue Bindungen oder zum mindesten in eine völlige Gleichgültigkeit geführt" habe.[34] Bevor Fromm aber zu einer entsprechenden Erklärung des Nationalsozialismus kommt, holt er zunächst weit aus: Er betrachtet in einem dritten Kapitel die Bedeutung der „Freiheit im Zeitalter der Reformation", da in jener Zeit nach Fromms Ansicht die Grundlagen der modernen Gesellschaft gelegt wurden. Dieses umfangreiche Kapitel der „Furcht vor der Freiheit" werde ich in möglichst knapper Form darstellen, da es vom Thema dieser Arbeit weg-

---

[29] ebd., S. 238
[30] ebd., S. 238
[31] Auf den Begriff der primären Bindungen wird in der Kritik an Fromm zurückzukommen sein.
[32] Vgl. ebd., S. 239
[33] Fromm bezieht sich hier auf Deutschland und Italien
[34] ebd., S. 239

führt. Nur die für das Verständnis der weiteren Argumentation Fromms wichtigen Gedanken werde ich im nächsten Abschnitt berücksichtigen.

## *„Freiheit im Zeitalter der Reformation"*

Fromm versucht in dem dritten Kapitel der „Furcht vor der Freiheit" vor allem eine Erklärung dafür zu geben, warum die Reformation eine bedeutende gesellschaftliche Kraft werden konnte. Er läßt sich bei diesem Erklärungsversuch von der bereits dargestellten Prämisse leiten, daß Ideen dann zu einer mächtigen Kraft würden, wenn sie dem Gesellschaftscharakter einer oder mehrerer großer Gruppen entsprächen. Die Bedeutung der Reformation wird entsprechend von Fromm damit erklärt, daß sie den Bedürfnissen der Menschen am Ausgang des Mittelalters entgegengekommen sei.

Fromm hebt bei seiner Darstellung des mittelalterlichen Hintergrundes und der Renaissance vor allem auf die wirtschaftlichen Veränderungen ab, mit denen sich die Menschen konfrontiert gesehen hätten. Indem freier Markt und Wettbewerb immer wichtiger geworden wären, seien auch die Konkurrenz und die eigenen Leistungen immer dominanter geworden. Der einzelne hätte nun nicht mehr seinen festgelegten Platz in der Gesellschaftsordnung gehabt, sondern sei sich selbst und seinen eigenen Fähigkeiten überlassen gewesen.[35] Fromm meint, in dieser Epoche das von ihm oben als „Doppelgesicht der Freiheit" beschriebene Phänomen zu entdecken: Einerseits würden die Menschen frei von wirtschaftlichen und politischen Fesseln. Diese neue Freiheit wecke aber gleichzeitig ein tiefes Gefühl der Unsicherheit und der Ohnmacht, des Zweifels, der Verlassenheit und der Angst. „Wenn der Mensch sich behaupten sollte", so schließt Fromm „mußte er wenigstens teilweise von diesen Gefühlen entlastet werden."[36]

Dieses leisteten nach Fromm Luthertum und Calvinismus, die an diesem Punkt der Geschichte in Erscheinung traten. Da Fromm davon ausgeht, daß eine Idee nur dann zu einer Macht wird, wenn sie machtvollen psychologischen Bedürfnissen bestimmter Gesellschaftsgruppen entspricht, geht er folgerichtig vor, wenn er zunächst die psychologische Situation der Gesellschaftsklassen, die sich von den Ideen Luthers und Calvins angesprochen gefühlt hätten, analysiert, um dann zu zeigen, inwiefern

---

[35] vgl. ebd., S. 252
[36] ebd., S. 254

72

Luthertum und Calvinismus dieser psychologischen Situation entsprochen hätten. Die psychologische Situation der von Luthertum und Calvinismus Angesprochenen ist nach Fromm charakterisiert durch eben jene Unsicherheit und Ohnmacht und durch das Gefühl der Bedeutungslosigkeit, wie es Fromm zufolge resultierte aus den im vorigen Absatz beschriebenen Veränderungen im Mittelalter. Inwiefern aber entsprachen Calvinismus und Luthertum dieser Gefühlslage? Fromm betont bei Luthers Glaubenssystem weniger die Seite der Befreiung von kirchlicher Autorität, sondern konzentriert sich auf einen anderen Aspekt von dessen Glaubenslehre. Die Lösung, die Luther anbot, bestand nach Fromm darin, sich Gott vollkommen zu unterwerfen, den eigenen Willen ganz aufzugeben und genau deshalb von Gott geliebt zu werden. Luthers „Glaube" habe in der Überzeugung bestanden, man werde unter der Bedingung der völligen Unterwerfung geliebt - eine Lösung, die Fromm zufolge mit dem Prinzip der völligen Unterwerfung des einzelnen unter Staat und „Führer" vieles gemein hat.[37]

In ähnlicher Weise erklärt Fromm die Anziehungskraft der calvinistischen Prädestinationslehre.[38] Auch sie wurzelt nach Fromm vor allem in dem Gefühl der Ohnmacht und der Bedeutungslosigkeit des Individuums: „Man kann sich keine Lehre vorstellen, die die Nutzlosigkeit menschlichen Wollens und Bemühens noch stärker zum Ausdruck brächte. Dem Menschen wird die Entscheidung über sein Schicksal völlig aus der Hand genommen, und er kann nichts tun, um die einmal gefallene Entscheidung zu ändern."[39] Die psychologische Bedeutung des Calvinismus geht aber nach Fromm darüber hinaus, daß sie die Ohnmacht zum Ausdruck bringt. Gleichzeitig diene er dazu, den Zweifel zum Schweigen zu bringen, insbesondere indem er den Menschen zur Arbeit anhalte: „Der Betreffende muß mit irgend etwas beschäftigt sein, um das Gefühl des Zweifels und der Ohnmacht zu überwinden."[40] Die Einstellung zur Arbeit als einem Selbstzweck hält Fromm für die wichtigste dauerhafte psychologische Veränderung, die der Calvinismus zustande gebracht habe.

Zusammenfassend läßt sich sagen, daß Fromm den Protestantismus als eine Reaktion auf die Bedürfnisse angsterfüllter, entwurzelter und isolierter Menschen interpretiert,

---

[37] vgl. ebd., S. 257ff.
[38] Fromm knüpft an Max Webers „Protestantische Ethik" an - allerdings verbunden mit einer m.E. nicht stichhaltigen Kritik an derselben (siehe unten).
[39] ebd., S.270
[40] ebd., S.270

die sich in einer neuen Welt orientieren und eine Beziehung zu ihr finden mußten. Über die neue Charakterstruktur, die sich zwar durch die wirtschaftlichen Veränderungen ergeben hätte, die aber durch die religiösen Doktrinen wesentlich verstärkt worden wäre, sei die Religion selbst eine wichtige Größe für die weitere wirtschaftliche und gesellschaftliche Entwicklung geworden. Als wichtigste neue Charakterzüge führt Fromm an: einen Zwang zur Arbeit, einen leidenschaftlichen Sparsinn, die Bereitschaft, sein ganzes Leben einer außerpersönlichen Macht zu weihen, Askese und ein zwanghaftes Pflichtgefühl - Charakterzüge, ohne die nach Fromm die moderne wirtschaftliche und gesellschaftliche Entwicklung undenkbar gewesen wäre.[41]

*„Die beiden Aspekte der Freiheit für den modernen Menschen"*

Im vierten Kapitel der Furcht vor der Freiheit" möchte Fromm zeigen, daß die weitere Entwicklung der kapitalistischen Gesellschaft die Persönlichkeit in der gleichen Richtung wie in der Reformationszeit beeinflußte.[42] Auch in der modernen Gesellschaft meint Fromm die Dialektik im Prozeß der zunehmenden Freiheit ausmachen zu können, die er ja bereits als typisch für die Menschheitsgeschichte im allgemeinen und die Zeit der Reformation im besonderen dargestellt hatte: größere Unabhängigkeit, größeres Sich-Verlassen auf das eigene Selbst auf der einen Seite, die Zunahme von Einsamkeit und Angst auf der anderen Seite. Beide Wirkungen sind in der modernen Gesellschaft Fromm zufolge verursacht durch den Kapitalismus. Auf der einen Seite habe der Kapitalismus den Menschen von seinen traditionellen Fesseln befreit und damit zu einer Vergrößerung der positiven Freiheit und zur Entwicklung eines tätigen und verantwortungsbewußten Selbst erheblich beigetragen. Fromm führt diese Wirkung des Kapitalismus vor allem auf die Durchsetzung des Prinzips der individuellen Initiative als einem allgemeinen Prinzip zurück.[43]

Die andere Seite des Prozesses wachsender Freiheit - die Zunahme von Angst und Ohnmachtsgefühlen - sieht Fromm wesentlich verursacht durch die Tatsache, daß im Kapitalismus der Erfolg und der materielle Gewinn Selbstzweck geworden seien: „Es wurde zum Schicksal des Menschen, daß er zum Gedeihen des Wirtschaftssystems beitragen mußte, daß er Kapital anhäufen mußte, und dies nicht zum eigenen Glück oder Heil, sondern als Selbstzweck. Der Mensch wurde zu einem Zahnrad im riesigen

---

[41] vgl. ebd., S.274 ff.
[42] vgl. ebd., S.278
[43] ebd., S. 281

Wirtschaftsapparat (...), aber er war stets ein Zahnrad, daß einem Zweck diente, der außerhalb seiner selbst lag."[44] Diese Unterordnung des einzelnen unter wirtschaftliche Zielsetzungen wird von Fromm als ein Wesenszug der kapitalistischen Produktion dargestellt. Gleichzeitig geht Fromm davon aus, daß Luther und Calvin den Menschen psychologisch auf die Rolle vorbereite, die der Mensch in der kapitalistischen Gesellschaft zu spielen habe: sich als unbedeutend zu empfinden und bereit zu sein, sein Leben ausschließlich Zwecken unterzuordnen, die nicht seine eigenen sind. In dieser Unterordnung unter fremde Zwecke, in der Tatsache, daß der Kapitalismus den Menschen „zum Diener eben jenes Apparates gemacht (hat), den er selbst gebaut hat"[45], sieht Fromm die Hauptursache des modernen Gefühls der Ohnmacht und Bedeutungslosigkeit. Hinzu komme, daß die konkreten Beziehungen zwischen den Menschen ihren unmittelbaren und humanen Charakter verloren hätten: „In allen persönlichen und gesellschaftlichen Beziehungen gelten die Gesetze des Marktes. Es liegt auf der Hand, daß die Menschen einander gleichgültig sein müssen, wenn sie Konkurrenten sind. Andernfalls könnten sie ihre wirtschaftliche Aufgabe nicht mehr erfüllen."[46] Einen weiteren Grund für die Angst- und Ohnmachtsgefühle des Individuums in der modernen Gesellschaft sieht Fromm darin, daß die wirtschaftliche und politische „Szene" erheblich an Umfang und Kompliziertheit zugenommen hätte, weshalb es dem einzelnen immer weniger möglich sei, diese Zusammenhänge zu durchschauen.[47] Fromm spricht hier also den - inzwischen in den Sozialwissenschaften zu einem immer wiederkehrenden Topos[48] avancierten - Sachverhalt der 'Unübersichtlichkeit' an. In meiner Kritik werde ich auf diese 'Diagnose' zurückkommen.

Fromm geht im weiteren davon aus, daß das von ihm beschriebene Gefühl der Ohnmacht und Isolierung von dem Einzelnen nicht bewußt wahrgenommen wird, da es zu angsterregend sei. Da der Mensch die „Freiheit von" nicht ertragen könne, müsse er ihr entfliehen, wenn es ihm nicht gelinge, diese negative Freiheit in eine positive Freiheit zu verwandeln. Worin diese positive Freiheit bestehen soll, deutet Fromm allerdings lediglich an. „Liebe" und die „Solidarität" aller Menschen sind in diesem Zusammenhang zwei bei Fromm immer wiederkehrende Schlagworte.

---

[44] ebd., S.282
[45] ebd., S.291
[46] ebd., S.287
[47] S.292ff.
[48] vgl. z.B. Jürgen Habermas: Die neue Unübersichtlichkeit. Frankfurt am Main 1985

Im fünften Kapitel der „Furcht vor der Freiheit" widmet sich Fromm verschiedenen Mechanismen der Flucht vor der negativen Freiheit, als deren am weitesten verbreitete er für seine Zeit die Flucht durch die Unterwerfung unter einen Führer nennt. Wenn Fromm sich hier, bevor er zu einer Analyse der psychologischen Grundlagen des Faschismus kommt, zunächst ausführlich drei psychologischen Mechanismen der Flucht vor der Freiheit widmet und dabei Konzepte und Erkenntnisse aus der individualpsychologischen Praxis verwendet, ist in diesem Vorgehen gleichzeitig eine Rechtfertigung der verwendeten Methode zu sehen. Fromm schreibt: „Weil (...) die Validität unserer gesamten Argumentation von der Gültigkeit unserer psychologischen Prämissen abhängt, scheint es mir angebracht, den allgemeinen Gedankengang zu unterbrechen und ein Kapitel der mehr ins einzelne gehenden und konkreten Diskussion jener psychologischen Mechanismen zu widmen".[49] Daß Fromm Wissensbestände, die über die therapeutische Praxis der Psychoanalyse abgesichert sind, als eine Gewähr für die Richtigkeit seiner Thesen erachtet, beruht dabei aber selbst wiederum auf einer Prämisse: auf der Vorstellung, daß bei der Beobachtung von Einzelpersonen gewonnene Erkenntnisse anwendbar sind auf die psychologische Beurteilung von Gruppen. Fromm begründet dieses Vorgehen mit der Bemerkung: „Jede Gruppe besteht ja aus Individuen und aus nichts anderem als Individuen. Daher kann es sich bei den psychologischen Mechanismen, die wir bei einer Gruppe am Werk sehen, nur um Mechanismen handeln, die auch beim einzelnen am Werk sind."[50] In der Kritik an Fromms Thesen wird hierauf zurückzukommen sein. Fromm verweist, bevor er „kulturell signifikante" Mechanismen der Flucht vor der Freiheit behandelt, zudem darauf hin, daß das Konzept des Unbewußten[51] bei seinen Überlegungen eine wichtige Rolle spielt. Drei Fluchtmechanismen werden von Fromm behandelt: Die Flucht ins Autoritäre, die Flucht ins Destruktive und die Flucht ins Konformistische.

## 1. Die Flucht ins Autoritäre

Die Flucht ins Autoritäre ist nach Fromm durch die Tendenz gekennzeichnet, die Unabhängigkeit des eigenen Selbst aufzugeben, es mit einer anderen Person oder

---

[49] Erich Fromm Gesamtausgabe Band I, S.297
[50] vgl. ebd., S. 297 f.
[51] Mit dem Konzept des Unbewußten ist für Fromm wesentlich die mögliche Differenz der Motive, von denen Menschen glauben, daß sie durch sie motiviert sind, und jenen, welche sie tatsächlich motivieren, angesprochen.

Sache außerhalb seiner selbst zu verschmelzen und dadurch die Kraft zu erwerben, die dem eigenen Selbst fehle. In dieser Verschmelzung - einer „sekundären" Verbindung - würde ein Ersatz gesucht für die verlorengegangenen „primären" Bindungen. Die deutlichsten Formen dieser Aufgabe des Selbst sieht Fromm in den Strebungen nach Unterwerfung und Beherrschung - im Sadismus und im Masochismus in den unterschiedlichsten Formen.[52] Fromm betont die gemeinsame Wurzel beider Tendenzen: Sowohl Sadismus als auch Masochismus sind in seinen Augen vor allem gekennzeichnet durch die beiderseitige Abhängigkeit von Subjekt und Objekt der Machtausübung. Beide Tendenzen dienten vor allem dazu, dem unerträglichen Gefühl von Ohnmacht und Einsamkeit zu entfliehen. Als Beleg für seine These führt Fromm Erkenntnisse aus der psychoanalytischen Praxis und empirische Beobachtungen an masochistischen Personen an: Sie hätten gezeigt, daß diese Personen alle eine starke Angst vor Einsamkeit und Bedeutungslosigkeit hätten.[53]

Der Masochismus hat nach Fromm zwei Seiten: Die eine bestehe darin, das eigene Selbst loszuwerden, sich selbst und damit die Last der Freiheit zu verlieren.[54] Die andere Seite bestehe in dem Versuch, Teil eines größeren und mächtigeren Ganzen außerhalb des eigenen Selbst zu werden, darin einzutauchen und daran teilzuhaben.[55] Da das Entstehen des eigenen Selbst aber nicht rückgängig gemacht werden könne, könne dieser Versuch langfristig niemals zum Erfolg - also zum Ausschalten von Angst, Ohnmacht und Zweifel - führen.

Der Sadismus beruht Fromm zufolge auf einem dem Masochismus entgegengesetzten Impuls: Wesentlich für diesen sei das Bestreben, einen anderen Menschen völlig zu beherrschen, ihn zu einem hilflosen Gegenstand seines Willens zu machen und vollkommen in der Gewalt zu haben.[56] Das radikalste Ziel sieht Fromm dabei darin, den Betreffenden zu quälen, denn es gebe keine größere Macht über einen anderen Menschen, als wenn man ihn zwinge, zu leiden. Fromm geht davon aus, daß Sadismus und Masochismus psychologisch demselben Grundbedürfnis - der Überwindung der Isolation und Schwäche des Ichs zu entkommen - zugrunde liegt. Die gemeinsame Absicht beider Verhaltensformen sei die Symbiose mit einer oder mehreren Personen.[57] Daß

---

[52] ebd., S. 300 f.
[53] ebd., S. 304
[54] vgl. ebd., S. 302
[55] vgl. ebd., S. 306 ff.
[56] vgl. ebd., S. 307
[57] vgl. ebd., S. 310

Fromm die Ursache beider Bestrebungen letztendlich in der Gesellschaft, insbesondere in den gesellschaftlich verweigerten Entfaltungsmöglichkeiten des Individuums,
ansiedelt, wird in dem folgenden Zitat deutlich: „In dem Maße, in dem jemand potent
ist, das heißt die Fähigkeit besitzt, seine Möglichkeiten auf der Grundlage der Freiheit
und Integrität seines Selbst zu verwirklichen, hat er es nicht nötig, andere zu beherrschen und geht ihm die Lust an der Macht ab."[58]

Den Begriff des autoritären Charakters führt Fromm folgendermaßen ein: Da der
Begriff "sado-masochistisch" in der Regel mit Perversion und Neurose verbunden
werde, schlägt Fromm vor, immer dann von einem „autoritären Charakter" zu sprechen, wenn diese sadistischen bzw. masochistischen Neigungen bei einem normalen
und nicht bei einem neurotischen Menschen auftreten. Die Bezeichnung „autoritärer
Charakter" ist Fromm zufolge gerechtfertigt wegen der charakteristischen Einstellung
des sado-masochistischen Charakters zur Autorität: Er bewundere die Autorität und
neige dazu, sich ihr zu unterwerfen, würde aber gleichzeitig selbst eine Autorität sein
wollen, der sich die anderen zu unterwerfen hätten. Als zweiten Grund für die Bezeichnung als „autoritären Charakter" bezeichnet Fromm die Tatsache, daß die
faschistischen Systeme sich selbst autoritär nennen würden. Dies täten sie wegen der
beherrschenden Rolle, die Autorität in diesen Systemen spiele. Durch die Bezeichnung
„autoritärer Charakters" möchte Fromm zudem darauf hinweisen, daß es sich hierbei
aus seiner Sicht um die Persönlichkeitsstruktur handelt, die die menschliche Grundlage des Faschismus bildet.[59]

Erwähnt werden sollen noch einige Eigenschaften des autoritären Charakters, die
Fromm herausarbeitet: Als wichtigstes Merkmal bezeichnet er die Tatsache, daß der
autoritäre Charakter zwischen zwei Sorten von Menschen streng unterscheide: zwischen den Mächtigen und den Machtlosen. Durch Macht würden seine Liebe, seine
Bewunderung und seine Bereitschaft zur Unterwerfung automatisch geweckt, ganz
gleich, ob es sich dabei um eine mächtige Person oder eine mächtige Institution handele. Der autoritäre Charakter habe eine Vorliebe für Lebensbedingungen, welche die
menschliche Freiheit einschränkten.[60] Außerdem liebe er es, sich dem Schicksal zu
unterwerfen - zum Beispiel in Form von „Naturgesetzen", dem „Willen des Herrn"
oder der „Pflicht". Das allem autoritären Denken Gemeinsame sei weiterhin die Über-

---

[58] ebd., S. 312
[59] ebd., S.313
[60] vgl. ebd., S.316 ff.

zeugung, daß das Leben von Mächten bestimmt werde, die außerhalb des Menschen, seiner Interessen und Wünsche lägen. Es gebe für den autoritären Charakter kein anderes Glück als die Unterwerfung unter diese Mächte. Der autoritäre Charakter gewinnt Fromm zufolge außerdem seine Kraft zu handeln, indem er sich an eine überlegene Macht anlehnt.[61] Und schließlich ist nach Fromm für die Weltanschauung des autoritären Charakters kennzeichnend, daß er den Begriff der Gleichberechtigung nicht kenne: „Für ihn setzt sich die Welt zusammen aus Menschen mit und ohne Macht, aus Über- und Untergeordneten."[62]

## 2. Flucht ins Destruktive

Die Destruktivität unterscheidet sich von den sado-masochistischen Strebungen dadurch, daß ihr Ziel nicht die Symbiose, sondern die Vernichtung ihres Objektes ist. Auch sie wurzelt nach Fromm im Gefühl von Ohnmacht und Isolierung: „Die Zerstörung der Welt ist der letzte, verzweifelte Versuch, mich davor zu retten, von ihr zermalmt zu werden. Ziel des Sadismus ist die Einverleibung des Objekts, Ziel der Destruktivität ist dessen Beseitigung."[63] Fromm hält die destruktiven Tendenzen im damaligen gesellschaftlichen Leben für stark ausgeprägt. Es handele sich dabei nicht um eine „rationale" Destruktivität, die zerstöre, was tatsächlich aus der Sicht des Individuums sinnvollerweise beseitigt gehöre, sondern um eine im Menschen bereit liegende allgemeine Tendenz, die nur auf irgendeine Gelegenheit warte, sich zu manifestieren.

Angst und Ohnmacht allein können nun aber Fromm zufolge das vorhandene Ausmaß an Destruktivität nicht erklären. Vielmehr komme eine zusätzliche Ursache hinzu: die verhinderte Verwirklichung der Möglichkeiten eines Menschen durch die Gesellschaft:

> „Der isolierte und ohnmächtige einzelne ist bezüglich der Verwirklichung seiner sinnlichen, emotionalen und intellektuellen Möglichkeiten blockiert. Es fehlen ihm innere Sicherheit und Spontaneität, die die Voraussetzung für ihre Realisierung wären. Diese innere Blockierung wird noch durch die kulturellen Tabus verstärkt, mit denen Lust und Glück belegt sind. Hinzu kommen die Tabus der Religion und der Sitten der Mittelklasse seit der Reformationszeit."[64]

---

[61] vgl. ebd., S.318
[62] ebd., S.318
[63] ebd., S.322
[64] ebd., S.323

Fromm zufolge steht der Grad der Destruktivität beim einzelnen Menschen in einem direkten Verhältnis zu der Beschneidung seiner Entfaltungsmöglichkeiten. Je mehr Leben verwirklicht würde, desto geringer sei der Grad der Destruktivität. Destruktivität ist nach Fromm das Ergebnis „ungelebten Lebens". [65]

## 3. Flucht ins Konformistische

Zwischen der Flucht ins Konformistische und dem Faschismus sieht Fromm einen weniger engen Zusammenhang als zwischen dem Faschismus und den ersten beiden Mechanismen. Die Flucht ins Konformistische hält Fromm für den im Amerika seiner Zeit am weitesten verbreiteten Lösungsversuch für die Überwindung von Ohnmacht und Einsamkeit. Er bestehe darin, daß der einzelne sich vollkommen dem Persönlichkeitsbild anpasse, das ihm seine Kultur anbiete. Das Individuum würde so wie alle anderen und damit gleichzeitig so, wie man es von ihm erwarte. Damit verschwände die Diskrepanz zwischen dem „Ich" und der Welt - und damit auch die bewußte Angst vor Einsamkeit und Ohnmacht. [66]

Fromm geht davon aus, daß den meisten Menschen, die diesen Fluchtmechanismus anwenden, dieses in der Regel nicht bewußt sei. Sie hätten das Gefühl, ihre eigenen Meinungen, Gefühle und Wünsche auszudrücken. Tatsächlich würden diese aber von außen an sie herangetragen worden sein. [67] Indem die Unterdrückung kritischen Denkens bereits sehr früh in der Erziehung des Kindes beginne, werde das Kind meist schon zeitig dazu gebracht, das eigene Denken aufzugeben. Ein Kriterium für die Unterscheidung von kritischem Denken und „Pseudo-Denken" ist bei Fromm allerdings schwer auszumachen. Lediglich an einer Stelle findet sich eine entsprechende Andeutung: „Bei all diesen Beispielen geht es darum, ob der Gedanke das Ergebnis eigenen Denkens, das heißt eigenen Tätigseins ist. Es geht nicht darum, ob die Inhalte des Denkens richtig sind."[68]

Wie die anderen beiden oben erläuterten Fluchtmechanismen stellt auch die Flucht in die Konformität für Fromm keine langfristige Lösung des Problems der Vereinsamung und Ohnmacht dar. Vielmehr verstärke diese Flucht, die Fromm auch als

[65] ebd., S.324
[66] vgl. ebd., S.325 f.
[67] vgl. ebd., S.326
[68] vgl. ebd., S. 330

„Automatisierung des Individuums" bezeichnet, noch die Hilflosigkeit und Unsicherheit des Durchschnittsmenschen. Er werde dadurch bereit, sich neuen Autoritäten zu unterwerfen, die ihm Sicherheit anbieten würden. Insofern sieht Fromm in der Flucht in die Konformität auch eine mögliche Vorstufe zur Flucht ins Autoritäre.[69]

## „Die Psychologie des Nazismus"

Bevor Fromm zu einer psychologisch orientierten Erklärung des Nationalsozialismus ansetzt, erörtert er zunächst die Frage nach der Relevanz psychologischer Faktoren für das Verständnis des Nationalsozialismus. Fromm hält die Auffassung für falsch, nach der der Nationalsozialismus das Ergebnis einer ausschließlich ökonomischen Dynamik oder ein vor allem politisches Phänomen ist. Gleichzeitig glaubt er nicht, daß man den Nationalsozialismus ausschließlich über psychologische Ursachen erklären könne: „Der Nazismus ist ein psychologisches Problem, aber man muß die psychologischen Faktoren aus den sozio-ökonomischen Faktoren heraus verstehen; der Nazismus ist ein ökonomisches und politisches Problem, aber daß er ein ganzes Volk erfaßt hat, ist mit psychologischen Gründen zu erklären."[70] Fromm möchte sich allerdings in seiner Auseinandersetzung mit dem Nationalsozialismus nur mit dem psychologischen Aspekt des Nationalsozialismus, mit seiner „menschlichen Grundlage", befassen. Zwei Probleme seien dabei zu klären: zum einen die Charakterstruktur der Menschen, die der Nationalsozialismus angesprochen habe, zum anderen die psychologischen Merkmale der Ideologie, die ihn zu einem wirksamen Instrument der Beeinflussung eben dieser Leute gemacht habe.[71] Fromm geht hier also implizit wieder von der Prämisse aus, daß der Ideen dann zu mächtigen Faktoren werden, wenn sie der Charakterstruktur einer großen Gruppe innerhalb der Gesellschaft entsprechen. Das Vorgehen ist hier analog zu dem der Erklärung der Reformation.

Bei der Betrachtung der psychologischen Hintergründe für den Erfolg Hitlers und seiner Gefolgsleute trifft Fromm zunächst eine wichtige Unterscheidung zwischen verschieden Gruppen der Bevölkerung und ihrer Beziehung zum Nationalsozialismus: Er unterscheidet zwischen denjenigen, die sich der Naziherrschaft lediglich beugten, ohne wesentlichen Widerstand zu leisten, die aber nicht zu den Bewunderern der entsprechenden Ideologie und ihrer politischen Methoden gehörten einerseits, und ande-

---

[69] vgl. ebd., S.337
[70] ebd., S.339
[71] vgl. ebd., S. 339

rerseits jenen, die zu fanatischen und begeisterten Anhängern der neuen Ideologie wurden. Zur ersten Gruppe - zu denjenigen, die lediglich keinen Widerstand leisteten, aber keine Begeisterung zeigten - zählt Fromm vor allem Angehörige der Arbeiterklasse und des liberalen und katholischen Bürgertums. Ihre fast widerstandslose Bereitschaft, sich dem Naziregime zu unterwerfen, führt Fromm im wesentlichen auf innere Müdigkeit und Resignation dieser Bevölkerungsgruppen zurück. Außerdem führt er ein Argument zur Erklärung an, welches darauf abhebt, daß es für den durchschnittlichen Menschen schwer zu ertragen sei, keiner größeren Gruppe anzugehören:

> „Als die anderen politischen Parteien abgeschafft waren und die Nazi-Partei Deutschland „war", bedeutete ein Widerstand gegen sie Widerstand gegen Deutschland. (...) Ein Deutscher kann noch so sehr ein Gegner der Grundsätze des Nazismus sein, wenn er zu wählen hat, ob er lieber allein stehen oder sich Deutschland zugehörig fühlen will, wird er sich meist für letzteres entscheiden. (...) Die Angst vor der Isolierung und die relative Schwäche moralischer Prinzipien helfen jeder Partei, einen großen Teil der Bevölkerung für sich zu gewinnen, wenn sie erst einmal im Staat an die Macht gekommen ist."[72]

Anders als von Arbeiterschaft und liberalem und katholischem Bürgertum wurde die Naziideologie nach Fromm vom Kleinbürgertum, das sich aus Geschäftsleuten, Handwerkern und kleinen Angestellten zusammensetzte, leidenschaftlich begrüßt.[73] Besonders die Söhne und Töchter der älteren Generation hätten sich als sehr anfällig gezeigt für den Geist des Gehorsams gegenüber dem Führer, für Haß gegen rassische und politische Minderheiten, für Streben nach Herrschaft und für die Verherrlichung des deutschen Volkes und der nordischen Rasse. Den Grund für diese Anfälligkeit und Begeisterung für die nationalsozialistische Ideologie siedelt Fromm im Gesellschaftscharakter des Kleinbürgertums jener Zeit an.[74] Gewisse Charakterzüge seien seit jeher kennzeichnend gewesen für diesen Teil des Mittelstandes: die Vorliebe für die Starken und der Haß auf die Schwachen, Kleinlichkeit, feindselige Haltung, übertriebene Sparsamkeit und eine asketische Einstellung.[75] Einige Ereignisse nach dem Ersten Weltkrieg verstärkten Fromm zufolge diese Charaktereigenschaften und damit auch

---

[72] ebd., S. 340

[73] Grundlage dieser Behauptung Fromms sind die Ergebnisse der von ihm geleiteten „Arbeiter und Angestellte am Vorabend des Dritten Reiches" (vgl. die Ausführungen zu dieser Studie in Kap. 3.4 dieser Arbeit).

[74] Fromm merkt an, daß er mit der Feststellung, daß der Gesellschaftscharakter des Kleinbürgertums sich von dem der Arbeiterschaft unterscheide, nicht sagen will, daß diese Charakterstruktur nicht auch in der Arbeiterklasse zu finden gewesen wäre. Sagen wolle er damit nur, daß diese für das Kleinbürgertum *typisch* gewesen sei, in der Arbeiterschaft aber nur bei einer Minderheit anzutreffen gewesen sei. (vgl. S.341)

[75] vgl. ebd., S.341 f.

die Anziehungskraft des Nationalsozialismus auf das Kleinbürgertum zusätzlich.
Fromm nennt unter anderem: die sich nach dem Krieg immer schneller verschlech-
ternde wirtschaftliche Lage des Kleinbürgertums und seines Ansehens; die Erschütte-
rung der Autorität der Monarchie, an die sich das Kleinbürgertum angelehnt und mit
der es sich identifiziert hätte; die Inflation, welche neben den wirtschaftlichen Auswirkungen auch psychologisch bedeutsam gewesen sei, da sie dem Grundsatz der
Sparsamkeit einen harten Schlag versetzt und die Autorität des Staates erschüttert
hätte. Schließlich seien die Familie - vor allem die Autorität des Vaters (vermittelt
über die Schwächung der Autorität von Staat und Monarchie) - und die bürgerliche
Moral nach dem Krieg ins Wanken geraten.[76] Insgesamt charakterisiert Fromm den
Mittelstand als eine stark frustrierte gesellschaftliche Gruppe. Er hält diese Frustration
und ihre Folgen für einen wichtigen Faktor für den Erfolg der Nationalsozialisten.
Fromm schreibt: „Der Groll auf Versailles kam aus dem Kleinbürgertum; der Groll
der Nationalsozialisten war eine Rationalisierung, eine Projektion der eigenen gesellschaftlichen Benachteiligungen auf die Benachteiligung der Nation."[77]

Dem Nationalsozialismus gelang es Fromm zufolge, das frustrierte Kleinbürgertum zu
neuem Leben zu erwecken und dessen emotionale Energien zu mobilisieren. Es ist
notwendig, Fromms entsprechende Ausführungen an dieser Stelle ausführlich zu zitie-
ren:

> „Der Nazismus besaß niemals irgendwelche genuine politische oder wirtschaftliche Prinzipi-
> en. Man versteht ihn nur richtig, wenn man begreift, daß sein eigentliches Prinzip ein radika-
> ler Opportunismus war. Es kam ihm darauf an, Hunderttausende von Kleinbürgern, die bei
> einer normalen Entwicklung der Dinge kaum eine Chance gehabt hätten, zu Macht und Geld
> zu gelangen, jetzt als Funktionäre der Nazi-Bürokraten ein großes Stück vom Kuchen abbe-
> kamen, indem sie die Oberschicht zwangen, ihren Reichtum und ihr Prestige mit ihnen zu
> teilen. Andere, die dem Nazi-Apparat nicht angehörten, bekamen gute Stellen, die man den
> Juden und den politischen Gegnern wegnahm, und was den Rest betraf, so bekamen sie zwar
> nicht mehr Brot, dafür aber „Spiele". Die emotionale Befriedigung, welche ihnen die sadisti-
> schen Schauspiele gewährten, und eine Ideologie, die ihnen ein Gefühl der Überlegenheit
> über den Rest der Menschheit gab, entschädigte sie - wenigstens eine Zeitlang - dafür, daß ihr
> Leben wirtschaftlich und kulturell verarmt war."[78]

Fromms weiteren Ausführungen zum Nationalsozialismus bestehen aus zwei Schritten: Zunächst versucht Fromm zu zeigen, daß Hitlers Persönlichkeit, seine Lehren und
das nationalsozialistische System eine extreme Form jener Charakterstruktur darstell-

---

[76] vgl. ebd., 342 ff.
[77] ebd., S.344
[78] ebd., S. 345

ten, die Fromm weiter oben als „autoritär" bezeichnet hat.[79] Anschließend führt Fromm seine Deutung der Charakterstruktur Hitlers mit seinen Ausführungen über den Charakter des Kleinbürgertums zusammen. Er führt die Tatsache, daß sich ein Großteil des Kleinbürgertums von Hitler und dem Nationalsozialismus angesprochen fühlte, darauf zurück, daß Hitler und das Kleinbürgertum eine sehr ähnliche Charakterstruktur besessen hätten.

Fromm charakterisiert Hitler als einen typischen Vertreter des Kleinbürgertums - ohne Zukunftsaussichten und mit dem Gefühl behaftet, ein „Niemand" zu sein.[80] Auf mannigfache Weise sieht Fromm ein sadistisches Streben nach Macht in Hitlers Autobiographie ausgedrückt. Unter anderem erkennt Fromm in Hitlers Verachtung für die Machtlosen, die sich in „Mein Kampf" und in politischen Reden zeige, typische Züge von Hitlers sadistischem Charakter.[81] Gleichzeitig zeigt Fromm aber auch eine masochistische Seite im Charakter Hitlers auf. So interpretiert Fromm die Behauptung Hitlers, seine Machtgelüste entsprächen den Gesetzen der Natur, als ein Denken, das dem Wunsch entspringe, sich einer Macht außerhalb des eigenen Ichs zu unterwerfen. Dieser Wunsch komme vor allem in Hitlers grober Popularisierung des Darwinismus zum Ausdruck. Hitler projiziere gleichzeitig den eigenen Sadismus auf die Natur, wenn er von ihr als der „grausamen Königin der Weisheit" spreche und die Auffassung vertrete, die Erhaltung der Kultur sei „gebunden an das eherne Gesetz der Notwendigkeit des Rechtes des Sieges des Besten und Stärksten".[82] Fromm geht von einer Identität von Naziideologie und Hitlers Ideen aus und kommt zu dem Schluß: „Sie (die Naziideologie - M.P.) wandte sich an Menschen, die auf Grund ihrer ähnlichen Charakterstruktur sich von diesen Lehren angezogen und erregt fühlten und zu glühenden Anhängern des Mannes wurden, der aussprach, was sie fühlten."[83] Auch die Praxis des nationalsozialistischen Regimes habe zur Befriedigung des Kleinbürgertums geführt, indem eine Hierarchie errichtet worden sei, in der jeder jemanden über sich habe, dem er sich unterordnen müsse, und jemanden unter sich, dem er seine eigene Macht zeigen könne. Insgesamt befriedigte nach Fromm die Ideologie und Praxis des Nationalsozialismus die aus der Charakterstruktur eines Teiles der Bevölkerung entspringenden Wünsche.

---

[79] Als Quelle für einen entsprechenden Nachweis verwendet Fromm im wesentlichen Hitlers „Mein Kampf".
[80] vgl. ebd., S.344
[81] vgl. ebd., S.347
[82] ebd., S. 349
[83] ebd., S.354

Aus seiner Annahme, daß die menschliche Basis des Nationalsozialismus in der Befriedigung bestimmter psychologischer Bedürfnisse bestehe, leitet Fromm schließlich noch eine vorsichtig optimistische Zukunftsprognose ab. Da die autoritären Systeme zwar die Bedürfnisse nach Bindungen vordergründig befriedigten, aber keine wirkliche Vereinigung mit der Welt darstellten, die an die Stelle der primären Bindungen langfristig treten könne, werde sich der Nationalsozialismus langfristig wahrscheinlich nicht behaupten können: „Die autoritären Systeme können die Grundbedingungen nicht beseitigen, die zum Streben nach Freiheit führen, und sie können auch das Freiheitsverlangen nicht ausrotten, das diesen Bedingungen entspricht."[84]

## „Freiheit und Demokratie"

Im letzten Kapitel seines Buches kommt Fromm auf die amerikanische Demokratie und die Rolle der Freiheit in dieser zur Zeit der Entstehung der „Furcht vor der Freiheit" zu sprechen. Diese Ausführungen sind für das Thema der vorliegendem Arbeit nur von begrenztem Interesse. Ich werde mich deshalb auf ganz wenige Anmerkungen zu diesem Kapitel beschränken.

Fromm versucht nachzuweisen, daß in der amerikanischen Demokratie eine Flucht vor der Freiheit in die Konformität weit verbreitet sei. Er sieht in dieser Konformität eine Gefahr für die demokratische Kultur. Das unbewußte Leiden des „automatisierten Durchschnittsbürgers", der, je mehr er sich anpasse, um so mehr von einem Gefühle der Ohnmacht erfüllt sei, führe dazu, daß dieser eine hohe Bereitschaft in sich trage, sich Ideologien und Führern zu unterwerfen, die ihm ein sinnvolle Ordnung versprächen. Fromm betrachtet die Verzweiflung des „automatenhaften Konformisten"[85] deshalb als einen fruchtbaren Boden für die politischen Ziele des Faschismus.[86]

Das mögliche Gegenbild, das Fromm als Alternative zeichnet, besitzt einen stark spekulativen Charakter und besteht eher in schwärmerischen Bemerkungen als in einem nachvollziehbaren Gesellschaftsbild: Fromm hält der mit Angst und Isolation einhergehenden Freiheit eine „positive Freiheit" entgegen. Sie bestehe in einem „spontanen Tätigsein der gesamten, integrierten Persönlichkeit".[87] Durch dieses spontane Tätigsein trete der Mensch auf eine Weise mit der Welt in Beziehung, bei der er aufhöre,

---

[84] ebd., S. 356
[85] ebd., S. 357
[86] vgl. ebd., S.357 f.
[87] ebd., S.368

ein "isoliertes Atom zu sein" und in der er und die Welt „Teil einer strukturierten Ganzen" würden.[88] Zweifel und Angst würden verschwinden, indem das Leben nur noch einen Sinn hätte, nämlich „den Vollzug des Lebens selbst".[89] Zur positiven Freiheit gehört für Fromm außerdem, daß es „keine höhere Macht als dieses einzigartige individuelle Selbst gibt, daß der Mensch Mittelpunkt und Zweck seines Lebens ist und daß das Wachstum und die Realisierung der Individualität des Menschen ein Ziel ist, das niemals irgendwelchen Zwecken untergeordnet werden kann, die angeblich noch wertvoller sind."[90] Nur ein einziges Wirtschaftssystem ist dabei nach Fromms Ansicht geeignet, die Bedingungen für diese Lebensweise zu erfüllen: ein „demokratischer Sozialismus", eine „demokratische Planwirtschaft".[91]

## 4.2 Die Erklärung des Nationalsozialismus in der „Furcht vor der Freiheit": Zusammenfassung in 12 Thesen

**These 1:** Jeder Mensch hat zwei Arten von Bedürfnissen, deren Befriedigung lebensnotwendig ist:
1. physiologisch bedingte Bedürfnisse wie Hunger, Durst oder das Bedürfnis nach Schlaf
2. das Bedürfnis, Einsamkeit zu vermeiden.

**These 2:** Die menschlichen Bedürfnisse treffen auf gesellschaftliche Tatsachen und damit auf unterschiedliche Möglichkeiten ihrer Befriedigung. Der Mensch paßt seine Bedürfnisstruktur an die gesellschaftlichen Bedingungen an. Der Charakter besteht aus einer an die gesellschaftlichen Bedingungen angepaßten Bedürfnisstruktur.

**These 3:** Viele Menschen sind gleichen gesellschaftlichen Bedingungen unterworfen und haben eine ähnliche Lebenspraxis. Die Folge sind starke Ähnlichkeiten in den Charakteren. Diese Ähnlichkeiten - die typischen Merkmale im Charakter gesellschaftlicher Gruppen - formen den „Gesellschaftscharakter".

**These 4:** Die Geschichte der Menschheit zeichnet sich dadurch aus, daß die Menschen immer selbständiger werden. Durch die zunehmende Beherrschung der Natur und der

---

[88] vgl. ebd., S.369
[89] ebd., S.370
[90] ebd., S.374
[91] ebd., S.376

eigenen Vernunft werden die Individuen immer unabhängiger von der Natur und von primären Bindungen an die Gesellschaft.

**These 5:** Diese zunehmende Unabhängigkeit hat aber auch eine „Schattenseite": Sie führt zu dem Gefühl von Isolierung und Ohnmacht. Da diese Gefühle mit dem nicht Bedürfnis nach der Vermeidung von Einsamkeit (vgl. These 1) kollidieren, sucht der Mensch Wege, die entstandenen Gefühlen der Ohnmacht und Einsamkeit abzustellen.

**These 6:** Die einzige langfristig erfolgreiche und vernünftige Lösung des Einsamkeitsproblems besteht im Aufbau einer Verbindung zur Gesellschaft, die die Freiheit des Individuums bewahrt und auf dieser Grundlage einen produktiven Ersatz für die primären Bindungen schafft, bei der Stärke und Unabhängigkeit des Ichs anerkennt und aufrechterhalten werden.

**These 7:** In Deutschland verhinderten die gesellschaftlichen Bedingungen diese produktive Lösung des Einsamkeitsproblems schon seit der Zeit der Reformation bis hin zur Zeit der Entstehung der „Furcht vor der Freiheit". Konstellationen in der deutschen Gesellschaft nach dem ersten Weltkrieg trugen zusätzlich dazu bei, Ohnmachts- und Einsamkeitsgefühle der Individuen zu verstärken. Hiervon war insbesondere das Kleinbürgertum betroffen.

**These 8:** Es gibt mehrere weit verbreitete Mechanismen, mit deren Hilfe Individuen das Bedürfnis, Einsamkeit und Ohnmacht zu vermeiden, befriedigen, wenn die in These 6 dargestellte Möglichkeit durch die gesellschaftlichen Bedingungen verhindert wird. Diese Mechanismen bestehen in einer Flucht vor der Freiheit und den durch diese Freiheit ausgelösten Isolationsgefühlen. Die drei wichtigsten und häufigsten Mechanismen sind: a) Flucht ins Autoritäre, b) Flucht ins Destruktive, c) Flucht in die Konformität.
Jedem Fluchtmechanismus entspricht eine bestimmte Charakterstruktur. Insbesondere gilt dieses für die Flucht ins Autoritäre, die zur Ausbildung eines „autoritären Charakters" führt.

**These 9:** Ideen können nur dann zu einer mächtigen Kraft werden, wenn sie die im Charakter manifestierten Bedürfnisse einer großen Anzahl von Menschen in einer Gesellschaft befriedigen.

**These 10:** Das deutsche Kleinbürgertum hatte einen ausgeprägt autoritären Gesellschaftscharakter. Es zeichnete sich durch ein erhebliches - durch gesellschaftliche Frustrationen und stark eingeschränkte Entfaltungsmöglichkeiten verursachtes - Potential an Feindseligkeit und Destruktivität aus.

**These 11:** Hitler war ein typischer Vertreter des Kleinbürgertums und besaß einen stark durch sadistische und masochistische Bestrebungen geprägten Charakter. Dieser Charakter kennzeichnete auch die - im wesentlichen von Hitler produzierte - Ideologie und Praxis des nationalsozialistischen Regimes.

**These 12:** Das Kleinbürgertum in Deutschland begrüßte die nationalsozialistische Ideologie leidenschaftlich. Die Arbeiterklasse sowie das liberale und katholische Bürgertum dagegen leisteten zwar keinen Widerstand, sie waren aber keine Anhänger der Nazis. Die Naziideologie sprach das Kleinbürgertum aufgrund der Ähnlichkeit dieser Ideologie mit dem Gesellschaftscharakter des Kleinbürgertums stark an. Viele Elemente des nationalsozialistischen Systems befriedigten die Bedürfnisse des Kleinbürgertums und machten es zu leidenschaftlichen Anhängern Hitlers und des nationalsozialistischen Regimes. In dieser Begeisterung für das nationalsozialistische System liegt die „menschliche Grundlage" für die Durchsetzung des Faschismus in Deutschland.

### 4.3 Ein Vergleich zwischen Fromms Beitrag zu den „Studien über Autorität und Familie" und der „Furcht vor der Freiheit"

Fünf Jahre liegen zwischen der Veröffentlichung der „Studien" und der „Furcht vor der Freiheit" - fünf Jahre der Herrschaft der Nationalsozialisten in Deutschland, die Fromm aus der Ferne des amerikanischen Exils erlebt. Während die „Studien" größtenteils noch in Deutschland vor 1933 entstanden und den Nationalsozialismus nicht explizit zum Thema hatten, ist die „Furcht vor der Freiheit" wesentlich eine Auseinandersetzung mit dem neuen Regime. Inwiefern knüpft Fromm an die Autoritätsstudie von 1936 an und inwiefern modifiziert er seine Theorie? Wieder nimmt Fromms Theorie ihren Ausgang von Bedürfnissen. Doch während in den „Studien" lediglich angenommen wurde, daß die Bedürfnisse stets die Möglichkeiten ihrer Befriedigung übersteigen und aus diesem Umstand die Notwendigkeit von gesellschaftlichen Autoritäten hergeleitet wurde, postuliert Fromm nun die Existenz zweier

Bedürfnisse, die unabhängig von Zeit und Ort bei allen Menschen vorhanden seien: physiologische Bedürfnisse und das Bedürfnis, Einsamkeit zu vermeiden. Während wohl die Existenz der ersten Bedürfnisart kaum Anlaß zu Diskussionen geben wird, ist das Postulat eines nicht disponiblen Bedürfnisses nach Einsamkeitsvermeidung wesentlich problematischer.

Daraus, daß Fromm das Bedürfnis nach Einsamkeitsvermeidung in den Rang eines unbedingten Bedürfnisses hebt, resultiert auch eine anders akzentuierte Einschätzung des Autoritätsphänomens in der „Furcht vor der Freiheit" als in den „Studien": Während in den „Studien" das Fehlen einer rationalen Lebenspraxis und die Anwesenheit von Angst letztendlich verhinderten, daß die Individuen zu einer selbständigen Bedürfnisversagung durch Verurteilung gelangten und diese „Ich-Schwäche" das Vorherrschen einer autoritären Gesellschaftsordnung notwendig machte (vgl. Kap. 3.3, These 4, 8 und 9), erscheint in der „Furcht vor der Freiheit" der autoritäre Charakter als Fluchtmechanismus vor einer Freiheit, die aufgrund mangelnder Entfaltungsmöglichkeiten nicht positiv genutzt werden kann. Entsprechend unterschiedlich sehen die Skizzen einer „Idealgesellschaft" in beiden Werken aus: Wo rationale Lebensführung und die Abwesenheit von Angst in den „Studien" als relativ konkretes Gegenbild zur autoritären Gesellschaft dienen, ist das in der „Furcht vor der Freiheit" angedeutete Ideal wesentlich weniger greifbar. Deutlich wird bereits hier, daß die „Furcht vor der Freiheit" erheblich stärker spekulativ angelegt ist als der frühe Autoritäts-Text Fromms.

Neu in der „Furcht vor der Freiheit" ist auch das Modell des Gesellschaftscharakters, welches an dieser Stelle von Fromm erstmals formuliert wird und das in seinen späteren Arbeiten immer wieder auftaucht.[92] Zwar wurde auch schon in den „Studien" der Charakter als diejenige Instanz vorgestellt, die die Bedürfnisse den gesellschaftlichen Gegebenheiten anpaßt. Doch von Ähnlichkeiten im Charakter innerhalb von gesellschaftlichen Gruppen war hier noch keine Rede. Ebenfalls erstmals formuliert wird in der „Furcht vor der Freiheit" Fromms These, daß Ideen nur dann mächtig werden, wenn sie Bedürfnissen vieler Menschen in einer Gesellschaft entsprechen. Neu ist außerdem die gesamte darauf fußende Interpretation von Reformation und

---

[92] vgl. u. a.: Über psychoanalytische Charakterkunde und ihre Anwendung zum Verständnis der Kultur (1949), in: Fromm Gesamtausgabe Band I; S. 207-214; Psychoanalytische Charakterologie in Theorie und Praxis. Der Gesellschafts-Charakter eines mexikanischen Dorfes (1970), in: Erich Fromm Gesamtausgabe Band III, S. 231-540

Nationalsozialismus. Schließlich finden sich präzisierte Anmerkungen zum sado-masochistischen Charakter, die - ebenso wie die Schilderungen der Flucht-mechanismen Konformität und Destruktivität - auf der These der „"Furcht vor der Freiheit" basieren, daß Einsamkeitsvermeidung ein nicht disponibles Bedürfnis ist. In einem anderen Punkt bleibt Fromm - der sonst nicht zögert, ihm wichtig erscheinende Gedanken in seinen unterschiedlichen Arbeiten beharrlich zu wiederholen - hinter den Ausführungen der „Studien" zurück: Das Verhältnis von Autorität und rationaler Kri-tik, das ich als eine wesentliche Leistung des frühen Fromm-Textes herausgearbeitet hatte, bleibt hier unerwähnt. Auf diesen Punkt komme ich in der Kritik zurück.

*Zwei 'spekulative Basisthesen'*

Es lassen sich zusammenfassend vor allem zwei im Vergleich zu Fromms Beitrag zu den „Studien" vollkommen neue Thesen ausmachen, die den Status von 'Basisthesen' haben. Auf ihnen baut die gesamte Argumentation in der „Furcht vor der Freiheit" in weiten Teilen auf:

**These a:** Der Mensch hat das Bedürfnis, Einsamkeit zu vermeiden. Die Befriedigung dieses Bedürfnisses wird aber im Laufe der Menschheitsgeschichte mit der zuneh-menden Unabhängigkeit von der Natur und von den primären Bindungen an die Gesellschaft zunehmend problematisch.

**These b:** Einflußreiche Ideen sind deshalb einflußreich, weil sie bestimmte im Gesell-schaftscharakter manifestierte Bedürfnisse vieler Gesellschaftsmitglieder befriedigen.

Wegen der engen Verbindung der gesamten Argumentation in der „Furcht vor der Freiheit" mit diesen beiden Thesen sollen zunächst sie behandelt werden, bevor ich zur Kritik der im Text enthaltenen Theorie des Nationalsozialismus anhand der vier in Teil I aufgestellten Kriterien komme.

## 4.4 Kritik an der „Furcht vor der Freiheit"

### 4.4.1 Kritik an zwei 'spekulativen Basisthesen' der „Furcht vor der Freiheit"

*Zu These a)* Wenn Fromm über die zunehmende Freiheit und das in der Folge zunehmende Problematisch-Werden der Vermeidung von Einsamkeit schreibt, vergleicht er den diagnostizierten Zustand stets implizit mit einer Art Urzustand, in dem der Mensch durch „primäre Bindungen" mit der Welt verknüpft gewesen sei. Fromm betrachtet diese primären Bindungen in Analogie zur Bindung des Neugeborenen an seine Mutter. Gleichzeitig setzt er den Zeitpunkt, an dem die Freiheit für den Menschen erstmals problematisch wird, unmittelbar vor dem Beginn der Reformation an. Als Grund für die zunehmende Einsamkeit und zunehmende Ohnmachtsgefühle nennt Fromm das Aufbrechen der traditionellen Ständegesellschaft. Ein wesentliches Defizit von Fromms Theorie ist, daß er weder konkretisiert, wie die primären Bindungen an die Natur und an die Gesellschaft, auf die er sich so oft bezieht, ausgesehen haben sollen, noch wann sie tatsächlich existiert haben sollen. Fromm ist deshalb vorzuwerfen, daß er einem nostalgischen Gesellschaftsbild, dem Mythos einer perfekten Ur-Gesellschaft, anhängt.

Die Anthropologin Ruth Benedict kommt zu einem ähnlichen Ergebnis. Benedict wirft Fromm in einer Kritik der "Furcht vor der Freiheit" vor, er mißachte vorhandene Erkenntnisse über einfachere Gesellschaften. Sie schreibt:

> „I am thoroughly skeptical about the author's thesis that preliterate man was dominated by „primal ties" which have only been recently outgrown as a result of the emergence of the person. Dr. Fromms formulation here is the same as that which is repetitiously asserted in most American and English histories of education: that individualism was absent in early societies and that realization of free persons and of moral personalities is a late evolutionary attainment. Dr. Fromm accepts this position; he does not submit evidence. It is hard therefore to know what criteria he would use to prove that individualism is absent."[93]

Benedict meint außerdem, in einfacheren und früheren Gesellschaften ebenfalls das ausmachen zu können, was Fromm als „negative Freiheit" bezeichnet. Fromm ist vorzuwerfen, daß er seine eigenen Ideen über die Menschheitsgeschichte zum Maßstab macht, anstatt auf vorhandene Forschungsergebnisse zurückzugreifen.

---

[93] Ruth Benedict: Review „Escape from Freedom", in: Psychiatry. Vol. 5. 1942, S.112

Ähnlich verklärt wirken Fromms Ausführungen über die Unübersichtlichkeit der modernen Welt. Auch hier scheinen eher nostalgisch-sentimentale Gefühle als Tatsachenwissen Fromms Ausführungen zu motivieren. Woher nimmt Fromm die Gewißheit, daß die Welt früher nicht unübersichtlich war? Es ist doch eher zu vermuten, daß sie auch früher mitunter bedrohlich und undurchschaubar, voller Rätsel und Geheimnisse war. Fromms Thesen über die Neuheit des Einsamkeits-, Unübersichtlichkeits- und Bedeutungslosigkeitsproblems sind nur ungenau ausgearbeitet und sind zu wenig konkretisiert. Sie haben daher meines Erachtens den Charakter nostalgisch-schwärmerischer Spekulationen.

*Zu These b)* Mehrmals führt Fromm in der „Furcht vor der Freiheit" eine Beweisführung nach dem folgenden Muster durch: Er nimmt sich eine Ideologie vor, sichtet bestimmte ihrer Eigenschaften und vergleicht diese mit den Bedürfnissen der Anhänger dieser Ideologie. Das Ergebnis ist immer, daß sich Bedürfnisse und Ideologie entsprechen. Fromm wirft gleichzeitig Max Weber vor, dieser habe in der „Protestantischen Ethik" eine zu idealistische Einstellung gegenüber Ideen.[94] Problematisch scheint mir an Fromms Vorgehen vor allem zu sein, daß seine Methode das Ergebnis einer Anwendung der vorher aufgestellten Regel 'Ideologie = Bedürfnisse ihrer Anhänger' (vgl. These 9) ist. Das Untersuchungsmaterial wir lediglich in Hinblick auf diese Regel - und zwar mit dem Ziel ihrer Bestätigung - gesichtet. Fromm begeht dabei aber aus soziologischer Sicht einen weiteren Fehler, vor dem Emile Durkheim schon im „Selbstmord" aus dem Jahr 1896 gewarnt hat. Durkheim schrieb:

> „Man kann aber mit keinen summarischen Untersuchungen und Augenblickseinfällen Gesetze einer derart komplexen Wirklichkeit entdecken, wie es die Gesellschaft ist. Vor allem kann man Verallgemeinerungen, die so umfangreich und so hastig sind, unmöglich beweisen. Gelegentlich werden zwar einige passende Beispiele angeführt, die die Hypothese illustrieren; aber *eine Illustration ist noch kein Beweis.*"[95]

Da Fromm aus beiden Bereichen - der Ideologie und der Bedürfnisse ihrer Anhänger - jeweils nur einen kleinen Ausschnitt betrachtet, lassen sich zur Illustration geeignete Segmente mit Leichtigkeit finden. Nicht ins Bild passende Teile werden von Fromm dagegen ignoriert. Besonders deutlich wird dieses bei Fromms Betrachtung der Reformation. Während die Befreiung von der kirchlichen Autorität nach allgemeinem

---

[94] vgl. Furcht vor der Freiheit, in Erich Fromm Gesamtausgabe Band I, S. 390
[95] Durkheim, Emile: Der Selbstmord. Frankfurt am Main 1995, S. 17 (Hervorhebung von mir - M.P.)

Verständnis ein bedeutender Aspekt des Luthertums war, übergeht Fromm diesen Aspekt völlig. Er paßt auch gar nicht zu dem von ihm gezeichneten Bild des autoritären Luthers und seiner Anhänger. Kurz: Mit Fromms Aufstellung der *allgemeinen* Regel, daß Ideen ihren Einfluß den Bedürfnissen bestimmter Gesellschaftscharaktere verdanken, ist nicht viel gewonnen. Zwar kann dieser Gesichtspunkt im Einzelfall wichtige Aspekte eines Phänomens beleuchten, und ich werde unten zu dem Ergebnis kommen, daß Fromm dieses in bezug auf den Nationalsozialismus durchaus gelingt. Doch die Art, wie Fromm versucht, seine These von der Identität von Bedürfnissen und Ideen als allgemeingültig darzustellen, verengt den Blick auf wenige Ausschnitte der von ihm untersuchten Phänomene.

In bezug auf die Thesen a) und b) ist das folgende Fazit zu ziehen: Gegenüber Fromms stark verallgemeinernden 'Basisthesen' ist größte Skepsis angebracht. Sie sind weitgehend spekulativ und damit unwissenschaftlich. Im folgenden möchte ich mich deshalb auf eine Beschäftigung mit Fromms Theorie des Nationalsozialismus beschränken. Auch wenn hier zum Teil die oben genannten Probleme ebenfalls vorhanden sind, ist dieser Teil der „Furcht vor der Freiheit" doch wesentlich konkreter ausgestaltet als der Rest des Buches. Inwiefern die These, daß Ideen ihre Macht den Bedürfnissen eines bestimmten Gesellschaftscharakters verdanken, in bezug auf den Nationalsozialismus eine sinnvolle Annahme sein kann, wird zu untersuchen sein.

### 4.4.2 Eine Kritik an Fromms Theorie über den Nationalsozialismus in der „Furcht vor der Freiheit" anhand der vier Kriterien aus 'Teil I'

*Kriterium 1: Täterverantwortung*

Zu fragen ist zunächst wieder: Wird von Fromm in der „Furcht vor der Freiheit" eine Theorie des Nationalsozialismus aufgestellt, die das Handeln von Tätern erfassen kann, das auf freier Entscheidung bzw. auf Überzeugung basierte? Dieses ist offensichtlich der Fall: Fromm unterscheidet hier ausdrücklich zwischen jenen begeisterten und überzeugten Anhängern des Nationalsozialismus, für die dieser eine Befriedigung der Bedürfnisse ihres Gesellschaftscharakters darstellte, und jenen, die lediglich keinen Widerstand gegen das ihnen im Prinzip unerwünschte System leisteten (vgl. These 10).

Von Fromm wird eine Teilmenge aller Deutschen als vom Nationalsozialismus begeistert und überzeugt charakterisiert. Und aufgrund des von Fromm unterstellten autoritären Charakters vieler Anhänger und deren Hang zu Sadismus und Destruktivität wird auch das Potential zu freiwilliger Brutalität der Anhänger des Nationalsozialismus in Fromms Theorie erfaßbar. Das erste Kriterium wird von der „Furcht vor der Freiheit" insofern erfüllt.[96]

Gleichzeitig tritt in der „Furcht vor der Freiheit" eine Stärke von Fromms Ansatz, die bereits bei der Kritik an den „Studien" hervorgehoben wurde, noch deutlicher hervor. Bei der Behandlung des ersten Kriteriums in bezug auf die „Studien" hatte ich herausgearbeitet, daß Fromms Theorie gegenüber Goldhagens Ansatz den Vorteil hat, daß sie eine Erklärung dafür liefert, wie die Ideologie des Nationalsozialismus zu einer Handlungsmotivation werden konnte: Der autoritäre Charakter ist nach Fromm durch bestimmte gesellschaftliche Konstellationen weit verbreitet und fühlt sich aufgrund bestimmter Eigenschaften desselben von der Naziideologie besonders angezogen. Dieser Aspekt tritt in der „Furcht vor der Freiheit" noch deutlicher hervor, da Fromm hier den autoritären Charakter wesentlich ausführlicher beschreibt und ihn gleichzeitig erstmals explizit auf den Nationalsozialismus bezieht. Fromms entsprechender Parallelisierung der Bedürfnisse des autoritären Charakters und der Ideologie und Praxis des Nationalsozialismus kommt - wie weiter unten zu zeigen sein wird - eine nicht zu unterschätzende Plausibilität zu.

Bemerkenswert ist, daß Fromm in der „Furcht vor der Freiheit" seine Ausführungen aus den "Studien", nach denen Autoritäten der rationalen Kritik entzogen sind, nicht wiederholt. Ich hatte in der Kritik an den „Studien" die Erklärungsstärke gerade dieses Theoriestücks in bezug auf den Nationalsozialismus und auf die Verehrung Hitlers betont. Könnte es sein, daß Fromm diesen Gedanken in der „Furcht vor der Freiheit" bewußt ausspart, um die Anhänger des Nationalsozialismus nicht vorschnell von ihrer Verantwortung für die Geschehnisse in Deutschland freizusprechen? Sicher ist, daß Fromm in dem Text von 1941 einen Akzent auf die Freiwilligkeit des Einfügens in den Nationalsozialismus setzt. Dies wird schon an seiner Fragestellung deutlich, der zufolge Fromm erklären will, warum die Deutschen „*bereitwillig* ihre Freiheit aufgaben".[97]

---

[96] Vgl. hierzu auch die Ausführungen in bezug auf das erste Kriterium für die „Studien über Autorität und Familie. Sie gelten größtenteils analog für die „Furcht vor der Freiheit".
[97] ebd., S.220 (Hervorhebung von mir - M.P.)

*Kriterium 2: Nationalsozialismus als soziale Pathologie*

Komplizierter zu beantworten ist die Frage, ob und inwiefern in der „Furcht vor der Freiheit" der Nationalsozialismus als ein pathologischer Gesellschaftszustand charakterisiert wird. Ich hatte bereits angedeutet, daß das Gegenbild zur bestehenden Gesellschaft in der „Furcht vor der Freiheit" wesentlich weniger konkret ist als in den „Studien über Autorität und Familie". Ohnmachts- und Einsamkeitsgefühle, die aus Eigenschaften der modernen, kapitalistischen Gesellschaftsform resultieren, sind für Fromm hier die (psychologischen) Ursachen für den Nationalsozialismus. Eine langfristige Verbannung der Gefahr von Faschismus sieht Fromm in der Einführung einer demokratischen Planwirtschaft, die übersichtlich für jeden und ohne Konkurrenzbeziehungen sein soll. [98] Fromm selbst würde sicher sagen, daß es sich bei den von ihm beschriebenen Phänomenen um eine gesellschaftliche Pathologie handelt. In der Kritik an den 'Basisthesen' der "Furcht vor der Freiheit" habe ich begründet, warum ich Fromms Ausführungen in dieser Hinsicht für wenig überzeugend halte. Ob eine Gesellschaft ohne Ohnmachts- und Einsamkeitsgefühle jemals existiert hat, und ob sie jemals existieren könnte, ist sehr fraglich. Ernst Tugendhat formuliert in der Vorlesung „Erich Fromm über Glück, Liebe und Moral; Hegel über Anerkennung; was motiviert zur moralischen Haltung?", in der er sich unter anderem mit Fromms Arbeiten „Furcht vor der Freiheit" und „Psychoanalyse und Ethik" (1949) beschäftigt, eine ähnliche Kritik. Er schreibt: „Wir sollten uns von einer dogmatischen Tendenz Fromms freihalten. Fromm neigt dazu, zu sagen: weil der Mensch so und so ist (z.B. nicht allein sein will), muß er ... . Wir brauchen keine so starken anthropologischen Thesen."[99] Fromms Auffassung dessen, was gesellschaftlich pathologisch ist, ist zu weitgehend, um für die vorliegende Arbeit als sinnvoll erachtet zu werden. Fromms Ideal einer nicht-pathologischen Gesellschaft ist verschwommen und unrealistisch.

Die Stärke von Fromms Ansatz liegt abseits dieses spekulativen und angreifbaren Gesamtkontextes, abseits der Verortung der pathologischen Charakterzüge in anthropologischen Konstanten und Eigenschaften der modernen (kapitalistischen) Gesellschaft. Und diese Stärke läßt sich aus ihrem problematischen Kontext „herausschälen": Die Leistung der „Furcht vor der Freiheit" besteht zunächst in der bloßen *Beschreibung* der im Individuum in Erscheinung tretenden autoritären Cha-

---

[98] vgl. ebd., S. 376
[99] Ernst Tugendhat: Vorlesungen über Ethik. Frankfurt am Main 1993, S. 263-281, hier S. 280

rakterzüge und in der Offenlegung derselben Züge in Ideologie und Praxis des Nationalsozialismus. Die Beschreibungen des autoritären Charakters und seines Hangs zu Sado-Masochismus, Rassenwahn und Destruktivität ist auch heute noch sehr erhellend in bezug auf das nationalsozialistische Wirken. Die Verortung dieser Charakterzüge in der autoritären Erziehung ist eine beachtliche theoretische Leistung, an die - wie im Teil III dieser Arbeit deutlich werden wird - in vielen Studien, die in den vierziger Jahren entstanden, angeknüpft wurde.

Zusammenfassend läßt sich in bezug auf das zweite Kriterium sagen: Fromms Theorie benennt ein pathologisches Element im Nationalsozialismus sowohl im Hinblick auf das Handeln der einzelnen Individuen als auch im Hinblick auf die nationalsozialistische Ideologie und Praxis. Mit der Verortung der Ursprünge dieser pathologischen Charakterzüge in der Erziehung und in den beschränkten Möglichkeiten zur Verwirklichung des eigenen Leben - und damit in der Versagung des individuellen Glücks - nennt Fromm Gründe für diese Pathologie. Das zweite Kriterium kann in *dieser* Hinsicht als erfüllt angesehen werden. Fromms Studie hat gegenüber Goldhagens Theorie insofern einen wesentlichen Vorzug. Problematisch dagegen ist Fromms Verortung der pathologischen Charakterzüge in den Grundzügen der modernen (kapitalistischen) Gesellschaft. Fromms entsprechende Kennzeichnung der modernen Gesellschaft als pathologisch ist unhaltbar.

*Kriterium 3: Interdependenz von Persönlichkeit und Sozialstruktur*

Bei der Behandlung des dritten Kriteriums in bezug auf die „Studien über Autorität und Familie" hatte ich festgestellt, daß Fromm den Vermittlungsmechanismus zwischen Persönlichkeit und Gesellschaftsstruktur nur unzureichend bestimmt. Nun ist zu untersuchen ist, inwiefern Fromms in der „Furcht vor der Freiheit" aufgestellte Theorie des „Gesellschaftscharakters" die oben aufgezeigte Argumentationslücke schließen kann.

Der Gesellschaftscharakter entwickelt sich nach Fromm durch ähnliche Erfahrungen von Mitgliedern gesellschaftlicher Gruppen. Er besteht in daraus resultierenden Ähnlichkeiten im Charakter innerhalb dieser Gruppen. Der Charakter paßt gleichzeitig bei Fromm allgemein die Bedürfnisstruktur an die gesellschaftlichen Möglichkeiten und Erfordernisse an. Zu einem selbst die Gesellschaft beeinflussenden Faktor wird der

Gesellschaftscharakter, indem weitverbreitete Gesellschaftscharaktere unter den in der Gesellschaft vorhandenen Ideen jene auswählen, die seinen Bedürfnissen am meisten entsprechen und sie - bei genügend großer Zahl entsprechender Gesellschaftscharaktere - zu mächtigen Ideen werden läßt. In diesem Konstrukt spielen also psychologische Faktoren - vermittelt über den Charakter - eine wesentliche Rolle bei der Selektion im gesellschaftlichen Prozeß. Was ist von dieser Theorie in bezug auf das 'dritte Kriterium' zu halten?

Zunächst ist festzustellen, daß Fromm hinsichtlich des Einflusses, den er psychologischen Faktoren im Gesellschaftsprozeß zumißt, unklar bleibt. Insbesondere im Hinblick auf den Nationalsozialismus weicht er einer klaren Antwort aus, wenn er seine Ausführungen dadurch relativiert, daß die psychologischen Faktoren nur ein Faktor unter mehreren seien, rein ökonomische und rein politische Faktoren aber ebenfalls eine wichtige Rolle spielten. Fromm geht gleichzeitig nicht genau genug auf die Interdependenz der verschiedenen Faktoren ein. Insbesondere versäumt er es zu erörtern, welche Bedingungen erfüllt sein müssen, damit psychologische Faktoren tatsächlich zu einem einflußreichen Faktor werden können. Dieses Versäumnis hat seinen Ursprung in der Anlage der Theorie Fromms: Aus seiner Sicht ist der Einfluß psychologischer Faktoren über den Gesellschaftscharakter immer gegeben und somit gar nicht an Bedingungen geknüpft. Bei dieser Sichtweise besteht die Gefahr, daß Fragen der gesellschaftlichen Machtverteilung aus dem Blick geraten. Fromm übersieht das folgende: Ideen werden nicht unbedingt dann - quasi automatisch - zu mächtigen gesellschaftlichen Kräften, wenn sie den Bedürfnissen bestimmter weitverbreiteter Gesellschaftscharaktere entsprechen. Vielmehr scheint häufig eine Idee allein deshalb mächtig zu werden, weil ihre Vertreter um die Bedürfnisse von Bevölkerungsgruppen wissen und strategisch ihr Eigeninteresse verfolgen, indem sie diese Bevölkerungsgruppen *glauben* lassen, daß die entsprechenden Ideen ihren Bedürfnissen entsprechen. Weniger die Ideen selbst als die Art ihrer Anpreisung und Vermarktung sind in diesem Fall auf die Bedürfnisse bestimmter Gesellschaftsgruppen abgestimmt. Fromm versäumt hier eine Unterscheidung zwischen Ideen und der 'Vermarktung' derselben bzw. der Propaganda für diese.

An anderer Stelle dagegen betrachtet Fromm Tatbestände als bloße Propaganda bzw. als Opportunismus, die nicht als solche angesehen werden sollten. Er schreibt: „Der Nazismus besaß niemals irgendwelche genuine politische oder wirtschaftliche Prinzipien. Man versteht ihn nur richtig, wenn man begreift, daß sein eigentliches Prinzip ein radikaler Opportunismus war. Es kam ihm darauf an, daß Hunderttausende von Kleinbürgern, die bei einer normalen Entwicklung der Dinge kaum eine Chance gehabt hätten, zu Macht und Geld zu gelangen, jetzt als Funktionäre der Nazi-Bürokraten ein großes Stück vom Kuchen abbekamen (...)"[100] Ich schließe mich Goldhagens Ansicht an, nach der die Ermordung der Juden und anderer als „nicht lebenswert" angesehener Menschengruppen ein genuines Ziel Hitlers und seiner Gefolgsleute war. Fromms Ansicht dagegen zeigt die gleiche Tendenz wie die des Historikers Hans Mommsen. Nach dessen Ansicht war die „Endlösung" lediglich eine „utopische Zielsetzung" Hitlers, ja zunächst nichts anderes als eine „propagandistische Notlösung"[101], die „nur im Zwielicht unklarer Befehlsgebung"[102] und aufgrund des „hemmungslosen Ehrgeiz(es) der rivalisierenden Satrapen"[103] möglich geworden sei. Bei Mommsens ebenso wie bei Fromms Ansicht besteht die Gefahr, daß die Wirksamkeit der menschenverachtenden Ideologie des Nationalsozialismus massiv unterschätzt wird. Der von Fromm als Ziel des Nazismus angesehene Opportunismus des nationalsozialistischen Systems war lediglich Teil einer Strategie, die dazu diente, die eigentlichen Ziele - unter anderem den Holocaust - durchzusetzen. Bei dem Ziel der „Ausrottung" jüdischer und anderer verachteten Menschen handelte es sich um ein genuines politisches Prinzip im grausamsten Sinne. Goldhagens historische Forschungen haben dieses jüngst in schonungsloser Deutlichkeit erneut offenbart. Die genuine Bestialität des nationalsozialistischen Gedankengutes wird von Fromm hier verkannt.

Ein weiterer Kritikpunkt knüpft daran an, daß Fromm davon ausgeht, daß bei der Beobachtung von Einzelpersonen gewonnene Erkenntnisse ohne weiteres auf die Beurteilung von Gruppen übertragbar seien. Fromm begründet dies folgendermaßen: „Jede Gruppe besteht ja aus Individuen und aus nichts als aus Individuen."[104] Diese Begründung ist aber genuin *un*soziologisch. Emile Durkheim gilt unter anderem deshalb als ein Begründer der Soziologie, weil er im Jahr 1895 in seinen „Regeln zur soziologischen Methode" das soziologische Prinzip begründete, daß soziologische

---

[100] ebd., S.345
[101] Hans Mommsen: Die Realisierung des Utopischen: Die 'Endlösung der Judenfrage' im 'Dritten Reich', in: Geschichte und Gesellschaft. Vol. 9. 1983, S.381-395, hier S. 390
[102] ebd., S.418
[103] ebd., S.389. Mommsen geht davon aus, daß es einen Befehl zur „Endlösung" durch Hitler nie gegeben hat.
[104] ebd., S. 297f.

Tatbestände nur durch soziologische Tatbestände zu erklären seien.[105] Durkheim schrieb:

> „Zweifellos kann keine kollektive Erscheinung entstehen, wenn kein Einzelbewußtsein vorhanden ist; doch ist diese notwendige Bedingung allein nicht ausreichend. Die einzelnen Psychen müssen noch assoziiert, kombiniert und in einer bestimmten Art kombiniert sein.; das soziale Leben resultiert also aus dieser Kombination und kann nur aus ihr erklärt werden. Indem sie zusammentreten, sich durchdringen und verschmelzen, bringen die individuellen Psychen ein neues, wenn man will psychisches Wesen hervor, das jedoch eine psychische Individualität neuer Art darstellt. (...) Die Gruppe denkt, fühlt und handelt anders, als es ihre Glieder tun würden, wären sie isoliert. (...) *Jedesmal, wenn ein soziologischer Tatbestand unmittelbar durch einen psychologischen erklärt wird, kann man daher dessen gewiß sein, daß die Erklärung falsch ist.*"[106]

Dem Konstrukt des Gesellschaftscharakters läßt sich in Verbindung mit der These, daß Ideen ihren gesellschaftlichen Einfluß der Befriedigung von bestimmten Bedürfnissen in Gesellschaftscharakteren verdanken, im Zusammenhang mit dem Nationalsozialismus allerdings auch ein positiver Aspekt abgewinnen. Es schließt theoretisch eine Argumentationslücke, indem es zur Klärung der bei der Auseinandersetzung mit den „Studien" aufgeworfenen Frage beitragen kann, wie und warum der Nationalsozialismus zu einer - entsprechend den Studien funktionierenden - Autorität werden konnte. Denn während in den „Studien" nur das Funktionieren einer bereits etablierten Autorität erschöpfend behandelt wurde, findet sich in der „Furcht vor der Freiheit" nun eine mögliche Erklärung dafür, warum es den Nationalsozialisten gelang, an die Macht und in die Stellung einer Autorität zu gelangen: Bestimmte gesellschaftliche Gruppen sahen ihre - im Gesellschaftscharakter gründenden - Bedürfnisse angesprochen und wurden deshalb zu Anhängern des Nationalsozialismus. Ich hatte in Abschnitt 4.4.1 begründet, warum ich das Erklärungsmuster, nach dem der Einfluß von Ideen durch die Bedürfnisse in Gesellschaftscharakteren, welche diese Ideen befriedigen, als eine allgemein angewandte 'Regel' mit Skepsis betrachte. Im Hinblick auf den Nationalsozialismus scheint mir dieses Vorgehen Fromms allerdings plausibler als etwa bei der Betrachtung der Reformation, und zwar insbesondere aufgrund der irrationalen und sado-masochistischen Elemente der nationalsozialistischen Theorie und Praxis. Die Parallele zwischen den Eigenschaften des autoritären Charakters und der nationalsozialistischen Ideologie und Praxis arbeitet Fromm überzeugend heraus. Inwieweit diese theoretische Plausibilität durch empirische Erkenntnisse gestützt

---

[105] vgl. Emile Durkheim: Die Regeln der soziologischen Methode. Frankfurt am Main 1991, S. 187 ff.
[106] ebd., S. 187 f. (Hervorhebung von mir - M.P.)

werden kann, ist eine Frage, die im Teil III dieser Arbeit zu behandeln sein wird. Hier ist zunächst festzustellen, daß Fromm für die durch die „Studien" noch nicht beantwortete Frage, warum gerade die Nazis zu einer Autorität wurden, in der „Furcht vor der Freiheit" eine Erklärung anbietet.

Zusammenfassend ist die „Die Furcht vor der Freiheit" im Hinblick auf das dritte Kriterium folgendermaßen zu beurteilen: Fromm gibt hier einen genauer ausformulierten Vermittlungsmechanismus zwischen Persönlichkeit und Gesellschaft an als noch in den „Studien". Die genaue Funktionsweise dieses Mechanismus bleibt aber nach wie vor unklar, da Interdependenzen zwischen individuellen und kollektiven Bedürfnissen, gesellschaftlichen Machtstrukturen und anderen sozialen Tatsachen in mehrerer Hinsicht unberücksichtigt bleiben. Aus soziologischer Sicht ist Fromms Ansatz damit unvollständig. Das dritte Kriterium ist insofern auch von der „Furcht vor der Freiheit" nicht erfüllt, auch wenn diese Studie Fromms der Erfüllung dieses Kriteriums näher kommt als noch sein Beitrag zu den „Studien über Autorität und Familie".

*Kriterium 4: Naziherrschaft als Terrorregime*

Bei der Beantwortung der Frage, ob und inwiefern das nationalsozialistische Herrschaftssystem als Terrorregime in der „Furcht vor der Freiheit" erfaßt wird, ist zunächst das Erkenntnisziel, das Fromm mit seinem Buch verfolgt, zu beachten. Fromm sucht nach einer Erklärung dafür, „daß Millionen von Deutschen (...) bereitwillig ihre Freiheit aufgaben (...) und weitere Millionen gleichgültig waren und nicht glaubten, daß die Verteidigung der Freiheit es wert sei, für sie zu kämpfen und für sie zu sterben."[107] Erklärt werden soll also das freiwillige bzw. das auf einer Wahl basierende Verhalten der Deutschen in bezug auf den Nationalsozialismus. Entsprechend kommt das Element des Zwangs, des vom nationalsozialistischen Regime ausgehenden Terrors, in der „Furcht vor der Freiheit" nicht vor. Selbst dort, wo Fromm unterscheidet zwischen dem vom Nationalsozialismus in der Regel begeisterten Kleinbürgertum und der Arbeiterklasse, spielt für Fromm Terror durch das Regime keine Rolle. Den mangelnden Widerstand der Arbeiterklasse führt er auf „innere Müdigkeit und Resignation"[108] der Arbeiterklasse zurück. Eigenschaften der Art der Herrschaft des Nationalsozialismus finden bei Fromm keine Erwähnung. Fromm, der als Emigrant in

---

[107] ebd., S.220
[108] ebd., S.339

100

Amerika vom Geschehen in Deutschland weitgehend abgeschnitten war, bezieht sich hier vermutlich wesentlich auf die Anfangszeit des nationalsozialistischen Regimes. Die Verfolgung und Ermordung von Juden und anderer Personengruppen wird von ihm nicht behandelt, ebensowenig andere Brutalitäten des nationalsozialistische Herrschaftsstils. Fromm erfüllt deshalb die als viertes Kriterium eingeführte Anforderung an Theorien des Nationalsozialismus nicht. Nicht eindeutig ist allerdings, inwiefern Fromm dieses angesichts des Zeitpunktes und insbesondere angesichts der Umstände der Entstehung des Buches zum Vorwurf zu machen ist. Erstaunlich und ärgerlich ist in diesem Zusammenhang auf jeden Fall, daß Fromm nie eine Revision seiner in der „Furcht vor der Freiheit" vorgetragenen Sichtweise vorgenommen hat. Sein Buch erschien auch Jahrzehnte später - inzwischen waren Informationen über das „Dritte Reich" in großer Menge verfügbar - ohne einen zusätzlichen Kommentar. Zu einer vollständigen „Psychologie des Nazismus" müßte unbedingt nicht nur die Begeisterung der Anhänger, sondern auch das Wechselspiel von Zwangsausübung und Reaktion auf diese gehören. Fromms Theorie des Nationalsozialismus in der „Furcht vor der Freiheit" weist hier erhebliche Defizite auf.

# Teil III: Auf der Suche nach dem 'deutschen Nationalcharakter': Amerikanische Studien aus den vierziger Jahren

Die in diesem dritten Teil der Arbeit behandelten Studien gehen alle der Frage nach, ob es bestimmte deutsche (Charakter-)Eigenschaften gibt, die die Deutschen besonders anfällig für die nationalsozialistische Ideologie und Praxis machten. Indem diese Studien implizit oder explizit stets von einem Zusammenhang zwischen den autoritären Eigenschaften der deutschen Gesellschaft und den deutschen Individuen ausgehen, knüpfen sie alle mehr oder weniger stark an die in Teil II dieser Arbeit diskutierten Studien Fromms an.

Nach der Sichtung der Faschismuserklärung Fromms in der „Furcht vor der Freiheit" könnte man vermuten, daß Fromm der These der Andersartigkeit der Deutschen nicht unbedingt Sympathien entgegenbrachte. Schließlich hatte Fromm in der „Furcht vor der Freiheit" die letzte Ursache des Faschismus in grundlegenden (und über die verschiedenen Nationen hinweg geltenden) Eigenschaften der modernen kapitalistischen Gesellschaft angesiedelt und unter anderem auch in der amerikanischen Gesellschaft eine entsprechende Anfälligkeit für den Faschismus zu erkennen gemeint. Tatsächlich äußerte sich Fromm aber mehrmals positiv über das Unternehmen, den „deutschen Nationalcharakter" und seinen Zusammenhang mit dem Nationalsozialismus zu untersuchen.[1] Wenn Fromm auch Einwände insbesondere gegenüber dem im nächsten Abschnitt diskutierten Ansatz Richard Brickners vorbrachte, hielt er die Frage, „wie der deutsche Nationalcharakter beschaffen ist", für eine „drängende Frage"[2] und vertrat im Jahr 1943 die Auffassung, daß „noch viel mehr Untersuchungen über das Problem der Charakterstruktur der Deutschen im allgemeinen und des Charakters der Deutschen im besonderen durchgeführt werden"[3] müßten.

---

[1] Erich Fromm: On Problems of the German Characterology, in: Transactions of the New York Academy of Science. New York. Vol 5. 1943. S.79-83 (ins Deutsche übersetzter Nachdruck in: Erich Fromm Gesamtausgabe Band V, S. 3-7) und ders.: What Shall We Do With Germany, in: Saturday Review of Literature. Vol. 26. New York, S. 10 (ins Deutsche übersetzter Nachdruck in: Erich Fromm Gesamtausgabe Band V, S. 9-11)

[2] On Problems of German Characterology (deutsche Fassung), in: Erich Fromm Gesamtausgabe Band V, S.3

[3] ebd., S. 5

## 5.  Richard M. Brickner: „Is Germany Incurable?" (1943)

Zu Beginn des Jahres 1943 erschien in Amerika ein Buch, das eine breite Diskussion über den deutschen Nationalcharakter in der amerikanischen Öffentlichkeit auslöste: Richard M. Brickners „Is Germany Incurable?".[4] In allgemeinverständlicher Form[5] stellte hier Brickner, der „assistent professor of clinical neurology" an der Columbia University of New York war, einem großen Leserkreis seine Thesen zum deutschen Charakter vor. Diese hatte er bereits 1942 in komprimierter Form und gerichtet an wissenschaftlich orientierte Leser in einem Aufsatz im *American Journal of Orthopsychiatry* unter dem Titel „The German Cultural Paranoid Trend" veröffentlicht.[6] Die Taten des nationalsozialistischen Deutschlands interpretierte Brickner unter Zuhilfenahme eines psychiatrischen Krankheitsbildes: Seit vielen Generationen sei der deutsche Charakter durch eine in der deutschen Kultur verankerte Paranoia geprägt. Das deutsche Verhalten sei besser zu verstehen, wenn man es als eine Häufung von Symptomen dieses Verfolgungswahnes betrachte. Brickners Ansatz wird heute gern in einem „kulturhistorischen Kuriositätenkabinett"[7] verbucht oder als Skurrilität eines „jener Amerikaner" bezeichnet, die „ein naiver Glaube an die Verbesserungsfähigkeit des Menschen" [8] geleitet habe. Daß diese Negativcharakterisierungen vorschnell spannende Aspekte von Brickners Ansatz übersehen, wird im folgenden zu zeigen sein.

---

[4] Brickner, Richard M.: Is Germany Incurable?. Philadelphia 1943, S.12. So widmete etwa die Wochenzeitschrift „Saturday Review of Literature" Brickners Buch in der Ausgabe vom 23. Mai 1943 ( vgl. Fußnote 233) eine ausführliche Besprechung durch mehrere Experten. Bis zum Ende des Jahres erschienen in der Folge zahlreiche Leserbriefe zu Brickners Buch und zur Frage des deutschen Nationalcharakters.

[5] Diese Tatsache hebt Margaret Mead in einer Einführung in „Is Germany Incurable" explizit lobend hervor. Sie schreibt, Brickner habe sich dafür entschieden, ein Buch zu schreiben, „which would be intelligible to the reading public" obwohl damit die Gefahr verbunden gewesen sei, als unwissenschaftlich hingestellt zu werden (vgl. Brickner: Is Germany Incurable?, S.12).

[6] Brickner, Richard M.: The German Cultural Paranoid Trend, in: American Journal of Orthopsychiatry. Vol 12. 1942, S. 611-632

[7] vgl. Winkler, Michael: Deutschtum als Krankheit. Zur Kontroverse um die nationale Seele der Deutschen im Amerika der vierziger Jahre, in: Wissenschaft vom Menschen. Jahrbuch der internationalen Erich Fromm-Gesellschaft Band 2: Erich Fromm und die Frankfurter Schule. Münster 1991

[8] vgl. Anonymus: „Eine Art Paranoia", in: Der Spiegel. 20.5.1996, S.72

## 5.1 Das paranoide Deutschland

In der Einleitung zu „Is Germany Incurable" schreibt Brickner, sein Buch sei ein Versuch, Erkenntnisse der Psychiatrie und der Neurologie über das menschliche Verhalten anzuwenden auf die „world scene in an effort to make sense of the future out of 'German aggression'". Diese terrorisiere die Welt für viele nun schon das zweite Mal während ihres Lebens.[9] Gleich zu Beginn seines Buches meint Brickner, einem möglichen Mißverständnis vorbeugen zu müssen: Es gehe ihm nicht darum zu zeigen, daß Hitler ein psychiatrischer Fall sei. Das sei dieser zwar ohne Zweifel, wichtig sei dies allerdings nur in einer Hinsicht: in bezug auf das charakteristische Verhalten der deutschen Nation als Gruppe. Diese tendiere nämlich grundsätzlich dazu, paranoide Menschen an die Spitze der Gesellschaft zu bringen.[10] Die Nationalsozialisten - allen voran Hitler - sind also für Brickner nicht das wesentliche Übel, sondern lediglich *Symptom* des tiefer liegenden Problems einer deutschen Paranoia. Die Tatsache, daß diese Ursache des deutschen Verhaltens bisher unbeachtet geblieben wäre, sieht Brickner als verantwortlich dafür an, daß es bisher nicht gelungen sei, auf die Gefahr, die von Deutschland ausgehe, angemessen zu reagieren und sie einzudämmen: „Through our lack of understanding of these psychological fundamentals, we have consistently - and futilely - tried to account for 'German agression' in logical, rational, everyday business terms. It seldom occured to us, that, while certain unfortunate situations may indeed exist, the use of them may arise from *specific German interpretation of life*."[11] Es sei ein gewichtiger Fehler gewesen, nur die rationalen Ursachen des menschlichen Verhaltens zu sehen und „the greater potency" der Emotionen zu ignorieren. Brickner fordert deshalb, die Aufmerksamkeit von den Handlungen selbst auf die ihnen zugrunde liegenden Emotionen zu verlagern.[12] Wesentlich genauer beschreibt Brickner sein Anliegen wenige Seiten später: „The major purpose of this book is to put people on guard against the usually unsuspected danger of paranoid

---

[9] vgl. Brickner: Is Germany Incurable, S. 29

[10] vgl. ebd., S. 33

[11] ebd., S.35 (Hervorhebungen von mir - M.P.)

[12] vgl. ebd., S.46. Allerdings charakterisiert Brickner sein eigenes Vorhaben meines Erachtens hier als wesentlich harmloser als es tatsächlich ist. Zwar geht es Brickner in den folgenden Kapiteln tatsächlich um die „emotional springs". Da diese bei dem deutschen Verhalten bei Brickner in paranoiden Symptomen bestehen, kommt dieser über die „emotional springs" zu einer *vollständigen Uminterpretation* des deutschen Verhaltens: Die gesamte Realitätswahrnehmung der Deutschen wird in großen Teilen als inadäquat, als krankhaft verschoben dargestellt. Und da eine solchermaßen verschobene Realitätswahrnehmung das gesamte Verhalten - auch vermeintlich rationale Elemente desselben - betrifft, bleibt kein Bereich von Handlungen von Brickners Interpretation unberührt.

thinking. When, as in Germany, such thinking dominates the behavior of a large and powerful group of people, it becomes a universal danger."[13] Im folgenden soll kurz der Aufbau von Brickners Argumentation verfolgt werden, über die er in „Is Germany Incurable?" zur Diagnose einer deutschen Gruppenparanoia gelangt.

Zunächst beschreibt Brickner in einem Kapitel mit der Überschrift „The Paranoid is Dangerous" individuelle Fälle aus der psychiatrischen Praxis, die aufgrund ihrer paranoiden Erkrankung Morde verübt hätten oder in Gefahr stünden, dies zu tun. Brickner illustriert mit diesen Schilderungen seine Aussage, daß „the extreme logical end of paranoid attitudes, if they go unchecked, is murder."[14] Gleichzeitig charakterisiert Brickner hier sechs häufige Eigenschaften paranoiden Denkens:

- a) the need to dominate
- b) suspiciousness
- c) megalomania (An exaggerated high opinion of one's own importance)
- d) false rumination of past events
- e) an absolutely logical character, once its original warped premises have been granted
- d) the constant use of projection.[15]

Unter der Überschrift „The Paranoid and his Victim" erzählt Brickner anschließend die Geschichte eines Ehepaares. Geschildert wird, wie die Frau Ann ihren Mann Jim durch Beschuldigungen, Verdächtigungen und Vorwürfe so weit bringt, daß er - ein gutaussehender, freundlicher und unkomplizierter Mensch, der bereit ist, sich ganz auf die Bedürfnisse seiner Frau einzustellen - sich selbst für psychisch gestört hält und verzweifelt einen Psychiater konsultiert. Auf die Idee, daß seine Frau krank sein könnte, war er nicht gekommen. Die Geschichte zeigt nach Brickner, „ how shrewdly a paranoid may trap a man of good will through the victim's own sensitive conscience."[16] Konzessionen an einen Paranoiker zu machen, sei so, als ob man einem hungrigen Löwen einen Finger anbiete mit der Hoffnung, er werde dann den Rest des Körpers verschonen. Und Brickner warnt: „When paranoids thus reach a basis of common understanding and ally themselves to wreak vengeance on the rest of the world, the rest of the world must look for extremely serious trouble."

---

[13] ebd., S.58
[14] ebd., S.59
[15] vgl. ebd., S.60ff.
[16] ebd., S. 86

Im Kapitel „The Paranoid and Society" argumentiert Brickner dafür, daß von Paranoiden in der Gesellschaft eine Ansteckungsgefahr ausgehe. Besonders durch den logischen Charakter paranoiden Denkens und gewisse unerwartete latente paranoide Potentiale in den meisten Menschen sei es möglich und wahrscheinlich, daß Paranoide ihre Umwelt in den Strudel ihres paranoiden Denkens mit hineinzögen: „Almost anybody can be 'infected' temporarily."[17] Brickner hält deshalb den Ausdruck „paranoid contagion" für eine nützliche Metapher.[18] Dies bedeute aber nicht, daß Paranoia eine ansteckende Krankheit wie Masern sei, sondern verweise auf „the inflammable potentiality that can be easily ignited".[19] Die Ansteckungskraft von Paranoikern richte sich allerdings nach ihrem Umfeld. Während in Deutschland Paranoiker in einer Gesellschaft lebten, die paranoides Verhalten nicht nur fördere, sondern sogar willkommen heiße, hätten es etwa in Amerika Paranoiker wesentlich schwerer, Menschen in ihren Bann zu ziehen.

In den beiden folgenden Kapiteln rechtfertigt Brickner den Schluß vom Individuum auf die Gruppe, indem er zeigt, daß paranoide Attitüden über die „culture", über institutionalisierte Verhaltensweisen und Einrichtungen in Gruppen verankert und entwickelt werden könnten.[20]

Mit Hilfe des bis hierhin gelieferten Wissens um das Krankheitsbild der Paranoia sieht Brickner den Leser nun in „ a position to attack the solution of what has so often been told the 'German Enigma'".[21] Man müsse dafür lediglich sehen, „how paranoid symptoms match with the German case, formally and at length." Im einzelnen weist Brickner bei den Deutschen vier paranoide Symptome nach:

„1. megalomania
2. the need to dominate
3. persecution complex and projection
4. retrospective falsification"[22]

---

[17] ebd., S.94
[18] ebd., S.93
[19] ebd., S. 93
[20] Eine nähere Behandlung dieser These erfolgt in Kapitel 5.4.
[21] ebd., S.146
[22] ebd., S.158

Als Beleg für das Vorhandensein dieser Symptome führt Brickner vor allem Zitate aus belletristischer Literatur und aus politischen Reden an. So gilt ihm etwa Goethes Ausspruch „Hammer or evil thou you be" ebenso als Ausdruck des „need to dominate" wie Auszüge aus Reden und Statuten des „Alldeutschen Vereins" aus den Jahren 1880-1900.[23] Für die Diagnose der „retrospective falsification" werden Reden Hitlers herangezogen, und die „megalomania" wird illustriert anhand von literarischen Zitaten Gottlieb Fichtes, Ernst Moritz Arndts, an Aussprüchen Bismarcks und des Biologen Ernst Haeckels - alles in allem ein fragwürdiges Potpourri von Zitaten, von dem Brickner aber annimmt, daß es repräsentativ für den deutschen paranoiden Trend sei. Neben den vier genannten Symptomen attestiert Brickner den Deutschen außerdem Kriegs- und Rassenkult, der in ähnlicher Weise belegt wird. Daß Brickner wesentlich auf Beispiele für die Diagnose der Paranoia zurückgreift, die aus der Zeit vor dem Nationalsozialismus stammen, erklärt sich vermutlich aus Brickners bereits oben erläuterten Prämisse, nach der die Nazis „only a symptom of the paranoid core of german culture"[24] seien.

## 5.2 Die deutsche Paranoia als Paranoia der deutschen Kultur

Der Ansatz Brickners wirft sofort mehrere Fragen auf, deren Beantwortung durch Brickner genau betrachtet werden sollte: Warum hält Brickner es für zulässig, von einem Befund der Individualpsychologie auf eine Gruppe, gar auf eine ganze Nation zu schließen? Woher kommt nach Brickner die deutsche Paranoia und wer in Deutschland ist von ihr betroffen? Wie wird sie „übertragen" und von Generation zu Generation weitergegeben - an welchem „Ort" also ist die Paranoia „aufgehoben"? Und schließlich: Welcher Erkenntnisgewinn ist mit der Diagnose der Paranoia im Hinblick auf die deutsche Nation verbunden und welche Therapievorschläge werden gegeben? Wie praktikabel, wie erfolgversprechend sind diese?

Für die Anwendung psychologischer bzw. psychiatrischer Methoden bei der Betrachtung der Deutschen als Gruppe spricht nach Brickner zunächst einmal eine einfache Tatsache: „Yet wars are fought by human beings for emotional reasons, nations are composed of human beings - and psychiatry consists of intimate yet scientific knowledge of how human behave, particularly in abnormal directions"[25] Zudem

---

[23] ebd., S 161 ff.
[24] ebd., S.263
[25] ebd., S. 28

argumentiert Brickner in „The German Cultural Paranoid Trend" folgendermaßen: „It is said of groups, that the whole is greater than the sum of its parts. This is unquestionable true, but it remains true, that whatever its new characteristics, a group is still composed of and depends on the existence upon individuals."[26] Mit diesem Hinweis auf die Zusammensetzung der Gruppe aus Individuen meint Brickner zunächst eine hinreichende Rechtfertigung für seine Methode zu geben.[27]

Komplizierter findet Brickner die Frage, wer von der Paranoia betroffen ist und wie sie von (deutschem) Individuum zu (deutschem) Individuum übertragen wird. Brickner bleibt in „Is Germany Incurable?" etwas unklar, wenn er schreibt: „The German group - as a collective force, not necessarily as individuals - both „feels" paranoid and displays a remarkable number of classical paranoid symptoms", und wenige Seiten später zu dem Schluß kommt: „When we speak of a paranoid society we do not mean that every German is paranoid. (...) The point is that, although these qualities do not represent Germany's entire population, they do color her entire active culture."[28] Wesentlich eindeutiger formuliert sind die von Brickner angenommenen Zusammenhänge in seinem Aufsatz „The German Cultural Paranoid Trend". Unter der Überschrift „What It Means To Ascribe Psychological Characteristics to a Group" führt Brickner aus, daß in den falschen Kateogorien gedacht werde, wenn man sich frage, ob lediglich das nationalsozialistische Regime oder ob die Deutschen als Volk insgesamt paranoid seien. Die beste Antwort auf die Frage, wer oder was paranoid ist, liegt nach Brickner in der Kategorie der „attitudes which represent a culture".[29] Unter „culture" versteht Brickner dabei „the common elements in the behavior of individuals,(...) when this common element is shared by a group of people who inherit the same social traditions."[30] Paranoid ist nach Brickner also zunächst einmal die deutsche „culture" in allen ihren Manifestationen und nicht eine größere oder kleinere Anzahl von Individuen. Der von Brickner im Vorwort erwähnte Einfluß von Anthropologen wie Margaret Mead und Gregory Batesons[31] ist hier deutlich zu erkennen.

---

[26] Brickner: The German Cultural Paranoid Trend, S.614
[27] Dies widerspricht Durkheims 'Regeln der soziologischen Methode', nach der soziale Tatsachen nur durch soziale Tatsachen zu erklären sind (siehe oben). Im folgenden wird allerdings deutlich werden, daß Brickner mit der Verortung der Paranoia in der deutschen „culture" die „Realität *sui generis*" des Sozialen ernster nimmt, als es hier zunächst den Anschein hat.
[28] Brickner: Is Germany Incurable, S. 42f.
[29] Brickner: The German Cultural Paranoid Trend, S. 614
[30] ebd., S.615
[31] vgl. Brickner: Is Germany Incurable, S. 21

Von Individuum zu Individuum und von Generation zu Generation übertragen wird die Paranoia in Deutschland nach Brickner über eben diese „culture". Indem alle Individuen einer Gruppe - hier der Nation - auf ähnliche Weise aufgezogen werden und für dieselben Dinge bestraft bzw. belohnt werden, perpetuieren sich, einmal ausgebildet, „common elements" innerhalb der Gruppe, und es entstehen gemeinsame Präferenzen.[32] Diese Präferenzen werden dann durch soziale Institutionen gestützt: „Moreover these different distinct preferences and avoidances are not taught isolately in a vacuum; they are integrated into a complex social life, and are composed of those complex aspects of society called institutions."[33] Als Beispiele für institutionalisierte paranoide Attitüden nennt Brickner: „the codes of etiquette and honor, the organization of the police force, the way in which children are shamed for failure in school, the attitude toward one's marriage partner, (and) the expressed attitude toward the state and toward non-germans."[34] Wesentlich für die Dominanz paranoider Attitüden in Deutschland ist nach Brickner dabei ein weiteres Phänomen: Durch die paranoide Färbung der gesamten deutschen Kultur hätten die Deutschen eine Vorliebe für Personen mit besonders ausgeprägten paranoiden Zügen entwickelt. Daraus folge, daß diese paranoid orientierten Personen äußerst gute Chancen hätten, mächtig und einflußreich zu werden und in die Position politischer Führer zu gelangen. In dieser Position würden sie dann wiederum die paranoiden Elemente stärken.[35]

### 5.3 Brickners Vorschläge für eine Therapie der Deutschen

Aus seiner Diagnose der fest in der deutschen Kultur verankerten Paranoia und ihrer Auswirkungen leitet Brickner den Schluß ab: „After victory will come the second phase - the struggle to eliminate German paranoid trends as a future world-factor. To encourage a post-war rehabilitation of Germany while allowing her to retain her taste for paranoid behavior would be like paying the Brown Shirts salaries to disrupt the proceedings of the Reichstag".[36] Bei der Erarbeitung einer möglichen Therapie der Deutschen nach ihrer militärischen Besiegung läßt sich Brickner von den damaligen Methoden der Therapie paranoider Individuen leiten. Dort werden als Ausgangspunkt für eine Therapie 'clear areas', „a portion of his personality not entirely crenched with

---

[32] vgl. Brickner: The German Cultural Paranoid Trend, S.616
[33] ebd., S.616
[34] ebd., S.616
[35] vgl. Brickner: Is Germany Incurable, S. 141f.
[36] ebd., S.301

paranoia"[37] gesucht. Ziel der Therapie ist es, den Bereich dieser 'clear areas' so weit wie möglich auszuweiten, bis diese im Denken des ehemals Paranoiden dominieren. Brickner geht davon aus, daß den 'clear areas' bei paranoiden Individuen bei einer Gruppenparanoia die nichtparanoiden Gruppenmitglieder entsprechen:

> „The crucial factor in an individual case is the presence of a sufficient mental area remaining *clear* to act as a point of departure. If the Germany-group contains of a sizable number of individuals, however unorganized and unaware of one another, whose emotional values are prevailingly non-paranoid, the outside world has a clear area at hand to work with and out from in treating the Germany-group case."[38]

Daß dieser Schluß von der Behandlung einzelner auf die einer Gruppe nicht unproblematisch ist, ist Brickner durchaus bewußt. Er schätzt seine Brauchbarkeit aber trotzdem als hoch ein.[39]

Brickner wendet seine vorher entwickelte Theorie der Paranoia als Paranoia der Kultur konsequent an, wenn er nun konstatiert, daß es nicht ausreiche, diese 'clear individuals' lediglich an einflußreiche Positionen zu setzen. Nötig ist nach Brickner vielmehr ein umfassender Wandel der „German culture" - also vor allem ein institutioneller Wandel. Nur so könne sichergestellt werden, daß die paranoiden Kräfte in Deutschland nicht wieder an Einfluß gewännen. Brickner sieht: „In the long run, abolition of paranoid leadership must come *from the inside*. By that I mean that absence of paranoid leadership would need to *evolve from the culture itself*, just as paranoid leadership evolves from it now."[40]

Daß dieser „cultural change" nicht den Deutschen überlassen werden könne, sondern einer Beaufsichtigung durch die Siegermächte bedürfe, ist für Brickner offensichtlich: „These people, and as many of them should be Germans, would have to spend their lifes in Germany, constituting a cultural army of occupation."[41] Ebenso sieht Brickner, daß es nicht die Aufgabe von Psychiatern allein sein kann, diesen kulturellen Wandel zu beaufsichtigen: „It is not the function of a clinical neuropsychiatrist to devise these methods and organizations which would be needed to carry out such a program (die Rehabilitation Deutschlands - M.P.); this would naturally fall to specialists in

---

[37] ebd., S.101 und 104ff
[38] ebd., S.304
[39] vgl. Brickner: The German Cultural Paranoid Trend, S.628
[40] vgl. ebd., S.627. Hervorhebungen von mir - M.P.
[41] ebd., S. 627

education, organization, economics, politics, anthropology, sociology and in other fields."[42]

Wie ernst Brickner dieses Anliegen der Veränderung Deutschlands war, beweist seine Initiative als Organisator einer Konferenz mit dem Titel „Germany After the War". Die Konferenz wurde in Zusammenarbeit mit dem „Joint Committee on Postwar Planning" veranstaltet sowie vom 'War Department' und vom 'State Department' unterstützt. Zu ihr wurden dreißig ausgewählte Teilnehmer sowie 38 weitere Gäste und Berater eingeladen.[43] Von April bis Juni 1944 fanden fünf ein- bis dreitägige Treffen statt, an denen so renommierte Wissenschaftler wie Margaret Mead, Talcott Parsons, Erik Erikson, Erich Fromm und Kurt Lewin teilnahmen. Insgesamt kamen 30 Forscher - in der Mehrzahl Ärzte, hinzu kamen Soziologen, Psychologen, eine Anthropologin, ein Ausbilder und ein Philosoph.[44] Die Expertisen, die im Anschluß an die Konferenz entstanden, wurden anonymisiert im *American Journal of Orthopsychiatry* unter dem Titel „Germany After the War. Round Table - 1945" veröffentlicht.[45] Diskutiert wurden im wesentlichen drei Themen: „a) Immediate dealings with Germany, b) Long-term plans in respect to Germany, c) Possible reactions of the democratic peoples in support of or opposition to these decisions and plans."[46] Allen Überlegungen war gemeinsam daß sie an der Annahme eines spezifisch deutschen Nationalcharakters orientiert waren, den es zu ändern gelte.[47] Trotzdem kam es zu teilweise heftigen Kontroversen über die Art, wie der gesellschaftliche Wandel in Deutschland herbeizuführen sei. So ging etwa Talcott Parsons zwar wie Brickner und in Übereinstimmung mit den meisten anderen Konferenzteilnehmern aus von „the existence of a typical German character structure, which predisposes the people to define all human relations in terms of dominance, submission, and romantic revolt".[48] Parsons hielt aber eine vornehmlich direkte Beeinflussung des Charakters wegen der engen Koppelung von Institutionen und Charakter für falsch. Er sprach sich vielmehr für einen indirekten Charakterwandel über die Änderung von Institutionen aus,

---

[42] ebd., S.627
[43] vgl.: Germany After the War. Round Table - 1945, in: American Journal of Orthopsychiatry. Vol. 15. 1945, S. 381-441, hier: S.441
[44] vgl. ebd., S. 441
[45] ebd., S. 381
[46] ebd., S.381
[47] Für eine Zusammenfassung der Thesen des „Round Table" siehe: Gerhardt, Uta: A Hidden Agenda of Revcovery. The Psychiatric Conceptualization of Re-education for Germany in the United States during World War II, in: German History, Vol. 14, No.3, 1996, S. 297-324, hier insbes. S. 312-319
[48] Germany After the War, S. 397

insbesondere über ökonomischen Wandel. Parsons schrieb:„(...) Otherwise, institutional conditions would continue to breed the same type of character structure in new generations."[49]

Festzustellen ist daher, daß die Kritik, die Gregory Zilboorgs in seiner Rezension von Brickners Buch in der „Saturday Review of Literature" vorbringt, Brickner nicht gerecht wird. Zilboorg wirft diesem vor, er habe sich eingeschlossen in einem „neurological ivory tower" und mißachte „economic and political factors in history".[50] Betrachtet man Brickners Engagement in den auf das Erscheinen von „Is Germany Incurable?" folgenden Jahren, wird sofort erkennbar, daß Brickner durchaus versucht hat, aus seinem Konzept konkrete und praktikable Vorschläge abzuleiten. Inwiefern diese auf die amerikanische Besatzungspolitik Einfluß hatten, soll im Anschluß an die Kritik an Brickner zumindest angedeutet werden.

### 5.4 Kritik an Brickners Ansatz anhand der vier Kriterien aus 'Teil I'

*Kriterium 1: Täterverantwortung*

Zu fragen ist zunächst wieder, ob die hier vorgestellte Theorie Brickners das Handeln jener Täter im Holocaust erfaßt, das durch die Überzeugung von der Richtigkeit ihres Tuns motiviert ist. Der Holocaust ist kein von Brickner behandeltes Thema. Behandelt wurde von Brickner das deutsche Verhalten vor allem in Hinblick auf die internationale politische deutsche Handlungsweise. Die Verfolgung von Juden und anderen Personengruppen wird lediglich kurz erwähnt als *ein* Symptom der paranoiden Projektion.[51] Da Brickner die Verfolgung der Juden aber als Symptom der Paranoia zumindest nennt, könnte sein Ansatz in dieser Hinsicht natürlich erweitert werden. Implizit bietet sein Ansatz die Möglichkeit, eine Erklärung für das Verhalten derjenigen zu geben, die Juden und andere Personengruppen verfolgten. Brickners Erklärung ist dabei in bemerkenswerter Weise dem Ansatz Goldhagens verwandt:

---

[49] In der ursprünglichen Form erschien Parsons Text im Februar 1945 in der Zeitschrift „Psychiatry", vgl. hierzu die Einleitung von Gerhardt Uta, in dies. (Ed.): Talcott Parsons on National Socialism. New York 1993, S. 53f. vgl. auch: Germany After the War, S. 397

[50] vgl. Saturday Review of Literature, S. 7

[51] Als Erklärung ist hier das Erscheinungsjahr 1943 anzuführen. Sowohl das Ausmaß der bis dahin realisierten „Vernichtung" der Juden als auch das Wissen über die bis dahin begangenen Verbrechen war noch rudimentär (vgl. Hilberg; Raul: Die Vernichtung der europäischen Juden).

Wo Goldhagen bestimmte *Realitätsinterpretationen*, als deren Ursprung er die (institutionalisierte) Ideologie ansiedelt, ins Zentrum seiner Holocaust-Theorie stellt, stehen bei Brickner ebenfalls bestimmte *Realitätsinterpretationen* im Vordergrund. Diese werden von Brickner zwar mit Hilfe der (institutionalisierten) paranoiden Kultur und ihre Symptome erklärt, Brickner und Goldhagen ist aber gemeinsam, daß sie das Handeln der Nationalsozialisten wesentlich nicht auf Zwang, sondern eben auf bestimmte Realitätsinterpretationen und damit gleichzeitig auf bestimmte Überzeugungen zurückführen. Goldhagens Ansatz ist insofern nicht so neu, wie er stellenweise in seinem Buch glauben lassen will. Von Brickner wird das erste Kriterium damit erfüllt: Die Verortung der Judenverfolgung in bestimmten (hier: krankhaft verzerrten) Interpretationen der Realität bedeutet auch, daß die freiwillige, auf Überzeugung beruhende Teilnahme an der Judenverfolgung erfaßt werden kann. Bei der Behandlung des zweiten Kriteriums wird sich zeigen, daß Brickners Theorie gleichzeitig ein Defizit der Theorie Goldhagens umgeht: Wo Goldhagen die Ideologie als hinreichenden Grund für die millionenfache Tötung von Menschen ansieht, versucht Brickner, diese als eine Pathologie zu begreifen.

*Kriterium 2: Nationalsozialismus als soziale Pathologie*

Indem Brickner den Nationalsozialismus ursächlich auf die paranoide deutsche Kultur zurückführt und damit auf ein psychiatrisches Krankheitsbild zurückgreift, betrachtet er den Nationalsozialismus offensichtlich als einen pathologischen Gesellschaftszustand. Anders als Goldhagen sucht er nach hinter den deutschen Realitätsinterpretationen liegenden Gründen für die Abweichung des deutschen Verhaltens vom Verhalten anderer Nationen. Auch ein Gegenbild liefert Brickners Ansatz: die von paranoiden Denkmustern bereinigte und als solche dauerhaft institutionalisierte deutsche Kultur. Brickner erfüllt insofern das zweite Kriterium.

Allerdings ist zu fragen, inwieweit es aus soziologischer Sicht sinnvoll bzw. zulässig ist, den Befund der Paranoia aus der Individualpsychologie auf die „culture" einer ganzen Nation und damit auf eine Gruppe zu übertragen. (Nicht primär eine größere oder kleinere Anzahl von Individuen wird bei Brickner als paranoid angesehen, sondern deren paranoide Denkzüge sind bei ihm lediglich Folge der deutschen Kultur.) Diese Fragen betreffen aber bereits das dritte Kriterium, das im folgenden erörtert werden soll. Zu beantworten sind dabei vor allem die folgenden Fragen: Ist es sinnvoll und zulässig, von einer paranoiden „culture" - also von einer durch ein psychiatrisches Krankheitsbild geprägten „culture" - zu sprechen? Und: Wie wird bei Brickner die Identität von Persönlichkeit und Gesellschaftsstrukturen begründet?

*Kriterium 3: Interdependenz von Persönlichkeit und Sozialstruktur*

Die Verortung der deutschen Paranoia in der deutschen Kultur wurde von Zeitgenossen Brickners scharf kritisiert. So schrieb Gregory Zilboorg in einer Diskussion des Brickner-Buches in der „Saturday Review of Literature" im Mai 1943: „How could a culture suffer from paranoia, any more than a culture could have pneumonia? Is it not true that only individuals can suffer from it? Does not the greatest authority on the subject, E. Bleuler (...) definitely say so?"[52] Zu dieser Frage findet sich eine zentrale Bemerkung Brickners in „The German Cultural Paranoid Trend". Brickner schreibt dort: „In speaking of paranoid demands or trends in this sense, the idea of a psychosis is *not* intended. A *paranoid orientation of thinking*, not necessarily psychotic, is what is recognized."[53] Die Frage, ob es sich um psychotisches Verhalten handele oder nicht, meint Brickner aufgrund der Neuheit der Diskussion *noch* nicht beantworten zu können. Wichtiger sei es ohnehin, zunächst einmal zu erkennen, um welchen *Verhaltenstypus* es sich bei den Deutschen handele.[54] Brickner geht es also gar nicht - wie Zilboorg fälschlicherweise annimmt - darum, eine Paranoia im Sinne einer Psychose, im Sinne einer Krankheit zu konstatieren.

In dieser Hinsicht also kann Brickner „entlastet" werden. Allerdings verliert sein Ansatz, wenn man das deutsche Verhalten lediglich als paranoid *orientiert* und nicht als psychotisch betrachtet, gleichzeitig an Überzeugungskraft. Baut sich Brickners Argumentation in „Is Germany Incurable?" doch gerade darauf auf, zunächst zu zeigen, wie gefährlich Paranoiker als psychiatrische Fälle sind, um dann zu folgern, daß es dementsprechend psychiatrischer Vorkenntnisse bedürfe, um diese Fälle zu erkennen und mit ihnen umgehen zu können. Die Gefährlichkeit der Paranoiker besteht ja Brickners Schilderungen zufolge gerade in den *krankhaft* verschobenen Wahrnehmungs- und Verhaltensmustern und ihrer daraus folgenden Unberechenbarkeit. Wenn es sich bei den Deutschen bzw. ihrer Kultur nun aber Brickner zufolge nicht um psychotisches Verhalten handelt, sondern lediglich um eine paranoid

---

[52] Saturday Review of Literature, Vol. 26, S.7
[53] Brichner: The German Cultural Paranoid Trend, S.614. (Hervorhebung von mir - M.P.)
[54] vgl. ebd., S.613

gefärbte Handlungsorientierung, stellt sich die Frage, inwieweit die Schlüsse Brickners von paranoiden Individuen auf die deutsche Kultur und ihre Manifestationen noch überzeugend sind. Zumindest dürfte deutlich sein, daß Brickners Thesen damit einen Teil ihrer unmittelbaren Schlagkraft einbüßen. Es geht, wenn es nicht um eine kollektive Psychose, sondern um eine Beschreibung von Verhaltensorientierungen geht, nicht mehr um eine Diagnose, sondern um eine Interpretation nach dem Muster der *Analogie*.

Daß sich Brickner der Methode der Analogie bediene, war auch die Auffassung Erich Fromms, der sich in der „Saturday Review" ebenfalls zu Brickners Buch äußerte. Fromm vertrat die Meinung, daß Brickner damit einem methodologischen Irrtum verfiele, der auch schon für frühere Veröffentlichungen von Psychiatern und Psychoanalytikern typisch gewesen sei.[55] Fromm hält Brickners klinische Beschreibung des paranoiden Charakters für ausgezeichnet, die Weise, in der Brickner zeige, daß die Deutschen genau in dieses Bild paßten, dagegen für unhaltbar.[56] Damit spricht Fromm in der Tat eine gravierende Schwachstelle der Abhandlung Brickners an: Wie oben dargestellt, führt Brickner als Beleg für die paranoiden Verhaltensweisen der Deutschen vor allem literarische Zitate an, deren Auswahl nicht näher begründet wird und die auch nicht besonders plausibel ist. Die Repräsentativität der Aussagen wird behauptet, den Beweis bleibt Brickner aber schuldig. Diese wenig überzeugende Diagnosemethode anhand von Literatur von Deutschen oder über Deutsche hat auch zur Folge, daß eine Analyse von Institutionen, von spezifischen Elementen der „culture", die ja nach Brickner für die Weitergabe der paranoiden Tendenzen wesentlich verantwortlich sind, in weiten Teilen ausbleibt. Fromms Argument geht in eine ähnliche Richtung: Er fordert eine gründliche Analyse des deutschen Charakters, die „more knowledge of the Germans and a better method (...) than is applied in Dr. Brickners book" erfordere.[57] Die von Fromm daraufhin vorgeschlagene Methode, den „social character" zu analysieren, indem man die gesellschaftliche, ökonomische, politische und kulturelle Situation in allen Einzelheiten zu untersuchen und zu verstehen versuche, wurde bereits im Teil II dieser Arbeit diskutiert. In bezug auf Fromms Theorie

---

[55] vgl. Saturday Review of Literature, New York, Vol. 26, S.10
[56] vgl. ebd. S.10
[57] vgl. ebd., S.10

wurde dort festgestellt, daß auch diese gerade in bezug auf das dritte Kriterium erhebliche Mängel aufweist.[58]

In einem Artikel im *American Sociological Review* bemängelte der Soziologe Theodore Abel[59] im Jahr 1945 an Brickners Ansatz ebenfalls, daß es sich hierbei um eine 'bloße' Analogie' handele.[60] Abel kritisierte außerdem, daß Brickners Ansatz implizit davon ausgehe, daß es eine kollektive Persönlichkeit gebe, die in der gleichen Weise beschrieben werden könne wie individuelle Persönlichkeiten.[61] Da Brickner eine theoretische Erklärung für die Gruppenparanoia gibt - nämlich die Verortung in der deutschen „culture" - die die Annahme einer solchen kollektiven Persönlichkeit unnötig macht, ist dieser Vorwurf Abels ungerechtfertigt. Durch die Verortung der Paranoia in der „culture" hat es zunächst den Anschein, daß Brickner das hier untersuchte dritte Kriterium erfüllt. Allerdings bleibt unklar, wie die Übertragung der Paranoia im einzelnen funktioniert. Brickner scheint eine Übertragbarkeit vor allem als gewährleistet anzusehen, weil er die paranoide Denkweise für ansteckend hält. Da hierbei aber der Paranoia als *Krankheit* eine wichtige Rolle in der Argumentation zukommt, zielt der Vorwurf von Abel, Fromm und anderen, daß es sich bei der Diagnose der kulturellen Paranoia nur um eine *Analogie* handelt, auf eine strategisch wichtige Stelle der Argumentation Brickners. In dem Maß, in dem die Analogie und insbesondere der Verweis auf die Ansteckungskraft der Paranoia hier ein genaues Reflektieren über die Mechanismen der Übertragung der Paranoia zwischen Individuen und Kultur ersetzt, ergibt sich eine soziologisch relvante Lücke in der Argumentation Brickners.

---

[58] Brickners Gedankengut stark verwandt sind Fromms Äußerungen auf einem Werbeblatt der amerikanischen Friedensbewegung SANE von 1961, in der Fromm den Verzicht auf projizierendes und paranoides Denken im politischen Bereich fordert. Unter anderem schreibt Fromm: „Unsere Sicherheit liegt in vernünftigen und *gesunden* Denkweisen. Damit ist ein besonnener Realismus gemeint, der die Tatsachen über den Gegner und über sich selbst kennt, der die Wahrscheinlichkeiten nicht nur auf der Grundlage von Möglichkeiten, sondern von faktischen Überprüfungen beurteilt und der sich keiner projektiven Selbstgerechtigkeit hingibt." (zitiert nach: Rainer Funk: Zu Leben und Werk Erich Fromms, in: Erich Fromm Gesamtausgabe Band I, S. IX-XXXIV, hier S. XXX. Fromm beschäftige sich mit dieser Thematik außerdem in seinem 1955 veröffentlichten Buch „Wege aus einer kranken Gesellschaft". (in: Erich Fromm Gesamtausgabe, Band IV, München 1989, S. 1-254.) Das Kapitel 2 des Buches etwa trägt den Titel „Kann eine Gesellschaft krank sein - Die Pathologie der Normalität" (Fromm-Gesamtausgabe Bd. IV, S. 13).

[59] Abel war einer der Teilnehmer der von Brickner 1944 organisierten Konferenz „Germany After the War".

[60] Abel, Theodore: Is a Psychiatric Interpretation of the German Enigma Necessary?, in: American Sociological Review. Vol. 10. 1945, S. 457-464, S. 459

[61] ebd., S.459

Das entscheidende Defizit von Brickners Studien in bezug auf das dritte Kriterium besteht allerdings in der fehlenden *Genauigkeit* der Ausarbeitung des Zusammenhanges von Institutionen der „culture" und der Ausbildung paranoider Denkweisen. Die Frage, inwiefern die von Brickner angegebenen Institutionen wie „codes of honor" oder „the way in which children are shamed for failure in school"[62] tatsächlich dafür verantwortlich sein können, daß sich Symptome einer kollektiven Paranoia immer wieder neu ausbilden, berührt Brickner nur sehr oberflächlich. Er begeht damit aber genau den Fehler, vor dem Parsons in seinem - in Teil I dieser Arbeit behandelten - Aufsatz „Psychoanalysis and the Social Structure" ausdrücklich warnt: Brickner geht von einer Übereinstimung von Sozialstruktur und Persönlichkeit aus, ohne einen (ausreichend explizierten) Mechanismus aufzuzeigen, wie diese Übereinstimmung zustande kommt. Deshalb genügt Brickners Ansatz dem dritten Kriterium letztendlich nicht. Einen Beweis dafür, daß die Zusammenhänge empirisch den von ihm theoretisch angenommenen entsprechen, bleibt Brickner ebenfalls schuldig.

Schließlich sollte man noch zur Kenntnis nehmen, daß es sich, wenn man Brickners Ansatz als Analogie versteht, um eine Interpretation handelt, die Brickners eigenem Anspruch zuwiderläuft. Betont Brickner doch in „Is Germany Incurable?" ausdrücklich: „Paranoia is not used here as an epithet, but as responsible medical diagnosis"[63] Anders als als Analogie ist Brickners Ansatz aber nicht sinnvoll zu interpretieren.

*Kriterium 4: Naziherrschaft als Terrorregime*

Das gesamte nationalsozialistische Herrschaftssystem bleibt in seiner Eigenschaft als totalitäres Terrorregime bei Brickner vollkommen unberücksichtigt. Dies hat seinen Grund nicht allein in der Tatsache, daß Brickner seine Untersuchung auf andere Aspekte konzentriert. Vielmehr ist es eine direkte Folge von Brickners Sichtweise des Verhältnisses von Individuum und „culture": Nach Brickner formt die deutsche „culture" die Persönlichkeiten derart, daß diese in der Regel immer schon in das bestehende System passen. Genau dies setzt Brickner implizit voraus, wenn er die Dominanz paranoider individueller Einstellungen aus den Institutionen der „culture" herleitet. Die Individuen werden nach Brickner so aufgezogen, daß sie genau die Persönlichkeitsstruktur, den Charakter ausbilden, der ihnen in der überwiegenden Mehr-

---

[62] siehe oben
[63] Brickner: Is Germany Incurable, S. 31

zahl der Fälle eine mühelose Einordnung in die vorhandene Gesellschaft garantiert. Auch ist bei Brickner immer schon garantiert, daß eine Gruppe die für sie repräsentativen Führer an ihre Spitze setzt.[64] Brickner nimmt hier ein zu harmonisches, zu unproblematisches Verhältnis von Individuum und Gesellschaft an. Wenn das erfolgreiche Gelingen der Sozialisation - eine Entsprechung der Persönlichkeit und des Systems, in dem diese lebt -, immer schon vorausgesetzt ist, geraten Aspekte des Zwangs aus den Augen, die besonders für das Verständnis der gesellschaftlichen Dynamik des nationalsozialistischen Terrorregimes äußerst wichtig sind. Auch die Eigenmacht des Politischen und Ökonomischen kann dann nicht angemessen berücksichtigt werden.

*Fazit*

Inwieweit Brickners Schluß von einem Konzept der Individualpsychologie auf eine Gruppe methodisch korrekt ist, ist sehr fraglich. Der entsprechende Ansatz hat Lücken. Er ist auch nicht, wie Brickner behauptet, eine „medical diagnosis", sondern ein Analogieschluß. An Brickners Ansatz ist zu bemängeln, daß nur unzureichend geklärt wird, wie es zu einer Übereinstimmung von gesellschaftlichen Strukturelementen und Persönlichkeitsstrukturen kommt. Brickners Ansatz, die Regelmäßigkeiten des Nationalcharakters in der „culture" und ihren Institutionen zu verorten, scheint allerdings immer noch näher an einer soziologisch akzeptablen Theorie zu sein als Fromms Theorie, die lediglich die Familie und bestimmte, unsystematisch betrachtete Elemente der modernen, insbesondere kapitalistischen Gesellschaft in ihrer Auswirkung auf bestimmte anthropologische Konstanten als Ursache für den autoritären Charakter und den Faschismus annimmt. Problematisch an Brickners Theorie ist weiterhin, daß das Element des Terrors und des Zwangs durch das nationalsozialistische System nicht erfaßt wird. Bedingt durch die Theoriekonstruktion tauchen diese Zwangselemente innerhalb dieser Theorie gar nicht erst auf, was zur Folge hat, daß sie in die Theorie auch gar nicht integrierbar wären. Es wurde herausgearbeitet, daß von Brickners Ansatz lediglich das erste und das zweite Kriterium erfüllt wird.

Brickners theoretische Leistung sollte trotzdem nicht unterschätzt werden. Zum einen hat er schon damals gesehen, was Goldhagen für seinen eigenen, ganz neuen Ansatz in

---

[64] Brickner geht - wie oben erörtert - davon aus, daß Deutschlands Naziführer nur deshalb an die Macht gelangten, weil die paranoide Gesellschaft dieses ermöglichte. Die Nationalsozialisten sind nach Brickner erst die Folge der nationalen Paranoiavgl. Brickner: Is Germany Incurable, S. 35

der Holocaust-Theorie hält: Daß das nationalsozialistische Handeln auf bestimmten Realitäts*interpretationen* basiert, die sich stark unterscheiden von damals üblichen Weltsichten. Brickners Ansatz kann - zumindest theoretisch - die Tatsache erfassen, daß eine Teilmenge der Deutschen in dem nationalsozialistischen Weltbild und seinen Handlungsmaximen (deren grausamste natürlich lautete: Alle Juden sind zu vernichten!) eine Realitätsinterpretation bzw. die Konstruktion eines Weltbildes fanden, die für sie handlungsmotivierend und sinnstiftend wirken konnte. Jene Anziehungskraft, die zweifelsohne für viele Deutsche von dem nationalsozialistischen Weltbild ausging, über kulturell vermittelte Vorlieben für bestimmte Realitätsinterpretationen zu erklären, ist meines Erachtens ein Ansatz, der nicht ohne weiteres von der Hand zu weisen ist. Gegenüber Goldhagen hat Brickners Ansatz gleichzeitig den Vorzug, daß die nationalsozialistische Ideologie als behebbare Pathologie charakterisiert wird. Von Vorteil gegenüber Goldhagens Ansatz ist insbesondere, daß nicht einfach eine Ideologie im Sinne bloßer Glaubenssätze als hinreichende Motivation betrachtet wird, sondern daß stattdessen als Ursachen des Nationalsozialismus eine bestimmte Mentalität sowie krankhaft verschobene, tradierte Deutungsmustern angesehen werden.

Zum anderen entwickelt Brickner - wie oben dargestellt wurde - im Anschluß an seine Diagnose der in der „culture" verorteten Paranoia Vorschläge für eine Therapie der Deutschen. Die Stärke dieses Ansatzes besteht darin, daß die Rolle bestimmter Persönlichkeitsstrukturen erfaßt wird, diese aber gleichzeitig mit der - *theoretisch* abgeleiteten - Forderung nach institutionellem Wandel verbunden wird. Uta Gerhardt erkennt eine praktische Anwendung des - vor allem von Brickner angeregten - psychiatrischen Konzepts des Ausgehens von 'clear areas' bzw. von 'clear individuals' - in bestimmten Aspekten der amerikanischen 'Re-education'-Politik für Deutschland, und zwar:

1) in der Strategie, *Personen* ausfindig zu machen, die aufgrund ihrer Identifizierung als Anti-Nazis mit wichtigen Aufgaben bei der Demokratisierung Deutschlands beauftragt werden konnten,

2) im Aussortieren bestimmter *Elemente* in Deutschland, die zwar demokratisches Potential hätten, vom Nationalsozialismus aber zerstört worden waren,

3) in der Etablierung bestimmter Institutionen, die als geeignet erschienen, demokratischen Geist in den Deutschen zu entwickeln.[65]

---

[65] vgl. Gerhardt, Uta: A Hidden Agenda of Recovery, S. 319

Verwirklicht wurde das erste Ziel nach Gerhardt unter anderem durch die Aufstellung von sogenannten „White Lists". Diese wurden im „Handbook of Military Government in Germany Prior to Defeat or Surrender" folgendermaßen konzipiert:

> „THE WHITE LIST: This will contain the names of persons inside Germany whose character, professional standing, experience, and political reliability render them especially suitable to be placed in positions of responsibility, and in particular, to act: (a) As temporary educational administrators and/or advisers, pending the establishment of a regular administrative system; (b) As acting Rectors of Universities pending regular elections by the Senate; (c) As acting Heads of Teachers' Training Colleges."[66]

Weitere Bemühungen, die unter 1) bis 3) aufgeführten Ziele zu erreichen, bestanden etwa in der Rekrutierung von Freiwilligen unter Inhaftierten in Kriegsgefangenenlagern für „training in democratic leadership"[67] und in der Planung der vollständigen Partizipation der deutschen Bevölkerung an den zukünftigen Parteien und deren demokratischer Wahl.[68] Auch das „Army Youth Program", das seinen Ursprung in der Einladung von deutschen Jugendlichen zur Teilnahme an Baseball-Spielen der amerikanischen Armee hatte, und das nach Gerhardt ebenfalls zum Ziel hatte, „'clear' tendencies" zu erschaffen, ist in diesem Zusammenhang zu erwähnen.[69] Brickners Konzept kann also durchaus eine praktische Relevanz und Wirksamkeit attestiert werden.

---

[66] zitiert nach Gerhardt: A Hidden Agenda, S.321
[67] ebd., S. 321
[68] ebd., S.323
[69] ebd., S. 324

## 6. Bertram Schaffner: „Father Land" (1948)

In den „acknowlegments" zu seinem 1948 erschienenem Buch „Father Land"[1] schreibt Bertram Schaffner, es sei „Dr. Brickners psychiatric approach" gewesen, der sein Interesse am Problem des deutschen Nationalcharakters ursprünglich angeregt hätte.[2] Es ist also wohl Brickners direktem Einfluß zuzuschreiben, daß es auch Schaffner in seiner Arbeit vor allem um die Andersartigkeit des deutschen Charakters geht. Wie Brickner glaubt Schaffner, „that the problem which Germany presents to the rest of the world is in large part due to the difference in their personality and character structure from that in other countries."[3] Und Schaffner geht wie Brickner davon aus, daß der Nationalsozialismus keine Revolution im deutschen Leben gewesen sei, sondern „a continuation and intensification of the traditional approach to life."[4] Schaffner scheint sich allerdings - auch wenn Brickners Name in diesem Zusammenhang nicht genannt wird - explizit gegen dessen These der paranoiden „German culture" abzugrenzen, wenn er schreibt: „I do not believe that the *individual* Germans should be regarded as suffering from a national form of mental disease, and therefore requiring mass psychiatric care. I do not imply that Germans *as a group* are suffering from any mental illness."[5] Statt dessen handele es sich bei den von Schaffner beschriebenen Verhaltensweisen in Deutschland um ein normales und angepaßtes Verhalten.

Schaffner stand nicht nur mit Brickner selbst, sondern auch mit jener Gruppe von Wissenschaftlern in enger Verbindung, die auf Brickners Initiative hin gemeinsam den „Round table - Germany After the War" veröffentlichten. Dies geht aus dem Vorwort zu „Father Land" von Margaret Mead hervor. Sie schreibt:

> „(...) We constructed various hypotheses about the German character, some of which were published in summary form in the Round Table on 'Germany After the War'. Then came the invasion, the occupation of Germany, and the opportunity for trained social scientists to test out some of these hypotheses on the spot, in actual field work among living Germans in contemporary Germany. This book is such an effort, by a young psychiatrist."[6]

---

[1] Schaffner, Bertram: Father Land. A Study of Authoritarianism in the German Family. New York 1948
[2] vgl. ebd., S. xiii
[3] ebd., S.104
[4] ebd., S.80
[5] ebd., S.104. Hervorhebungen im Original.
[6] ebd., S. vi

Schaffners Studie basiert auf empirischen Untersuchungen. Hauptsächlich verwendet er Unterlagen aus Untersuchungen, die der 1945 von der „Information Control Division" (ICD) in Bad Orb eingerichtete „Screening Center" durchgeführt hatte. Der Screening Center hatte die Aufgabe, Kandidaten auszuwählen, denen eine ICD-Lizenz gegeben werden konnte und die in der Folge von der Militärregierung mit Aufgaben betraut werden konnten. Die „Screening"-Prozedur war aufwendig gestaltet: Zunächst wurden von einer „authority on recent German political life" die vormaligen politischen Aktivitäten der Kandidaten analysiert. Anschließend wurden die Kandidaten einem umfangreichen psychologischen Test unterzogen, der das Ausfüllen eines Fragebogens mit unvollständigen, zu komplementierenden Sätzen ebenso beinhaltete wie einen Intelligenztest, einen Rohrschachtest sowie eine weitere „intensive psychiatric study"[7]. Desweiteren wurden die Kandidaten in Gruppen- und Einzelsitzungen genau beobachtet. Schaffner verwendet für seine Zwecke vor allem die Ergebnisse der „incomplete sentences tests". Als Ergänzung betrachtet er seine eigenen „intimate contacts with German customs and families over a period of twenty-five years"[8] Als Amerikaner deutscher Abstammung (Schaffners Mutter und seine Großväter waren Deutsche),[9] der Deutschland in den Jahren 1920, 1923, 1925, 1933, 1936 und 1945 längere Zeit besucht hatte, sah Schaffner sich dazu befähigt, die seiner Ansicht nach zentrale Frage anzugehen: „How does a German become *German*?[10]

## 6.1 Die autoritäre Familie als Wegbereiter des Faschismus

Schaffners gesamte Studie ist die Ausführung einer einzigen These: Die autoritäre Struktur der deutschen Familie habe die wesentliche Voraussetzung für den Erfolg des Nationalsozialismus geschaffen. In der Familie würde der Deutsche so geformt, daß er für jegliches autoritäre Regime besonders anfällig sei. Das von Hitler und seinen Gefolgsleuten aufgebaute Gesellschaftsgefüge hätte allerdings in ganz besonderer Weise den „emotional patterns" entsprochen, wie sie in der deutschen Familie geformt würden.

Sein Argument entfaltet Schaffner in mehreren Schritten. In den Kapiteln „The German Father" und „The German Mother" liefert er zunächst eine Beschreibung der

---

[7] vgl. ebd., S.8
[8] ebd., S.8
[9] vgl. ebd., S.11
[10] ebd., S.3 (Hervorhebung im Original)

familiären Strukturen in Deutschland aus seiner Sicht. Dabei geht Schaffner davon aus, daß diese Beschreibung repräsentativ für die deutsche Familie ist. Das von ihm beschriebene Muster sei zwar nicht das einzige in Deutschland, es handele sich aber um das dominante Muster und gleichzeitig um das traditionelle „German cultural ideal". [11] Das deutsche Familienleben jener Zeit ist nach Schaffner zentriert um die „figure of the father". Dieser sei „omnipotent, omniscient and omnipresent, as far as this is possible for a human being." Seine Entscheidungen betrachte der Vater als „final and binding",[12] sowohl für die Ehefrau als auch für die Kinder. Während der amerikanische Vater die autoritäre Rolle nur übernehme, wenn eine konkrete Notwendigkeit dazu bestehe, würde der deutsche Vater sich dafür verantwortlich fühlen, „the tradition of abstract authority" [13] zu verteidigen. Er wäre grundsätzlich bereit, für dieses Ziel alle anderen Werte zu opfern.

Die traditionell unterwürfige Haltung gegenüber dem deutschen Vater sieht Schaffner besonders prägnant ausdrückt in dem Wort *Ehrfurcht*: „It implies a far more deferential and awesome attitude toward the parent than simple respect."[14] Die Verbreitung der Überzeugung, daß dem Vater Ehrfurcht entgegenzubringen ist, demonstriert Schaffner mit Auflistungen der Ergänzungen des Satzes „If a father does not inspire 'Ehrfurcht' in his son ..." beim „incomplete sentences test". 74 von 92 der Antwortenden betrachteten Ehrfurcht - unabhängig von ihrer politischen Einstellung - als notwendiges Element der Vater-Kind-Beziehung. Ähnlich weit verbreitet war der Glaube an die Notwendigkeit von Körperstrafen in der Erziehung bei den getesteten Kandidaten: 77 Prozent der Befragten befürworteten „corporal punishment".[15] Insgesamt ist nach Schaffner die Beziehung des deutschen Vaters als Oberhaupt zu allen anderen Familienmitgliedern unpersönlich. Sich durch Liebe zu seinen Kindern in der Erziehung leiten zu lassen, würde als unmännlich angesehen. Der deutsche Vater bevorzuge es, wenn seine Kinder ihm gegenüber „feelings of awe, admiration, confidence, and fear for him" hätten.[16] Die Position der Mutter in der deutschen

---

[11] ebd., S. 12
[12] vgl. ebd., S.15
[13] ebd., S.16
[14] ebd., S.16
[15] Für eine Einordnung der Diskussion der Schaffner-Thesen innerhalb der Debatte des Familienautoritarismus und in den weiteren thematischen Zusammenhang einer „sozialen Pathologie der Gewalt" vgl.: Uta Gerhardt: Die Familie und die soziale Pathologie der Gewalt. Denkmodelle für die Theorie der modernen Gesellschaften, in: Gerhardt, Uta/ Hradil, Stefan (Hg.): Familie der Zukunft: Lebensbedingungen und Lebensformen. Opladen 1995.
[16] Schaffner, S.24

Familie ist Schaffner zufolge sekundär; die Frau sei vollkommen abhängig von ihrem Mann.[17] Ihr Status entspräche dem der Kinder, was diese auch spüren würden. Autorität über die Kinder hätte die Mutter lediglich bei Abwesenheit des Vaters als dessen zeitweiliger Stellvertreter.[18] Wenn der Vater im Haus ist, werde von ihr aber verlangt, daß sie sich seiner Autorität unterordne, nicht widerspreche, keine eigene Meinung äußere und für Frieden im Haus sorge.[19] Mit ihrer Position seien die deutschen Frauen aber nicht unzufrieden. Schon als kleines Kind selbst zutiefst an Unterordnung gewöhnt, würden die deutschen Frauen das vorhandene System verteidigen, und sie würden es auch nicht eintauschen wollen „for a society in which they would have a freer and more responsible role."[20]

Die Atmosphäre zu verstehen, in der das Kind in Deutschland aufwachse, ist nach Schaffner deshalb so wichtig, weil „the psychological trends induced in children become a permanent part of the adult personality and, through the whole generation of adults, a part of the German national character.[21] Im Kapitel „The Indoctrination of the German Child" beschreibt Schaffner einige dieser 'deutschen' Eigenschaften. Dem deutschen Kind würde bereits sehr früh Fleiß und Disziplin - nach Schaffner „a cardinal feature of German life" - anerzogen.[22] Schon früh entwickele das Kind in der deutschen Familie außerdem „fear of failure and anxiety over the consequences of failure". Diese Eigenschaft drücke sich später im Alltagsleben des Erwachsenen aus in „an obsessive character trait in their involuntary tendency to repeat or to hold on to certain patterns, physical as well as emotional"[23]. Zwanghafte Tendenzen im deutschen Charakter würden sich besonders eindrucksvoll in dem deutschen Konzept der Pflicht manifestierten: „A German feels compelled to do anything which he has been told is his *Pflicht.*"[24] Allgemein bestehe eine große Ähnlichkeit zwischen der theoretischen Beschreibung des obsessiv-zwanghaften Charakters[25] der Psychoanalyse und

[17] vgl. ebd., S.34
[18] vgl. ebd., S.34
[19] vgl. ebd., S.37f
[20] ebd., S.40
[21] ebd., S.41
[22] ebd., S.41 f.
[23] ebd., S.43
[24] ebd., S.44
[25] Einen Versuch, das Verhalten deutscher Nazis mithilfe des aus der Psychoanalyse stammenden Charakterstrukturbildes des „zwanghaften Charakters" zu beschreiben und zu erklären, unternahmen im Jahr 1947 Paul Kecskemeti und Nathan Leites in dem Aufsatz „Some Psychological Hypotheses on Nazi Germany", in: The Journal of Social Psychology. Vol 26. 1947, S. 141-183, fortgesetzt in Vol. 27. 1948, S. 91-117 und S. 241-270

den bei den Deutschen vorgefundenen Charaktereigenschaften. Weitere Eigenschaften, die den Kindern anerzogen würden, sind nach Schaffner Gehorsam, Passivität, Ordnung, Rigidität,[26] extreme Männlichkeitsideale und eine starke Zuneigung zu allem Militärischen.[27] Jederzeit könne aber bei einem Scheitern der Intentionen der autoritären Erziehung nach Schaffner die Unterwürfigkeit - insbesondere bei frustrierenden Erfahrungen mit der Autorität - umschlagen in Brutalität gegenüber Schwächeren oder gegenüber nicht anerkannten Autoritäten: „The enforced passivity in German childhood is in this way a factor in producing the aggressiveness, hardness, and even the cruelty of the German adults."[28] In bezug auf die Nationalsozialisten schreibt Schaffner: „The brutality exhibited by the Germans toward outsiders, nonconformists and 'racially inferior groups' during the Nazi peroid, was not the regular behavior of a German father, using his parternal authority, to punish disobidient children. It was rather like the revenge of Germans against representatives of groups which had unjustly usurped or exeeded authority (for example, the authority granted trough the un-German Treaty of Versailles). We might think of it as a retaliatory mechanism releasing supressed agression." Die Brutalität der Nationalsozialisten wird also von Schaffner erklärt mit der durch die autoritäre Erziehung geschaffenen, aber unterdrückten Aggressionen in Verbindung mit Frustrationen durch Autoritäten, die nicht als solche anerkannt wurden. Für ebenso stark ausgeprägt wie diese „Kehrseite" der autoritären Erziehung hält Schaffner die Anerziehung von Familienstolz, Nationalismus[29] und von am Personenstatus orientiertem Denken in starren Hierarchien.[30]

Mit diesen Beschreibungen meint Schaffner nun ein Erklärungsmuster für den Erfolg der Nationalsozialisten zur Verfügung zu haben. Im Kapitel „Why the Nazi Appeal Succeeded" nennt Schaffner mehrere Gründe für den Erfolg der Nationalsozialisten, die in Zusammenhang mit der traditionellen autoritären Erziehung der Deutschen stünden:

1. Von einem rein psychologischen Standpunkt aus betrachtet hätte die NSDAP deshalb so erfolgreich eine Mehrheit der Deutschen anziehen und an sich binden können, weil sie auf den traditionellen „emotional patterns" und Doktrinen basiert hätte.[31]

---

[26] vgl. Schaffner, S.52 ff
[27] vgl. ebd., S.54 ff
[28] ebd., S.48
[29] vgl ebd., S.57 ff.
[30] vgl. ebd., S.62 ff.
[31] vgl. ebd., S.72

Psychologisch daran gewöhnt, Gruppen mit „definite labels" anzugehören, hätten die Deutschen nicht gemerkt, daß es sich bei den „labels' 'national', 'sozialistisch' und 'Arbeiterpartei' um interne Widersprüche gehandelt habe. Die Vielzahl der „labels", die die NSDAP abdeckte, habe es stattdessen der in dieser Hinsicht unkritischen Mehrheit der Deutschen möglich gemacht, zwar zu heterogenen Gruppen zu gehören, sich aber homogen zu fühlen. Schaffner schreibt: „The idea of uniting all Germans in one family-like group had a powerful appeal". [32]

2. Das nationalsozialistische Programm habe den Deutschen ein Modell geliefert, das auf denselben Prinzipien basierte wie die autoritäre Familie. Gewöhnt an dieses Autoritätsprinzip, hätten die Deutschen sich in dem System der Weimarer Republik unwohl gefühlt. Sie wären deshalb leicht dazu zu bewegen gewesen, einem System anzuhängen, das den „traditional patterns" entsprach. Hitler hätte den Deutschen Sicherheit, Arbeit, Brot und Kleidung unter der Bedingung versprochen, daß sie sich seiner Autorität bedingungslos und gehorsam unterordnen würden. Diese Forderung sei den Deutschen nicht absurd oder gefährlich vorgekommen. Vielmehr sei sie als „natural arrangement between a leader and his subject" angesehen worden und insgesamt als eine Situation, an die sie von Kindheit an zu Hause, in der Schule, bei der Arbeit und im Militär angepaßt worden seien. [33]

3. Hitler habe an zwei fundamentale deutsche psychologische Mechanismen appelliert: an die zwanghafte Liebe zur Reinheit und an die Besorgtheit um den eigenen Status, die auf Furcht vor und Ablehnung von Außenseitern basiere. Indem Hitler den Deutschen die Möglichkeit geboten hätte, Deutschland von 'unreinen' Elementen zu 'reinigen', hätte er ihnen eine tiefe emotionale Befriedigung verschafft - eine Befriedigung, die so groß gewesen sei, daß sie alle humanitären Überlegungen ausgeschaltet hätte. [34]

4. Hitlers Politik und sein persönliches Verhalten in der Öffentlichkeit hätten dem deutschen Männlichkeitskult entsprochen („met the requirements of the German cult of manliness"). Seine Politik sei hart und aggressiv gewesen, und er habe nicht um Erlaubnis gefragt, sondern habe Forderungen gestellt. Er hätte gewußt, was zu tun war und habe entsprechend befohlen - kurz: „Hitler's manner was that of the traditional

---

[32] ebd., S.73
[33] vgl. ebd., S. 73f.
[34] vgl. ebd., S.74

German father: it inspired confidence, *Ehrfurcht* and obidience".[35] Und da Hitler selbst keine Kinder gehabt hätte, wäre die Masse der Deutschen dazu fähig gewesen, in eine Vater-Kind-Beziehung mit ihm zu passen, ohne die Rivalität echter Kinder ausstehen zu müssen.

## 6.2 Die Notwendigkeit einer Änderung des deutschen Charakters

Nachdem Schaffner in der Erziehung liegende Gründe für den Erfolg der Nationalsozialisten angegeben hat, geht er noch einen wesentlichen Schritt weiter. Er postuliert in dem Kapitel „Denazification Is Not Enough" eine *Identität* von deutschem Denken und dem Nationalsozialismus, wenn er die Entnazifizierunggspolitik mit den folgenden Worten kritisiert: „It should have been recognized that nazism was only the contemporary, extreme, political expression of German thougt and *the two were fundamentally the same.*"[36] Diese These bestimmt Schaffners gesamte Einschätzung der Entnazifierungspolitik sowie seine Forderungen hinsichtlich eines dauerhaften sozialen Wandels in Deutschland.

Die bisherige Entnazifizierungspolitik hätte versagt, da sie den Zusammenhang von Deutschtum und Nationalsozialismus nicht gesehen hätte. Man sei davon ausgegangen, daß es reichen würde, die überzeugten Nationalsozialisten auszusondern. Demgegenüber vertritt Schaffner die Meinung, daß nicht einmal überzeugte deutsche Anti-Nazis für eine dauerhafte Beseitigung des nationalsozialistischen Potentials einsetzbar seien. Die Mehrzahl der im „ICD Screening Center" überprüften Anti-Nazis hätten in jedem Gebiet, das nicht in sehr enger Beziehung zu dem Nationalsozialismus gestanden habe, „predominant German attitudes" gezeigt, etwa was die deutsche Kultur, die Familienbeziehungen, den Status der Frau, die Erziehung der Jugend, Disziplin, persönliche Freiheit, „civil liberties" und künstlerischen Ausdruck angehe.[37] Weniger deutsch - und entsprechend brauchbar für die Initiierung eines Wandels in Deutschland - seien höchstens einige aktive Anti-Nazis: Immigranten und Überlebende aus Konzentrationslagern. Doch diese Wenigen stünden in der Regel nicht zur Verfügung, seien durch die ihnen zugefügten Leiden ausgelaugt oder nicht gewillt

---

[35] ebd., S. 75
[36] ebd., S.79. (Hervorhebung von mir - M.P.)
[37] vgl. ebd., S.81

nach Deutschland zurückzukehren.[38] Schaffner kommt deshalb zu dem Schluß: „If reeducation is to be accomplished, it appears to be necessary for non-Germans to assume the major responsibility at this time or at least until a different generation of Germans educated to a new set of values can take over the job themselves."[39]

Entsprechend seiner Überzeugung bezüglich des Zusammenhangs zwischen deutschem Charakter und Nationalsozialismus ist für Schaffner die Änderung dieses Charakters ein besonders wichtiges Ziel der 'Re-Education'. Zur Erreichung dieses Ziels sieht Schaffner drei „main avenues of approach": 1) über politische Ideologien, 2) über Änderungen in sozialen und rechtlichen Institutionen sowie 3) über den Wandel der zwischenmenschlichen Beziehungen und des Familienlebens. Seiner Ansicht nach ist es wahrscheinlich unmöglich, die ersten beiden Ziele ohne das dritte zu erreichen.[40]

Den politischen Ideologien und sozialen Umgangsformen rechnet Schaffner eine autonome Rolle im Prozeß des Charakterwandels zu: „Changes in political ideology and social forms *can themselves produce* widespread changes in thought and conduct."[41] Unter den Institutionen sollten nach Schaffner vor allem jene geändert werden, die in Zusammenhang mit den hierachischen Strukturen in Deutschland stünden. Schaffner beurteilt deshalb den bis 1948 erreichten Institutionenwandel als vollkommen unzureichend. Dieser habe lediglich darin bestanden, demokratische Institutionen wie die allgemeine und geheime Wahl, „competitive political parties, representative legislatures" etc. einzurichten. Der dritte Punkt schließlich - die Änderung der zwischenmenschlichen Beziehungen und des Familienlebens - ist nach Schaffner die schwierigste der genannten Aufgaben, da Väter und Mütter kaum direkt zu erreichen und zu beeinflussen wären: „German fathers naturally resent any attacks directed against authoritarianism, and German mothers, afraid to risk their husbands' wrath, are traditionally conservative." Lediglich über die Schule sei es deshalb eventuell möglich, langfristige Änderungen in die Familie zu tragen. Diese Änderungen könnten aber erst in den folgenden Generationen wirksam werden, wenn die entsprechend beeinflußten Schüler selbst Eltern seien.

---

[38] Schaffner beruft sich in seinen Ausführungen im Kapitel „Anti-Nazis are Germans too" unter anderem auf die Untersuchung „Anti-Nazis - Criteria of Differentiation" von David M. Levy. Ich werde Levys Aufsatz in Kapitel 7.3 dieser Arbeit behandeln.
[39] Schaffner, S.88
[40] vgl. ebd., S.104 f
[41] ebd., S. 108 (Hervorhebungen von mir - M.P.)

Insgesamt schätzt Schaffner die Chance für einen Wandel des deutschen Charakters sehr pessimistisch ein: „It is conceivable that in two, three, or four generations, there may be a change in the basic character formation of Germans because of outside efforts. But from our knowledge of the obsessive, repetitive side of the German personality and the probability of Allied retirement from the scene before the task is completed, the chances for such a happy outcome do not seem very great."[42] Wie in Kapitel 6.4 zu zeigen sein wird, lag Schaffner mit dieser pessimistischen Einschätzung falsch. Doch bevor ich zu diesem Punkt und zu einer Kritik an Schaffners Ansatz über die vier Kriterien aus dem Teil I dieser Arbeit komme, möchte ich zunächst die Frage behandeln, inwieweit Schaffners Einschätzung der Familie als zutreffend angesehen werden kann. In einer Reihe von familiensoziologischen Schriften - sowohl amerikanischer als auch deutscher Autoren - wird die die deutsche Familie anders als von Schaffner beurteilt, und Schaffner wird hier zum Teil scharf kritisiert. Im folgenden Abschnitt werde ich einige der im Gegensatz zu Schaffner stehenden Studien kurz darstellen und erläutern.

### 6.3 Deutsche Familie - autoritäre Familie? Studien über die deutsche Familie von David Rodnick, Howard Becker und Gerhard Baumert

Der Soziologe Gerhard Baumert kam in seiner 1948 veröffentlichten Studie „Deutsche Familien nach dem Kriege"[43] zu dem Ergebnis, daß „in den neueren Arbeiten zur Soziologie der deutschen Familie gerade über die sozialpsychologische Struktur die verschiedenartigsten Ergebnisse und Ansichten vorgetragen werden."[44] Direkt entgegengesetzt sind nach Baumerts Ansicht die Ergebnisse Schaffners in „Father Land" und die des Ethnologen David Rodnicks in seinem Buch „Postwar Germans".[45] Wie Schaffner führte auch Rodnick seine Untersuchungen in den Jahren 1945 und 1946 als Mitarbeiter der *Information Control Division* in Deutschland durch.[46] Es ist daher besonders interessant, diese beide Studien miteinander zu vergleichen sowie Differenzen wie Übereinstimmungen herauszuarbeiten.

---

[42] ebd., S.107
[43] Baumert, Gerhard: Deutsche Familien nach dem Kriege. Darmstadt 1954
[44] ebd., S.119. Mit „sozialpsychologischer Struktur" meint Baumert hier die innerfamiliale Struktur, insbesondere die Frage nach den Autoritätsverhältnissen.
[45] Rodnick, David: Postwar Germans. An Anthropologist's Account. New Haven 1948
[46] vgl. ebd., S.IX

Bei der vergleichenden Lektüre von „Postwar Germans" und „Father Land" frappieren in der Tat zunächst die Unterschiede in den Einschätzungen der deutschen Familienstrukturen. Wo Schaffner den Vater als „omnipotent, omniscient and omnipresent" [47] darstellt, der es für unmännlich hält, sich in der Erziehung der Kinder durch Liebe leiten zu lassen oder körperlich Zuneigung zu zeigen, kommt Rodnick zu dem folgenden Ergebnis: „German Fathers give a great deal of affection to their children. It is not considered unmanly in German Protestant society for a father to show demonstrative affection to his child."[48] Und während Schaffner davon ausgeht, daß die Position der Mutter in der deutschen Familie sekundär sei und sie nur als Stellvertreterin der Autorität des Mannes ansieht, meint Rodnick, daß die Rolle des Vaters vor allem in den prägenden ersten Jahren der Kindheit sekundär sei und die Mutter eine durchaus hohe Position in der protestantischen Kultur inne habe.[49] Gleichzeitig glaubt Rodnick „a good deal of comradeship between husbands and wives" zu erkennen,[50] die durch Krieg und Deprivation noch zugenommen hätte. Schaffner dagegen geht davon aus, daß die Beziehung zwischen Mann und Frau streng hierarchisch und durch die Unterwerfung der Frau unter den Mann gekennzeichnet ist.[51]

Wie läßt sich erklären, daß Rodnick und Schaffner zu so gegensätzlichen Ergebnissen kommen? Anführen lassen sich zunächst einmal Unterschiede zwischen den untersuchten Regionen: Rodnicks Felduntersuchung ist auf das Zentrum und den Nordosten Hessens beschränkt.[52] Sie ist also - wie Rodnick explizit auch immer wieder betont - eine Beschreibung eines Ausschnittes deutscher *protestantischer* Kultur. Das von Schaffner zugrunde gelegte Datenmaterial erfaßt dagegen vor allem das überwiegend katholische Bayern sowie Baden-Württenberg, da die vom ICD in Bad Orb Untersuchten mehrheitlich aus dem Gebiet der amerikanischen Besatzungszone kamen. Die unterschiedlichen Ergebnisse Schaffners und Rodnicks könnten also zumindest zum Teil auf regionale Variationen im deutschen Familienleben zurückzuführen sein, insbesondere auf Unterschiede zwischen katholisch und evangelisch geprägten Kulturen. Rodnicks Befund stellt damit aber auch die Repräsentativität von Schaffners Studie für ganz Deutschland in Frage. Schaffner gesteht zwar zu, daß durchaus auch andere

---

[47] vgl. ebd.
[48] ebd., S.17
[49] ebd., S.27
[50] ebd., S. 122
[51] vgl. Schaffner, S. 81
[52] vgl. Rodnick, S. IX

Familienmuster in Deutschland auffindbar seien als die von ihm beschriebenen, er hält diese aber für das dominante deutsche „cultural ideal".[53]

Mitverantwortlich für die gegensätzlichen Eindrücke Schaffners und Rodnicks könnte auch die Tatsache sein, daß die Interviews in „Father Land" die Seite der Eltern abfragten, während Rodnicks Schilderungen durch Befragungen von Kindern fundiert werden. Daß etwa die Frage, ob ein Vater an Ansehen verliert, wenn er seinen Kindern gegenüber Zuneigung zeigt, von den Kindern anders beurteilt wird als von den Vätern, dürfte unmittelbar einleuchten. Dennoch paßt Rodnicks Beschreibung schlecht in das von Schaffner geschilderte Szenario und läßt Zweifel an der Genauigkeit der Schaffner'schen Beobachtungen aufkommen.

Neben den frappierenden Unterschieden in den Befunden Rodnicks und Schaffners sollte man aber auf keinen Fall die Gemeinsamkeiten beider Ansätze übersehen. Genau dies tut aber Baumert, wenn er von der direkten Gegensätzlichkeit der Ansätze spricht. Zwar beurteilen Schaffner und Rodnick die *interne* Familienstruktur verschieden. Die *Auswirkungen* der deutschen Erziehung auf die Kinder, das *Ergebnis* deutscher Erziehung, beurteilen beide jedoch wesentlich einhelliger. Wie ich oben dargestellt habe, geht Schaffner davon aus, daß dem deutschen Kind unter anderem Gehorsam, Pflichterfüllung, Fleiß, Disziplin und „a fear of failure" anerzogen werden. Rodnick kommt zu sehr ähnlichen Ergebnissen. Er schreibt: „Obedience and courtesy are strongly emphasized in the family", und er betont, wie früh deutschen Kindern „toilet training", „table manners" oder „social forms of greetings" beigebracht würden. Zwar seien die deutschen Eltern geduldig mit ihren Kindern, aber im Ergebnis würden die Kinder „appear to be obedient from an early age." Die Auswirkungen der Erziehung faßt Rodnick folgendermaßen zusammen: „As a result of the German system of rewards and punishments, children are very anxious to win their parents approval."[54] Rodnick beurteilt dieses Resultat der deutschen Erziehung im Gegensatz zu Schaffner allerdings nicht nur negativ, sondern schreibt ihr sowohl positive als auch negative Wirkungen zu: Auf der einen Seite seien deutsche Kinder wesentlich weniger aggressiv und weniger feindselig als amerikanische Kinder, sie seien freund-

---

[53] Schaffners Anspruch bezüglich der Repäsentativität seiner Studie wird auch deutlich, wenn er betont: „they were not all born in these two areas; they came from almost every parts of Germany" (vgl. Schaffner, S.9).
[54] Rodnick, S.20

lich und höflich. Andererseits fehle es ihnen aber an Unabhängigkeit.[55] Gehorsam werde den deutschen Kindern durch Zuneigung und Ablehnung so sehr anerzogen, daß dieses Verhaltensmuster sich bis ins Erwachsenenalter hinein aufrechterhalte. Deutsche haben nach Rodnick ein stark ausgeprägtes Bedürfnis, zu gefallen - eine Eigenschaft, die der von Schaffners diagnostizierten „strong fear of failure" sehr ähnlich ist.

Einig sind sich Schaffner und Rodnick ebenso in der Ablehnung der streng hierachisch organisierten Gesellschaft. Daß den deutschen Kindern sehr früh Denken in Hierarchien, in den Kategorien „superior" and „inferior" anerzogen würde, wird von beiden als typische deutsche Eigenschaft angesehen und verurteilt. [56] Wie Schaffner konstatiert auch Rodnick eine nationalistische Indoktrination der deutschen Kinder.[57] Er kommt in seinen Befragungen von hessischen Kindern zu dem Ergebnis, daß „most German children consider a Führer neccesary for Germany."[58] Und er interpretiert diesen Sachverhalt in Schaffner sehr ähnlicher Weise, wenn er schreibt: „There appears to be an identification in their minds between a Führer and a father: just as a father takes care of the needs of his children, so there must be a Führer to take care of the unfortunates who exist in German society."[59] Der Wandel der deutschen Gesellschaft in Richtung einer Demokratie ist für Rodnick wie auch für Schaffner noch nicht sehr weit gediehen. Zwar habe der Nationalsozialismus als politische Bewegung sehr viel von seiner Anziehungskraft verloren. Dies bedeute aber nicht, daß die nationalsozialistischen Ideen damit auch schon verschwunden seien.[60] Gegenwärtig sei noch kein deutlicher Trend in der deutschen Kultur in Richtung politischer Demokratie wahrnehmbar.[61] Die Rolle der Familie in dem Wandlungsprozeß ist für Rodnick allerdings weniger eindeutig als für Schaffner. Einerseits schreibt Rodnick, jeglicher Wandel könne sich wegen der starken Indoktrination der Kinder durch ihre Eltern nur sehr langsam vollziehen. Andererseits sieht er aber in der Familie durchaus Potentiale für einen als positiv zu bewertenden Wandel: „In our opinion the family system has potentialities for the development of a cooperative society."[62] Aber auch von wird

---

[55] Vgl. Rodnick S. 27 und S. 18
[56] vgl. Rodnick, insbesondere S. 29 und Schaffner u.a. S.11
[57] vgl. Rodnick, S. 57
[58] ebd., S.56
[59] ebd., S.57
[60] ebd., S. 220
[61] ebd., S. 223
[62] ebd., S.222

Rodnick ein äußerst enger Zusammenhang zwischen Familienstruktur, autoritärer Erziehung und politischem Autoritarismus angenommen.

Zusammenfassend läßt sich demnach feststellen: Im Hinblick auf die Beschreibung der innerfamiliäre Verhältnisse, der Familienatmosphäre und des Erziehungsstiles stellen die Beschreibungen Rodnicks die Repräsentativität von Schaffners Darstellung in Frage. Sie lassen den Verdacht aufkommen, daß Schaffner in seinen Beschreibungen bestimmten Stereotypen verfällt, die seine Wahrnehmungen vorstrukturieren. In bezug auf Schaffners Thesen hinsichtlich der Auswirkungen deutscher Erziehungsstile auf die Persönlichkeitsstruktur der Kinder und ihre damit einhergehende Affinität zum Nationalsozialismus ist Rodnicks Studie hingegen eher als Bestätigung denn als Infragestellung zu werten.

Sowohl Rodnick als auch Schaffner kritisiert der Soziologe Howard Becker 1951 in dem Aufsatz „German Families Today".[63] Becker betont die Vielfalt von familiären Formen in Deutschland sowie die regionalen Unterschiede im deutschen Familienleben. Becker bezeichnet Rodnicks und Schaffners Studien als „psychoanalytic handsprings", die lediglich „a certain amount of surface plausibility" für sich beanspruchen könnten. Den wesentlichen Fehler der Studien von Schaffner und Rodnick sieht Becker darin, daß beide versuchten, den Autoritarismus im „German public life" auf ihre „family roots" zurückzuführen.[64] Becker spricht hier einen zentralen Punkt an. Tatsächlich erweckt insbesondere Schaffners Buch den Eindruck, daß in der Familie die alleinige Ursache für den Autoritarismus in der deutschen Gesellschaft allgemein und für den Nationalsozialismus im besonderen läge. Zwar erklärt Schaffner auf einer der ersten Seiten von „Father Land", daß neben der Familie durchaus auch andere Faktoren für die behandelte Problematik von Bedeutung wären, doch scheint diese Bemerkung eher den Status eines 'Lippenbekenntnisses' zu haben. Im Verlauf der Studie wird schließlich durchaus der Versuch unternommen, alle behandelten Phänomene auf die familiären Strukturen zurückzuführen. Hier könnte auch ein Grund dafür liegen, daß Schaffner die deutsche Familie als autoritärer wahrnimmt als viele seiner Zeitgenossen. Es ist anzunehmen, daß Schaffners Interesse, das beobachtete Phänomen des deutschen Autoritarismus aus der Familie heraus zu erklären, die Wahrnehmung des erklärenden Objekts bereits vorstrukturiert hat. Tendenzen, die nicht in die

---

[63] Becker, Howard: German Families Today, in: Hans Morgenthau (Hg.): Germany and the Future of Europe. Chicago 1951, S.24
[64] vgl. ebd., S. 18

von Schaffner angenommenen Zusammenhänge paßten, könnten von Schaffner aufgrund des Widerspruchs zu seinem Erkenntnisinteresse übersehen worden sein.[65] Gerade bei der recht groben Untersuchungsmethode spricht einiges dafür, daß in Schaffners Studie teilweise vorhandene Strukturen überzeichnet werden.

Im folgenden werde ich davon ausgehen, daß Schaffners Beschreibung der Familie zwar überzeichnet ist, die Struktur der Familie aber von der *Tendenz* her zutreffend erfaßt ist. Unter dieser Prämisse werde ich nun die theoretischen Aspekte von Schaffners Studie näher betrachten. Für die Beurteilung von Schaffners Beschreibungen als von der Tendenz her zutreffend sprechen letztlich auch die Ausführungen Baumerts in der Studie „Deutsche Familien nach dem Kriege", obwohl Baumert diese als Kritik an der Angemessenheit von Schaffners Beschreibungen der deutschen Familie ansieht. Baumert hält Schaffners Beschreibungen die Unterscheidung zwischen Familien mit anerkannter und mit nicht anerkannter Autorität entgegen. Es ist aber fraglich, inwieweit der von Baumert aufgestellte Familientypus der anerkannten Vaterautorität tatsächlich ein Gegenargument zu Schaffner darstellt. Zwar widerspricht dieser Typus Schaffners Beschreibung des Vaters als gefürchtetem Autoritätsinhaber. Es ist aber davon auszugehen, daß auch dieser Typus von Schaffner - dem autoritäre Familienstrukturen grundsätzlich verdächtig sind - negativ bewertet würde. Baumert stützt deshalb Schaffners These, wenn er in seiner Studie zu dem Schluß kommt, daß die autoritäre Familie - in der einen oder in der anderen Form - in Deutschland das Familienleben stark dominiert. Schaffner kann sich auch insofern bestätigt fühlen, als mit Baumert ein wichtiger Vertreter der deutschen Familiensoziologie vorführt, wie Autorität in der Familie in Deutschland grundsätzlich positiv bewertet wird.[66]

Man muß jedoch kein Experte in Familiensoziologe sein, um heute zu sehen, daß Schaffner sich in seiner damaligen Prognose bezüglich der weiteren Entwicklung der deutschen Familie geirrt hat. Die Familie in Deutschland hat heute kaum noch etwas gemein mit der deutschen Familie, wie Schaffner sie sah. Zahlreiche Studien belegen dieses. Eine Beschreibung der Veränderungen in der Familie der Nachkriegszeit kann

---

[65] vgl. Habermas, Jürgen: Erkenntnis und Interesse. Frankfurt am Main 1968
[66] Diese positive Bewertung von Autorität zeigt sich bei Baumert vor allem dort, wo er konstatiert, daß die Familie mit „anerkannter" Autorität die stabilste Familienform darstelle. (Baumert, S. 124f)

hier allerdings nicht erfolgen. Beispielhaft soll hier lediglich eine familiensoziologische Studie von Friedrich Heckmann herausgegriffen werden.[67]

Heckmann untersuchte 1968 vergleichend die Familienbindung in den USA und der Bundesrepublik und stellte auch Fragen zu den familiären Autoritätsverhältnissen. Für die Messung der Einstellung gegenüber autoritärem Verhalten benutzte er dabei genau jene Fragen, die Donald V. McGranahan, ein beim ICD angestellter Sozialwissenschaftler aus Harvard, in seiner einflußreichen - auch von Schaffner zitierten - Studie „A Comparison of Social Attitudes among American and German Youth" 1945 amerikanischen und deutschen Jugendliche gestellt hatte.[68] Das Ergebnis ist bemerkenswert, auch wenn Heckmann zu bedenken gibt, daß ein exakter Vergleich zwischen den Stichproben von 1945 und 1967 wegen der Unterschiedlichkeit der Stichproben nicht möglich ist.[69] Die Ergebnisse früherer Studien[70] sind nach Heckmann dahingehend zusammenzufassen, daß die deutschen Jugendlichen wesentlich autoritärer erzogen wurden als die amerikanischen. Heckmann kommt dann zu dem Ergebnis, daß 1967 dieser Unterschied nicht mehr besteht.[71] Bei den sowohl von McGranahan als auch von Heckmann erfragten Einstellungen gegenüber autoritärem Verhalten hatte sich 1967 das Verhältnis von Amerikanern und Deutschen sogar umgekehrt: Während in der McGranahan-Studie mehr Deutsche als Amerikaner autoritäre Einstellungen zeigten, gaben bei Heckmann nun mehr Amerikaner als Deutsche autoritätsbejahende Antworten.[72] Gleichzeitig konnte Heckmann zeigen, daß bei den Deutschen eine im Vergleich mit den amerikanischen Jugendlichen wesentlich höhere Sensitivität gegenüber autoritärem Verhalten bestand.[73] Wenig mehr als zwanzig Jahre nach dem Kriegsende hatte also - folgt man Heckmanns Ergebnissen - bereits ein erheblicher

---

[67] Heckmann, Friedrich: Familienbindung in den USA und in Westdeutschland, in: Wurzbacher, Gerhard (Hg.): Die Familie als Sozialisationsfaktor. Stuttgart 1968, S. 382-396
[68] McGranahan, Donald V.: A Comparison of Social Attitudes among American and German Youth, in: Journal of Abnormal and Social Psychology, Vol.XLI. Nr.3. Juli 1946, S.245-257
[69] vgl. Heckmann, S. 390
[70] vgl. Heckmann, S. 388. Heckmann bezieht sich auf McGranahan, daneben auch auf Schaffner und Rodnick.
[71] vgl. Heckmann, S. 389. Es berichteten in der Heckmann-Untersuchung mehr Amerikaner als Deutsche über eine mehr autoritäre Familienstruktur, der Unterschied ist aber nicht signifikant. Von Mc Granahan wurden allerdings nur Einstellungen zu Autoritäten gemessen, ein direkter Vergleich auf der Verhaltensebene war Heckmann also nicht möglich.
[72] vgl. Heckmann, S. 388ff.
[73] vgl. Heckmann, S.393f. Die Sensitivität wurde über die Assoziation zwischen Konflikt und autoritärem Verhalten gemessen. Die Sensitivität in der amerikanischen Gruppe betrug dabei 0,17, in der deutschen 0,44.

Wandel sowohl auf der Einstellungs- als auch auf der Verhaltensebene in bezug auf autoritäre Familienstrukturen stattgefunden.[74]

## 6.4 Kritik an Schaffners Thesen anhand der vier Kriterien aus 'Teil I'

Daß Schaffner die Möglichkeiten eines Wandels der deutschen Familienstruktur und damit des deutschen Charakters unterschätzt hat, scheint mir kein Zufall zu sein. Sie ist vielmehr eine direkte Konsequenz der Anlage seiner Autoritarismus-Theorie. Dies wird im folgenden noch deutlicher werden. Zu untersuchen ist nun, inwiefern die vier in Teil I entwickelten Kriterien von Schaffners Ansatz erfüllt werden.

*Kriterium 1: Täterverantwortung*

Auf den ersten Blick sieht es durchaus so aus, als träfe Goldhagens Kritik an dem Autoritätsansatz in bezug auf Schaffner zu, derzufolge der Autoritätsansatz nicht berücksichtigt, daß Deutsche im Holocaust nicht nur aus Zwang, sondern auch aus Überzeugung bzw. aus eigenem Antrieb handelten, auf Schaffner zu. Die Deutschen werden hier als Opfer der autoritären Erziehung in der Familie dargestellt. Diese Erziehung habe ihnen keine andere Wahl gelassen, als zu gehorsamen Anhängern des „starken Mannes" Hitler zu werden. Eine solche, Goldhagen folgende Kritik an Schaffner übersieht jedoch das folgende: Die autoritäre Erziehung impliziert bei Schaffner nicht, daß die Deutschen keine andere Wahl gehabt hätten, als Hitler zwanghaft zu folgen. Vielmehr besteht bei Schaffner (ebenso wie bei Brickner und wie - wenn auch in etwas anderer Form - bei Fromm) *keine* zwangsläufige und direkte Beziehung zwischen Erziehung und Handeln im Nationalsozialismus. Stattdessen wird diese Beziehung über einen wichtigen Zwischenschritt vermittelt, über im Laufe der Erziehung ausgebildete emotionale Grundmuster und - zum Teil auf diesen basierend - über bestimmte *Realitätsinterpretationen* und *Vorlieben*. Insofern werden auch bei Schaffner die Anhänger des Nationalsozialismus nicht als blinde und willenlose Befehlsempfänger dargestellt, die gegen ihren eigenen Willen handelten. Vielmehr werden die Deutschen als Menschen vorgestellt, die den Nationalsozialismus *aktiv* bejahten. Sie werden als sinnhaft Handelnde angesehen, die die Prinzipien des Nationalsozialismus akzeptierten und zum Teil unterstützten.

---

[74] Inwieweit die Rezeption von Studien über die autoritäre Familie (Schaffner, Adorno, Fromm etc.) Anteil hatten an diesem Wandel, ist eine spannende, aber wohl schwer zu beantwortende Frage.

Auch die von Goldhagen geforderte Berücksichtigung der sinnlosen und nicht auf Zwang basierenden Brutalität des Holocaust wird von Schaffner geliefert - und zwar inklusive einer Erklärung für diese: Die Brutalität entspringt bei Schaffner bestimmten Bedürfnissen und Eigenschaften der autoritär erzogenen Deutschen. Schaffner verortet - wie bereits dargestellt - die Ursachen für die Brutalität der Deutschen während der Nazizeit wesentlich in der erzwungenen Passivität während ihrer Kindheit. Indem Schaffner die Brutalität als Revolte gegen als unberechtigt angesehene Autoritäten interpretiert, verortet er die Brutalität des Nationalsozialismus damit nicht nur in den Führungseliten, sondern sieht ein Potential zur Brutalität bei jedem entsprechend erzogenen Deutschen und damit auch bei den Anhängern des Nationalsozialismus auf unteren Ebenen. Ein expliziter Befehl, gegenüber Juden und anderen Menschen brutal vorzugehen, ist insofern bei Schaffners Ansatz nicht nötig. Schaffners Theorie erfüllt somit das erste Kriterium.

Wie ich oben erläutert habe, ist Schaffner allerdings durchaus der Vorwurf zu machen, die in Deutschland vorherrschenden Konstellationen zu überzeichnen. Dabei besteht die Gefahr, daß die für die Deutschen vorhandenen Wahl- und Widerstandsmöglichkeiten als zu gering angesehen werden. Trotzdem erfüllt Schaffner die von Goldhagen aufgestellten Forderungen: Mit seinem Ansatz können nicht auf Zwang basierende Handlungen im Holocaust (über bestimmte, aus der Erziehung resultierende Bedürfnisse, Charaktereigenschaften und Vorlieben) erfaßt werden. Der Holocaust erscheint damit nicht wider Willen von den Deutschen ausgeführt, sondern vielmehr als ein dem durchschnittlichen Deutschen durchaus willkommenes und mitunter auch zur Mitwirkung motivierendes Geschehen.

*Kriterium 2: Nationalsozialismus als soziale Pathologie*

Da die deutsche Erziehung von Schaffner als Erziehung in den Blick gerät, die einer glücklichen Lebensführung zuwiderläuft und die zu starken Frustrationen und einem erheblichen Potential von Brutalität führt, kann man Schaffners Ansatz durchaus als die Beschreibung einer sozialen Pathologie betrachten, und zwar einer Pathologie der deutschen Familie, die durch tradierte Erziehungsmethoden und Familienkonstellationen verursacht ist. Die Kennzeichnung des Zustandes in Deutschland als sozialer Pathologie besteht bei Schaffner also wesentlich darin, daß bei ihm die Erziehung in der Familie als zu psychischen Deformationen führend charakterisiert wird. Anders als

Goldhagen nennt Schaffner damit Ursachen für die Brutalität des Nationalsozialismus, die über die bloße Ideologie hinausgehen. Auch das zweite Kriterium wird deshalb von Schaffner erfüllt.

*Kriterium 3: Interdependenz von Persönlichkeit und Sozialstruktur*

Betrachten wir noch einmal die von Schaffner postulierten Kausalzusammenhänge: Da der Nationalsozialismus für ihn eine Folge des deutschen Charakters ist, kann jener nur dauerhaft überwunden werden durch eine nachhaltige Änderung eben diesen Charakters. Da dieser aber wiederum in der Familie ausgebildet wird, muß letztendlich für eine nachhaltige Vernichtung nationalsozialistischen Potentials die deutsche Familienstruktur geändert werden. Die Möglichkeit einer solchen Änderung schätzt Schaffner aber - wie oben gesehen - als sehr schlecht ein, da die deutsche Familie ein privater Bereich sei, der von politischen Maßnahmen nicht erreicht werden könnte. Lediglich über die Schule könnten Änderungen in die Familie getragen werden, allerdings nur langsam, über mehrere Generationen hinweg. Damit gelangt Schaffner zu einer insgesamt pessimistischen Prognose bezüglich der Möglichkeit eines gesellschaftlichen Wandels in Deutschland.

Was Schaffner hierbei übersieht, ist der Zusammenhang zwischen der Organisationsform der Gesellschaft und deren durchschnittlicher Familienstruktur. Schaffner behandelt die deutsche Familie als eigentlichen Ursprung des deutschen Autoritarismus. Daß die Familie selbst aber durch (zum Teil ebenfalls autoritäre) Struktureigenschaften und Tendenzen in der Gesellschaft geprägt ist, daß sich Autoritarismus in der Familiensphäre und in anderen Bereichen der Gesellschaft also wechselseitig beeinflussen, berücksichtigt Schaffner nicht. Mit anderen Worten: Schaffner versäumt es, die deutsche Familie als eine soziale Institution innerhalb eines Institutionengefüges mit wechselseitigen Interdepenzen zu erfassen. Die Möglichkeit eines indirekten Wandels der Familie durch gezielte Veränderungen an strategisch wichtigen Punkten der deutschen Gesellschaft nimmt Schaffner deshalb nicht wahr. Besonders deutlich wird dies bei Schaffners Ausführungen zu den Angriffspunkten für einen Charakterwandel der Deutschen: Zwar wird etwa die Änderung von politischen Ideologien als eigenständiger Wandlungsfaktor betrachtet, doch Schaffner sieht nicht, daß auch die Familie auf diese Weise beeinflußt werden kann. Stattdessen wird die Familie als autoritätskonservierendes, jeden Wandel hemmendes Element angesehen. Woher der Autoritarismus der Familie kommt bleibt dabei unreflektiert.

Besonders deutlich wird dieses Versäumnis Schaffners in der Konfrontation der Empfehlungen Talcott Parsons für die Demokratisierung Deutschlands nach dem Zweiten Weltkrieg. Parsons geht von den gleichen Prämissen über den Zusammenhang von Faschismus und autoritärer Familie aus wie Schaffner, kommt dabei aber zu ganz anderen Schlüssen. So schlägt Parsons in dem Aufsatz „Some Problems of Controlled Institutional Change" ein Konzept für den Wandel (unter anderem) der deutschen autoritären Mentalität durch einen kontrollierten Institutionenwandel vor. In bezug auf die Familie schreibt Parsons: „Probably, by far the most important ways of influencing the family are by *indirect* influence."[75] Für besonders wichtig erachtet Parsons dabei eine Veränderung der Rolle des Vaters über eine Veränderung seiner Position im Beruf: „It is to be expected, that any substantial change in the occupational structure would profoundly influence the roles of husband and father. Greater security and removal of emphasis on hierarchy and relations of authority would greatly reduce the need of man to 'take it out' by being a petty tyrant over his wife and children. This would be a primary objective of the economic policy suggested hereinafter."[76] Entsprechenden Möglichkeiten eines gesellschaftlichen Wandels gegenüber ist Schaffners Ansatz „blind". (Auf Parsons werde ich in den Schlußfolgerungen noch einmal zurückkommen.)

Angesichts dieses Resultats mag überraschen, daß Schaffner im ersten Kapitel „Why Are Germans *German?*" davon spricht, daß die Familie der „psychological agent of society" sei. Schaffner setzt diesen Ausdruck in Anführungsstriche, gibt aber nicht an, woher er stammt. Ich gehe davon aus, daß Schaffner hier aus Erich Fromms 1941 in Amerika erschienenem Buch „Escape from Freedom" zitiert.[77] Dafür spricht, daß Schaffner „Escape from Freedom" in seinem Literaturverzeichnis erwähnt; explizit geht er auf Fromm in seinem Text jedoch nicht ein. So wird auch der in Zusammen-

---

[75] Parsons, Talcott: The Problem of Controlled Institutional Change. An Essay in Apllied Social Science, in: Gerhardt, Uta (Ed.) Talcott Parsons on National Socialism. New York 1993, S. 291-32, hier S. 310 (erstmals veröffentlicht in: Psychiatry. Vol. 10. 1947, S. 167-181). Eine gekürzte, anonym veröffentlichte Fassung des Aufsatzes ist in dem bereits mehrmals erwähnten Beitrag „Germany After the War. Round table - 1945" erschienen.

[76] Parsons: The Problem of Controlled Institutional Change, S. 310

[77] vgl. Erich Fromm: Die Furcht vor der Freiheit, in: Erich Fromm Gesamtausgabe Band 1, 217-395, hier: S.385

hang mit Fromms Theorie des „Gesellschaftscharakters" zentrale Gedanke, daß die Familie die „psychologische Agentur" der Gesellschaft sei, von Schaffner in keiner Weise berücksichtigt. Fromm will mit der Beschreibung der Familie als „Agentur" das von ihm als äußerst eng angenommene Vermittlungsverhältnis von Gesellschaftsstruktur und Familie ausdrücken und richtet sich damit - wie in Teil II dieser Arbeit herausgearbeitet - ausdrücklich gegen die auch von Schaffner geteilte Vorstellung, nach der die Erziehungsmethoden beim heranwachsenden Kind die letzte Ursache einer bestimmten Charakterentwicklung seien. Da Schaffner die Familie dagegen als unbeeinflußt vom gesellschaftlichen Wandel in anderen Bereichen ansieht und die Familie damit gerade nicht als eine soziale Institution innerhalb eines komplexen Institutionengefüges betrachtet, begeht auch er den Fehler, von einer Übereinstimmung von Persönlichkeit, Familie und Sozialstruktur auszugehen, ohne einen entsprechenden Vermittlungsmechanismus angeben zu können. Das dritte Kriterium wird deshalb auch von Schaffner nicht erfüllt.

*Kriterium 4: Naziherrschaft als Terrorregime*

Als Zwang ausübendes Terrorregime gerät das nationalsozialistische System in „Father Land" an keiner Stelle in den Blick. Dies hat seine Ursache in der Tatsache, daß Zwang von dieser Seite bei Schaffners Ansatz - ähnlich wie bei Brickner - auch gar nicht nötig wird. Der Zeitpunkt, an dem Zwang und unter Umständen auch Terror stattfinden, ist in der Kindheit, bei der Erziehung in der Familie. Hier wird das Individuum auf zum Teil schmerzhafte und grausame Weise so geformt, daß es nach Schaffners Ausführungen danach *ohne* Zwangsausübung bereit und unter Umständen sogar stark gewillt ist, Hitler und seinen Gefolgsleuten zu folgen oder sich ihnen eventuell aktiv und selbst Brutalität ausübend anzuschließen.

Der Nationalsozialismus erscheint bei Schaffner damit als das logische Ergebnis einer kollektiven Anstrengung der Deutschen, ihr eigenes Wesen zu verwirklichen. Wenn Deutschtum und Nationalsozialismus wirklich dasselbe sind, dann ist für eine Zwangsausübung im nationalsozialistischen System gar kein Bedarf. Zwar wäre es durchaus möglich, die Terrorausübung der Nationalsozialisten in Schaffners Ansatz als nachträgliche Disziplinierungsmaßnahmen bei nichtgelingender (deutscher) Sozialisation im Elternhaus in die Theorie zu integrieren. Da Schaffner dieses aber unterläßt, bleibt das vierte Kriterium von seiner Theorie unerfüllt.

*Fazit*

Schaffner läßt in „Father Land" wesentliche Zusammenhänge zwischen Familie und Gesellschaft unberücksichtigt und erfaßt die Familie nicht als eine Institution innerhalb eines interdependenten Institutionen*gefüges*. Potentiale familiären Wandels, die über den Wandel anderer gesellschaftlicher Bereiche vermittelt werden, sieht Schaffner deshalb nicht.

# 7. Drei empirische Studien über den Zusammenhang von Persönlichkeitsmerkmalen und einer Anhängerschaft beim Nationalsozialismus

Bevor ich zu den Schlußfolgerungen dieser Arbeit komme, möchte ich noch drei amerikanische empirische Analysen behandeln, die sich - bei jeweils unterschiedlicher Akzentsetzung - mit der Frage nach dem Zusammenhang zwischen bestimmten Persönlichkeitsmerkmalen und der Mitwirkung im Nationalsozialismus beschäftigen. Bei den bisher in dieser Arbeit behandelten Studien wurde entweder ein gewisser Mangel an Empirie festgestellt (bei Fromm und bei Brickner) oder es wurden Zweifel an der Unverzerrtheit der Auswertung der entsprechenden empirischen Elemente geäußert (bei Schaffner). In diesem Kapitel geht es daher darum zu erkennen, inwiefern die behandelten Theorien durch empirische Studien gestützt bzw. widerlegt werden.

## 7.1 Helen Peak: „Observation on the Characteristics and Distribution of German Nazis" (1945)

In ihrer Studie wertet Helen Peak Ergebnisse einer Umfrage der „Morale Division of the United States Strategic Bombing Survey" aus. Im Sommer des Jahres 1945 waren 3700 Zivilisten aus der britischen, französischen und amerikanischen Besatzungszone in zwangloser Atmosphäre über eine Reihe von Erfahrungen, Einstellungen und Erwartungen interviewt worden.[1] (Ehemalige Parteimitglieder in früheren Führungspositionen und Mitglieder des Militärs waren in dem Sample nicht enthalten.) Helen Peak sichtet einen Teil des Materials unter der Fragestellung, ob und inwiefern Unterschiede zwischen Nazis und Nichtnazis in bestimmten Bereichen vorliegen.

Nazis wurden in der Studie auf zweierlei Weise identifiziert. Am Ende jedes Interviews wurde der Befragte von dem Interviewer aufgrund seiner Antworten als „weiß", „grau" oder „schwarz" klassifiziert. Diejenigen, die keine Anzeichen von Sympathien für die Nazis zeigten, galten als „weiß", diejenigen die - absichtlich oder unabsichtlich - nationalsozialistische Ideen geäußert hatten, wurden als „schwarz" eingeordnet. Die „Grauen" lagen zwischen diesen beiden Kategorien. Erst *nach* dieser Klassifizierung

---

[1] vgl. Helen Peak: Observations on the Characteristics and Distribution of German Nazis, Psychological Monographs. Vol 50. Nr. 6. Washington 1945, S.1

durch den Befrager wurde der Interviewte gefragt, ob er Mitglied der NSDAP gewesen war.

Der - für den Zusammenhang dieser Arbeit interessanteste - erste Teil der dreiteiligen Studie beschäftigt sich mit der Verteilung der Nazis in der deutschen Bevölkerung. Peakt geht hier der Frage nach, wo in der deutschen Bevölkerung die größten Anteile an Personen mit Naziideologie zu finden waren: in welchen Altersgruppen, bei Männern oder Frauen, bei Katholiken oder Protestanten, bei Menschen mit hohem oder niedrigem Einkommen und mit hohem oder niedrigem Bildungsstand?[2] Gefunden wurden:[3]

| Sympathien für den Nationalsozialismus: | Mitgliedschaft in der NSDAP: |
|---|---|
| – etwas häufiger bei jüngeren als bei älteren Menschen | – häufiger bei älteren als bei jüngeren Menschen |
| – unter den Jüngeren etwas häufiger bei Frauen als bei Männern | – häufiger bei Männern als bei Frauen |
| – weniger häufig bei Verheirateten als bei Alleinstehenden | – häufiger bei Verheirateten als bei Alleinstehenden |
| – weniger häufig bei Katholiken als bei Protestanten | – weniger häufig bei Katholiken als bei Protestanten |
| – in allen Altersgruppen häufiger bei höherem als bei niedrigerem Bildungsstand | – häufiger bei höherem Bildungsstand als bei niedrigerem Bildungsstand |
| – am seltensten in der Arbeiterklasse und am häufigsten bei leitenden Angestellten und Managern | – mit ungefähr gleicher Häufigkeit in allen Berufsgruppen |

Peak liefert eine eigene Interpretation der gefundenen Ergebnisse. Die Tatsache, daß mit dem Alter die Mitgliedschaft in der NSDAP stieg, führt sie darauf zurück, daß der Druck, der ausgeübt wurde, um Menschen zum Parteieintritt zu bewegen, von bereits etablierten Menschen stärker gespürt wurde als von jüngeren, da jene mehr zu verlie-

[2] vgl. ebd., S.2
[3] vgl. ebd., S. 16

ren gehabt hätten.[4] Mit diesem Argument erklärt sie ebenfalls die Tatsache, daß mehr Verheiratete als Alleinstehende (insbesondere unter den Älteren) Mitglied in der Partei waren, obwohl es sich bei den Sympathien andersherum verhält. Sie vermutet, daß Verheiratete häufig aus Besorgnis um ihre Ehepartner und Kinder dem bei einer Nichtmitgliedschaft zu erwartenden Druck durch Eintritt in die NSDAP ausgewichen seien.[5]

Bei der Erklärung der Tatsache, daß weniger Katholiken als Protestanten und mehr Alleinstehende als Verheiratete Sympathien für die Nazis zeigten, greift Peak auf Erich Fromms „Furcht vor der Freiheit" zurück und argumentiert mit unbefriedigten psychologischen und emotionalen Bedürfnissen. Besser als der evangelischen Kirche sei es der katholischen Kirche gelungen, „to satisfy certain psychological needs of the insecure and obedient German people",[6] weshalb weniger Katholiken als Protestanten Anhänger der Nationalsozialisten wurden. Die autoritär aufgezogenen Deutschen hätten sich insbesondere nach dem Fall der Monarchie und dem wirtschaftlichen Zusammenbruch nach Symbolen der Autorität gesehnt. Die autoritäre Struktur der katholischen Kirche hätte diese Bedürfnisse bei den Katholiken bereits befriedigt, so daß sie weniger anfällig für den Nationalsozialismus gewesen seien.[7] Für die größere Sympathie der Unverheirateten mit nationalsozialistischen Ideen im Vergleich zu den Verheirateten sieht Peak vor allem zwei Gründe: Zum einen hätte die Naziideologie, die die Rolle der Familie relativierte, indem sie Loyalität gegenüber dem Staat über das Privatleben stellte, bewirkt, daß die jüngeren Anhänger der Nazis oft unverheiratet blieben. Außerdem vermutet Peak, daß bestimmte Züge „unreifer" Charaktere diesen gleichermaßen eine Heirat unattraktiv erscheinen ließen wie sie sie empfänglich für den Nationalsozialismus gemacht hätten.[8]

Für den positiven Zusammenhang zwischen Höhe der Bildung einerseits und Sympathie für die Naziideologie bzw. Parteimitgliedschaft andererseits macht Peak zum einen die militaristischen und nationalistischen Traditionen des deutschen Universitätslebens verantwortlich. Zum anderen betont sie den Zusammenhang zwischen Bildungsstand und sozialem Status und vermutet, daß Menschen mit höherem Status

---

[4] vgl. ebd., S.4
[5] vgl. ebd., S.8
[6] ebd., S.8
[7] vgl. ebd., S.9
[8] vgl. ebd., S.5f.

besonders anfällig dafür gewesen seien, sich selbst überlegen zu fühlen und Vorurteile gegenüber als unterlegen betrachteten Personen zu hegen.[9] Insbesondere in den höher angesiedelten Berufsgruppen sei außerdem das Interesse, den alten Status Quo aufrechtzuerhalten bzw. wiederzuerlangen, ein Motiv dafür gewesen, sich den Nationalsozialisten anzuschließen.[10]

Im zweiten Teil ihrer Arbeit behandelt Peak die Frage, inwiefern bestimmte Einstellungen der Deutschen am Kriegsende mit Sympathien für die Nazis bzw. mit einer Parteimitgliedschaft zusammenhingen. Die Ergebnisse der Interviews zeigten, daß sich die Einstellungen von Nazis und Nichtnazis deutlich unterschieden. Unter anderem stellte sich heraus, daß die Deutschen entweder Vorbehalte gegenüber den Nazis *oder* gegenüber den Alliierten hatten, nicht aber gegenüber beiden gleichzeitig. Die 'Nazis' neigten zudem eher zu Ressentiments gegenüber den Alliierten. Die als Nationalsozialisten Eingestuften empfanden dabei auch anders als die als Nichtnazis Eingestuften nur selten eine persönliche Schuld am Ausbruch des Krieges. Außerdem war bei den 'Nazis' der Vertrauensverlust gegenüber der nationalsozialistischen Führung im Laufe des Krieges wesentlich geringer gewesen als bei den 'Nichtnazis'.

Peak bezieht sich in ihrer Arbeit auch auf die Theorie der deutschen Paranoia von Brickner und geht der Frage nach, inwieweit entsprechende paranoide Einstellungen in Deutschland tatsächlich gefunden wurden. Sie kommt zu dem Schluß, daß „the alleged paranoid-like characteristics of the German people are most evident among the Nazis, but that care must be taken in making too much of the similarity between the irrational behavior of a group and the symptoms of the individual paranoic deviating from group standards of behaviour."[11]

Im dritten Teil ihrer Studie behandelt Peak dann die folgenden Fragen: Sagten die Befragten in bezug auf ihre Parteimitgliedschaft die Wahrheit? Welcher Zusammenhang bestand zwischen Sympathien für die Naziideologie und Parteimitgliedschaft? Wie zutreffend wurden die Befragten mit Naziideologie identifiziert?[12] Es zeigte sich, daß die aufgrund der Interviews geschätzte Zahl der NSDAP-Mitglieder der durch Schätzungen mit Hilfe von Listen der offiziell geführten Parteimitglieder ermittelten

[9] vgl. ebd., S.12
[10] vgl. ebd., S.17
[11] ebd., S.31
[12] vgl. ebd., S. 2

Zahlen sehr nahe kam. Daraus wurde geschlossen, daß die Deutschen im Sommer 1945 ihre Parteimitgliedschaft recht offen zugaben. Gleichzeitig wurde aber festgestellt, daß die Parteimitgliedschaft keine zufriedenstellende Methode war, um Auskunft über Nazisympathien zu erhalten. Dagegen wird von Peak die Bewertung durch die Interviewer als zuverlässig beschrieben. Sie schlägt deshalb vor, daß zur Aussortierung von Nationalsozialisten neue, den Interviews des „Strategic Bombing Survey" aber nachempfundene, jeweils an den Zweck der Differenzierung zwischen Nazis und Nichtnazis angepaßte Fragebögen entwickelt werden sollten.[13]

*Zum Verhältnis der Ergebnisse Peaks und der Studien von Fromm, Brickner und Schaffner*

Die Ergebnisse Peaks stützen vor allem Fromms in der „Furcht vor der Freiheit" und zum Teil in den „Studien über Autorität und Familie" aufgestellte Theorie über den Nationalsozialismus. Bei der Interpretation der Tatsache, daß mehr Katholiken als Protestanten und mehr Alleinstehende als Verheiratete sich von der Ideologie des Nationalsozialismus angezogen fühlten, wendet Peak die Theorie Fromms aus der „Furcht vor der Freiheit" selbst an und erklärt diese Ergebnisse mit den emotionalen Bedürfnissen nicht ausreichend integrierter Personen. Eine solche Deutung der Ergebnisse im Sinne Fromms ist zwar nicht die einzig mögliche Lesart und deshalb kein Beweis für die Richtigkeit von Fromms Thesen. Doch in jedem Fall läßt sich sagen, daß die von Peak gefundenen Ergebnisse mit Fromms Theorie gut vereinbar sind.

Als eine Bestärkung der Überlegungen Fromms aus den „Studien über Autorität und Familie" können auch noch zwei weitere Ergebnisse Peaks gelesen werden. Zum einen ist dies die Tatsache, daß bei den überzeugten Nationalsozialisten der Vertrauensverlust gegenüber der nationalsozialistischen Führung im Zeitablauf wesentlich geringer ausfiel als bei den Nichtnazis. Man könnte dies im Sinne Fromms damit erklären, daß für die überzeugten Nationalsozialisten die nationalsozialistische Führung anders als für die Nichtnazis eine anerkannte Autorität darstellte, die damit - einen autoritären Charakter der überzeugten Nazis vorausgesetzt - einer rationalen Kritik weitgehend entzogen war. Zum anderen deckt sich mit Fromms Thesen auch Peaks Ergebnis, daß die Arbeiter am wenigsten und leitende Angestellte und Manager am meisten anfällig für die nationalsozialistische Ideologie waren, sofern man leitende

---

[13] vgl. ebd., S.38f.

Angestellte und Manager als Hauptbestandteile jener Gruppe auffaßt, die Fromm als Kleinbürgertum beschreibt. Insgesamt können Peaks Ergebnisse daher als Unterstützung von Fromms Überlegungen gewertet werden.

Im Hinblick auf die Studie Schaffners liefert Peaks Datenanalyse dagegen keine relevanten Daten, da hier die Familienerziehung und autoritäre Tendenzen nicht untersucht werden. In bezug auf Brickners Studie ist zu bedauern, daß Peak nicht näher auf ihre Untersuchung jener paranoiden Züge eingeht, die sie meint, bei Nazis entdeckt zu haben. Trotzdem ist festzuhalten, daß ihr Ergebnis, nach dem „the alleged paranoid-like characteristics of the German people (...) most evident among the Nazis" seien, als Unterstützung von Brickners Thesen angesehen werden kann.

## 7.2   H.L. Ansbacher: „Attitudes of German Prisoners of War" (1948)

Die Studie Ansbachers ist eine Auswertung von Untersuchungen deutscher Kriegsgefangener, die im November 1943 in Kriegsgefangenenlagern in Italien begonnen und bis 1945 vor allem in Frankreich und England fortgeführt wurde.[14] Einer jeweils per Zufallsverfahren ausgewählten Stichprobe von Häftlingen wurde hier ein Fragebogen vorgelegt. Wie viele Gefangene so insgesamt befragt wurden, geht aus der Studie Ansbachers nicht hervor. Da aber erwähnt wird, daß die Häftlinge in Gruppen von 50 bis 100 Personen die Fragebögen in etwa einer Stunde ausfüllten und damit an einem Tag etwa 800 Gefangene untersucht werden konnten,[15] ist davon auszugehen, daß mehrere tausend Fragebögen ausgefüllt wurden. Die Fragen wurden dabei anonym und ohne Androhung von Konsequenzen beantwortet.

Der erste Teil der insgesamt vierteiligen Studie Ansbachers behandelt die bei der Befragung angewandte Methode und die Frage der Validität und Reliabilität der Ergebnisse. Aufgrund von Überlegungen, auf deren Darstellung ich hier verzichte, kommt Ansbacher zu dem Schluß, daß „the group questionnaire method with German prisoners of war is reasonably reliable and that, in general, the results can be taken with a good deal of confidence in the sincerity of the respondents."[16] Außerdem meint Ansbacher, daß die 'Surveys' trotz der Zufallsauswahl das Kriterium der Validität für

---

[14] H.L. Ansbacher: Attitudes of German Prisoners of War. A Study of the Dynamics of National Socialist Fellowship. Psychological Monographs. Vol. 61. Washington 1948, vgl. S. 2f.
[15] vgl. ebd., S.2
[16] ebd., S.8

die deutsche Armee einigermaßen erfüllten, was bedeute, daß die „relative order"
zwischen den einzelnen geäußerten Einstellungen als zuverlässig zu erachten sei, nicht
aber die genauen Prozentzahlen.[17] Für die gesamte deutsche Bevölkerung kann die
Stichprobe dabei natürlich nicht als repräsentativ angesehen werden. So beinhaltet sie
nur Männer, und auch Angehörige von „higher socio-economic levels" sind in ihr
kaum vertreten.[18]

Im zweiten Teil seiner Studie geht Ansbacher der Stärke des Vertrauens nach, das die
Befragten Hitler entgegengebracht hatten. Die Auswertung der Antworten der Kriegsgefangenen zeigte, daß das Vertrauen in Hitler zwischen November 1943 und Januar
1945 trotz pessimistisch stimmender Kriegsereignisse konstant hoch blieb.[19] Erst im
April 1945 sank der Anteil derjenigen, die Vertrauen in Hitler hatten, unter das vorhe-
rige Niveau. Nach dem „Bombing Survey" der amerikanischen Regierung galt für diesen Zeitpunkt bereits: „the defeatist mood approached panic".[20] Insgesamt zeigten
dabei die Befragten, die 30 Jahre und jünger waren in höherem Maße Vertrauen in
Hitler als die über 30-jährigen.[21]

Auf der Suche nach Gründen für das anhaltend hohe Vertrauen in Hitler untersucht
Ansbacher anschließend den Zusammenhang zwischen bestimmten Einstellungen der
Befragten und dem Vertrauen in Hitler. Ansbacher konzentriert sich hierbei auf Einstellungen zu von Hitler immer wieder gemachten Aussagen und untersucht, ob diese
geglaubt wurden bzw. ob Hitler zugestimmt wurde. Er stellt fest, daß in allen Stichproben das Vertrauen in Hitler wesentlich höher war als der Glaube in das, was dieser
proklamierte. Unter anderem wurde in den Fragebögen danach gefragt, ob man
glaube, daß Deutschland den Krieg gewinnen würde, welches Regierungssystem nach
dem Krieg für Deutschland gewünscht würde, und ob man der Meinung sei, daß ein
Soldat Befehlen unter allen Umständen gehorchen und „to the last bullet" kämpfen
sollte. Für ein ausgewähltes 'Sample' betrachtet Ansbacher ausschließlich jene Personen,die angegeben hatten, Vertrauen in Hitler zu haben. Er vergleicht diese Angabe
des Vertrauens in Hitler mit der Häufigkeit, mit der bestimmte Einstellungsfragen in

---

[17] vgl. ebd., S.9
[18] vgl. ebd., S.4
[19] vgl. ebd., Tabelle 9, S.12
[20] vgl. ebd., S. 10
[21] vgl. ebd., S.12

einem Hitlers Einstellungen entsprechenden Sinne beantwortet wurden. Dabei kommt er zu folgendem Ergebnis:[22]

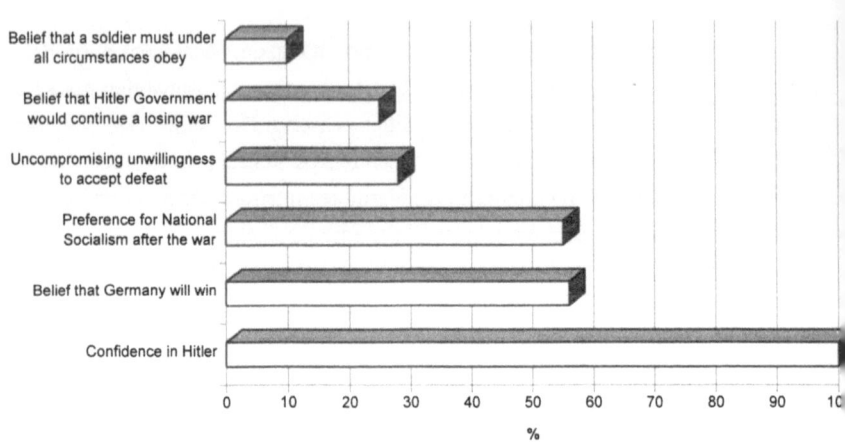

Comparison of Confidence in Hitler with Other Relevant Attitudes

Ansbacher kommt deshalb zu dem Schluß, daß nur in einer Minderheit der Fälle das Vertrauen in Hitler identisch mit der Akzeptanz all dessen war, was dieser proklamierte.[23] Während dieses in einer Demokratie nicht besonders überraschend gewesen wäre, ist diese Tatsache nach Ansbacher in einem totalitären Staat, in dem abweichende Meinungen nicht toleriert werden, erklärungsbedürftig. Ansbacher selbst erklärt die Divergenz *psychologisch*: „As confidence in Hitler was found in spite of basic disagreement, the object of the confidence was no longer the real totalitarian leader, as manifested in his writings, speeches, and deeds, but a leader of the follower's own creation."[24] Ganz anders als der reale Hitler zeigte sich der imaginierte Hitler vernünftig - etwa würde er einen sicher verlorenen Krieg sofort beenden und die Soldaten nicht 'bis zur letzten Patrone' kämpfen lassen.

---

[22] vgl. ebd., S. 17
[23] vgl. ebd., S.16
[24] ebd., S.18

Zudem nennt Ansbacher drei Faktoren, die das Vertrauen in Hitler ebenfalls beeinflußten: das Alter, den (Zivil-) Beruf und die Kriegssituation. Je jünger die Befragten
waren, desto größer war der Anteil jener, die Vertrauen in Hitler zeigten.[25] Darüber
hinaus hatten die Angestellten in den Stichproben das größte Vertrauen in Hitler, die
Arbeiter weniger und die Bauern am wenigsten.[26] Außerdem wurde das Vertrauen in
Hitler durch Kriegserfolge, in die die Befragten persönlich involviert waren, gestärkt
und durch vernichtende Erfahrungen geschwächt.[27]

Im dritten Teil behandelt Ansbacher die Einstellungen der Befragten zum Nationalsozialismus. Von Interesse ist für Ansbacher dabei insbesondere, ob der Nationalsozialismus für die Deutschen mit den gleichen Bedeutungen (Ideologie der überlegenen
Rasse, Militarismus, Unterdrückung und Verfolgung etc.) verknüpft war wie für
diejenigen, die Deutschland von außen wahrnahmen. Gefragt wurde unter anderem, ob
der Nationalsozialismus als ganzer bejaht wurde, welche Aspekte desselben besonders
geschätzt, und welche am wenigsten gemocht wurden. Außerdem wurden die
Befragten um eine Einschätzung gebeten, welche Bevölkerungsgruppen am meisten
vom Nationalsozialismus profitiert hätten und ob dieser zu einer Verringerung der
Trennung zwischen den Klassen geführt hätte. Insgesamt kommt Ansbacher für die
Gruppen im Durchschnitt zu dem folgenden Ergebnis:

- 60% hatten Vertrauen in Hitler,
- 60% schätzten bestimmte soziale und ökonomische Aspekte des Nationalsozialismus,[28]
- 40% akzeptierten den Nationalsozialismus als ganzes oder mit Einschränkungen
  und würden bei freier Wahl für ihn stimmen,
- 25% schätzten die spezifische Naziideologie und den Nationalismus.[29]

Schließlich vergleicht Ansbacher die Verbreitung antisemitischen Denkens bei den
1944 befragten deutschen Kriegsgefangenen mit einer Umfrage, die 1936 in der ame-

---

[25] vgl. ebd., S.18f.
[26] vgl. ebd., S.20f.
[27] vgl. ebd., S. 21f.
[28] Die meisten Befragten nannten auf die Frage, was sie am Nationalsozialismus am meisten
mochten, wirtschaftliche Sicherheit und soziale Leistungen, Institutionen der sozialen Wohlfahrt und
die Einebnung von Klassenunterschieden (insgesamt 61% in zwei ausgewählten Stichproben). Vgl.
ebd., S.25
[29] vgl. ebd., S.32

rikanischen Bevölkerung landesweit durchgeführt wurde. Die deutschen Kriegsgefangenen wurden dabei gefragt: „In your opinion, has anti-semitism been helpful to Germany or harmful?" Den Amerikanern war 1936 die Frage gestellt worden: „Do you belief that in the long run Germany will be better of if it drives out the Jews?" Die Ergebnisse stellt Ansbacher folgendermaßen nebeneinander:[30]

**Opinion on the Helpfulness of Anti-Semitism to Germany, Germans of 1944 vs.**
**Americans of 1936**
(Percentages)

|  | German Prisoners of 1944 | | Americans of 1936 |
|---|---|---|---|
|  | Under 30 | Over 30 |  |
| Helpful | 35 | 17 | 14 |
| Harmful | 44 | 60 | 55 |
| No Answer | 23 | 23 | 31 |
| Total Number | 215 | 247 | Unknown |

Aufgrund der im dritten Teil vorgestellten Ergebnisse kommt Ansbacher zu dem Schluß: „(...) we must conclude that *the majority of the Germans we have studied did not differ in their basic motives from other nationals. The realization of democratic goals was satisfying, the use of fascists means frustrating.*"[31] In bezug auf die spezifisch nationalsozialistischen Inhalte der Naziideologie meint Ansbacher, die Anhänger der Nationalsozialisten hätten ihnen gegenüber die Ohren verschlossen, sie für „Quatsch" gehalten oder sich über sie geärgert.

Ich halte es für nötig, an dieser Schlußfolgerung Ansbachers bereits hier eine grundsätzliche Kritik zu üben. Problematisch in Ansbachers Vergleich ist zunächst der unterschiedliche Zeitpunkt der Befragungen. Zwischen der Befragung der Amerikaner im Jahre 1936 und der der deutschen Kriegsgefangenen im Jahr 1944 liegen genau jene Jahre, in denen die Ermordung von Millionen Juden durch Deutsche stattgefunden hat. Insofern ist davon auszugehen, daß die befragten Amerikaner bei der Beant-

---

[30] vgl. ebd., S.31f.
[31] ebd., S.33 (Hervorhebung im Original)

wortung der Frage „Do you belief that in the long run Germany will be better of if it drives out the Jews?" in keiner Weise die Ermordung jüdischer Menschen, sondern nur ihre Ausweisung aus Deutschland im Sinn hatten. Es wird hier dann aber eine völlig andere Art von Antisemitismus gemessen als der von Goldhagen als „eliminatorischer Antisemitismus" bezeichnete. Dagegen ist davon auszugehen, daß die deutschen Kriegsgefangenen im Jahr 1944 bei der Beantwortung der Frage „In your opinion has anti-semitism been helpful to Germany or harmful?" größtenteils sehr wohl von der Ermordung der Juden gewußt haben und mit der Antwort, der Antisemitismus sei für Deutschland hilfreich gewesen, anders als die Amerikaner auch die grausame Vernichtung jüdischer Menschen insofern implizit bejahten!

Hinzu kommt, daß Zweifel daran angebracht sind, ob die an die deutschen Kriegsgefangenen gestellte Frage tatsächlich das ganze Ausmaß des Antisemitismus erfaßt: Gerade die Kriegsgefangenen antizipierten wahrscheinlich durch ihre Erfahrungen in den Kriegsgefangenenlagern bereits, daß Deutschland für die Tötung der Juden im Fall einer immer wahrscheinlicher werdenden Niederlage von den Siegermächten angeklagt und bestraft werden würde. Insofern ist es durchaus möglich, daß sich ein Befragter mit der Antwort, der Antisemitismus sei für Deutschland nicht hilfreich gewesen, auf die Folgen für Deutschland nach einem verlorenen Krieg bezog. Seine Antwort impliziert dann *nicht*, daß er es auch aus ideologischer Sicht für *falsch* hielt, daß die Juden ermordet wurden. Zusätzlich ist zu bedenken, daß diese Frage zum Teil in nicht anonymen persönlichen Interviews gestellt wurde und daß deshalb auch noch die Tendenz, die als erwünscht angesehene Antwort zu geben, berücksichtigt werden muß. Feststellen ist daher, daß der von Ansbacher durchgeführte Vergleich des Ausmaßes des Antisemitismus zwischen Amerikanern und deutschen Kriegsgefangenen und seine Schlußfolgerung, daß Deutschland nicht antisemitischer als die USA sei, methodisch höchst anfechtbar und in dieser Form sogar abzulehnen ist.[32]

Im vierten Teil seiner Arbeit vergleicht Ansbacher die Ergebnisse der Kriegsgefangenenbefragung mit Ergebnissen des „Bombing Surveys" und insbesondere mit der im vorigen Abschnitt dargestellten Studie Helen Peaks. Dabei kommt er zu dem Ergebnis, daß Peak und er hinsichtlich der Zusammenhämge zwischen Alter und Anhängerschaft beim Nationalsozialismus sowie zwischen ausgeübten Beruf und Nazianhänger-

---

[32] Dies gilt insbesondere wegen der im Teil I dieser Arbeit behandelten Überlegungen zu Goldhagens „Hitler's Willing Executioners" und der entsprechenden Ableitung des 'Kriteriums 1'.

155

schaft zu abweichenden und zum Teil sogar gegensätzlichen Ergbnissen kommen. Ansbacher erklärt dies im wesentlichen mit den unterschiedlichen verwendeten Indikatoren für die Einteilung in Nazis und Nichtnazis.[33]

*Zum Verhältnis der Ergebnisse Ansbachers und der Studien von Fromm, Brickner und Schaffner*

Mit Ausnahme des dritten Teils scheint Ansbachers Untersuchung methodisch unproblematisch zu sein, und die Herstellung eines Zusammenhanges zwischen diesen Teilen der Studie und den Arbeiten Fromms, Brickners und Schaffners ist deshalb sinnvoll. Wie bereits die Studie Peaks scheint auch die Studie Ansbachers vor allem die Thesen Fromms zu stützen: Bei der Behandlung von Peaks Arbeit hatte ich bereits darauf hingewiesen, daß die Konstanz des Vertrauens der Nazis in die nationalsozialistische Führung im Sinne Fromms interpretiert werden kann, wonach Autoritäten bei Vorliegen autoritärer Charaktere der rationalen Kritik entzogen sind. Ansbacher stützt nun in gleicher Weise Fromm, wenn er den konstant hohen Grad des Vertrauens in Hitler nachweist.

Ansbacher geht in seiner Studie aber noch einen Schritt weiter und sucht nach Gründen für dieses hohe Maß an Vertrauen. Dabei kommt er zu dem Schluß, daß das Bild, das sich diejenigen von Hitler machten, die ihm vertrauten, erheblich von der Realität abwich. Ansbacher spricht deshalb davon, daß es sich bei dem Bild, das Hitlers Anhänger von diesem hatten, um eine (kollektive) Schöpfung der Phantasie gehandelt habe. Diese Schlußfolgerung ist ebenfalls vereinbar mit Fromms Thesen: Fromm ist ja der Ansicht, daß eine Eigenart der Autorität darin besteht, daß sie nicht nur der rationalen Kritik entzogen wird, sondern darüber hinaus zu einer mit den Attributen der Macht und Moral bekleideten Verkörperung der eigenen Ideale wird. Dies hält Fromm für einen wesentlichen Aspekt der Wirksamkeit etablierter Autoritäten.[34] In diesem Sinne kann die Studie Ansbachers als Beleg dafür dienen, daß Hitler als Autorität tatsächlich anerkannt wurde und daß die von Fromm beschriebenen Verhaltensmecha-

---

[33] vgl. ebd., S. 34 ff.
[34] Fromm hatte in den „Studien über Autorität und Familie" über die Autoritäten und ihre Funktion für den autoritären Charakter geschrieben: „Es wird an ihre Moral, Weisheit, Stärke in einem von ihrer realen Erscheinung bis zu einem hohen Grade unabhängigen Maße geglaubt." (Erich Fromm Gesamtausgabe Band I, S. 147; vgl. auch die Ausführungen hierzu in Kapitel 3.2 der vorliegenden Arbeit)

156

nismen gegenüber dieser Autorität wirksam waren. Fromms Studie besitzt insofern gerade auch in Anbetracht der empirischen Befunde Ansbachers und Peaks eine nicht zu unterschätzende Plausibilität. In bezug auf Schaffners und Brickners Studien dagegen enthält auch Ansbachers Studie keine relevanten Daten.

## 7.3   David M. Levy: „Anti-Nazis. Criteria of Differentiation" (1948)

In der im Jahr 1948 veröffentlichten Studie Levys wurden 21 Männer, die vorher in einem intensiven „screening"[35] als passive oder aktive Anti-Nazis eingestuft worden waren, in mehrstündigen Interviews nach ihren persönlichen Hintergründen befragt. Ziel der im Oktober 1945 durchgeführten Befragungen war es herauszufinden, ob Anti-Nazis sich in bestimmten Erfahrungen oder Persönlichkeitsmerkmalen von als typisch deutsch angesehenen Mustern unterschieden. Die der Arbeit zugrunde liegende Vermutung war dabei, daß Anti-Nazis mehr von 'typisch deutschen' Mustern abweichende Erfahrungen gemacht hatten als Nazis.[36] Ausgewählt wurden nur nicht-jüdische Männer, denen ein Anschluß an die Nazis grundsätzlich offengestanden hätte.

Als für Deutschland charakteristische Konstellationen, von denen Levy bestimmte Abweichungen untersuchte, wurden angesehen:

---

[35] zur „Screening"-Prozedur vgl. die Ausführungen in Kapitel 6 der vorliegenden Arbeit
[36] vgl. David M. Levy: Anti-Nazis. Criteria of Differentiation, in: Psychiatry. Vo. 11. 1948, S. 125-167, hier S. 125f.

| Typisch deutsche Konstellationen: | Als Abweichungen angesehene Konstellationen: |
|---|---|

## Vater

- Der Vater dominiert die Familie und wendet Körperstrafen an. Das Kind hat Ehrfurcht vor dem Vater und spricht nicht offen gegenüber dem Vater. Am Tisch darf während des Essens nicht gesprochen werden. Die Mutter greift nicht ein, wenn das Kind vom Vater bestraft wird.

- Der Vater stirbt, als der Befragte noch ein Kind ist, oder:
- Der Vater wendet keine Körperstrafen an, oder:
- Der Vater hat ein offenes und entspanntes Verhältnis zu seinen Kindern, oder:
- andere Bedingungen, die den Einfluß des Vaters deutlich von der Stellung des „typischen" deutschen Vaters abweichen lassen.

## Mutter

Die Mutter zeigt ihrem Kind gegenüber in dessen früher Kindheit keine Zuneigung in Form von Küssen oder Umarmungen.

- Die Anwesenheit solcher körperlicher Zuneigungsbekundungen.

## Stellung in der Familie

- Der Befragte ist eines von mehreren Kindern und nicht das eindeutig bevorzugt behandelte Lieblingskind der Eltern.

- Der Befragte ist Einzelkind (und hat deswegen eine besondere Stellung in der Familie mit mehr Zuneigung, weniger Strafe und Aufmerksamkeit, keine Rivalitäten mit Geschwistern), oder:
- er ist das eindeutig bevorzugte Lieblingskind der Eltern (mit in der Regel ähnlichen Konsequenzen wie beim Einzelkind).

## „Crossing"

- Der deutsche Mann ist entweder Mitglied der evangelischen oder der katholischen Kirche und heiratet eine ebenfalls deutsche Frau, die der gleichen Religionsgemeinschaft wie er angehört.

- Der Befragte oder einer seiner Eltern hat Partner mit einer Religionszugehörigkeit oder Nationalität geheiratet, die nicht der eigenen entsprach, oder:
Der Befragte war Mitglied einer anderen als der katholischen oder evangelischen Kirche oder ohne Kirchenzugehörigkeit.

## Politische oder religiöse anti-nationalsozialistische Einflüsse

- keine anti-nationalsozialistischen Einflüsse

- Beeinflussung durch anti-nationalsozialistische Gefühle im Elternhaus oder später (z.B. durch Mitgliedschaft in Gewerkschaften, KPD oder SPD, oder am Arbeitsplatz)

## Reisen und Lektüre

- keine mehrmonatigen Auslandsreisen (militärische ausgenommen), kein oder kaum Einfluß durch Bücher aus dem Ausland und wenig Wissen über andere Länder

- Auslandsaufenthalte von 6 Monaten und mehr, oder:
- prägender Einfluß durch ausländische Bücher oder ausgeprägtes Wissen über andere Länder und ihre Sitten und Gebräuche

Die Befragung zeigte, daß bei 18 der insgesamt 21 befragten Anti-Nazis drei und mehr der oben beschriebenen Abweichungen festgestellt werden konnten. Nur in einem Fall wurde lediglich eine, in zwei Fällen wurden zwei Abweichungen gefunden. Im einzelnen ergaben sich die folgenden Kombinationen von Abweichungen:

| Fall Nr. | Vater | Mutter | Position in der Familie | „Crossing" | Antinational-sozialistische Einflüsse | Reisen und Lektüre | Zahl der Abwei-chungen |
|---|---|---|---|---|---|---|---|
| 1 | + | + | + | + | - | - | 4 |
| 2 | - | - | - | + | + | + | 3 |
| 3 | + | + | + | - | + | - | 4 |
| 4 | + | - | + | + | + | - | 4 |
| 5 | + | + | + | + | - | + | 5 |
| 6 | + | - | - | + | + | - | 3 |
| 7 | - | + | + | - | + | - | 3 |
| 8 | + | - | + | - | - | - | 2 |
| 9 | + | - | + | - | - | - | 2 |
| 10 | - | + | - | + | - | + | 3 |
| 11 | + | + | - | + | + | + | 5 |
| 12 | - | - | + | + | + | - | 3 |
| 13 | - | + | + | - | + | - | 3 |
| 14 | + | - | + | - | + | - | 3 |
| 15 | + | + | - | + | - | + | 4 |
| 16 | + | + | - | + | - | + | 4 |
| 17 | + | - | + | + | + | - | 4 |
| 18 | - | - | - | - | + | - | 1 |
| 19 | + | - | + | + | - | - | 3 |
| 20 | + | + | - | + | - | + | 4 |
| 21 | - | - | + | - | + | + | 3 |
| Insgesamt | 14 | 10 | 12 | 13 | 12 | 9 | |

Bei Befragungen von drei Vergleichsgruppen von Nazis wurden nur bei einem von 35 Fällen drei abweichende Faktoren festgestellt. Die anderen als Nazis eingestuften Befragten zeigten keinen, einen oder in einigen Fällen zwei Abweichungen von den für Deutschland als typisch angesehenen Konstellationen. Genauere Angaben werden zu dieser Vergleichsuntersuchung nicht gemacht. Levy betont allerdings, daß die Studie zum Zeitpunkt der Veröffentlichung des Aufsatzes noch nicht abgeschlossen war. Geplant war, weitere 90 Nazis zu befragen und von den 35 bereits untersuchten Nazis 21 zu einer genaueren Vergleichsanalyse auszuwählen. Eine Veröffentlichung dieser Ergebnisse ist mir nicht bekannt.

Die Ergebnisse der Studie belegen nach Levys Ansicht eindeutig, daß Anti-Nazis im Vergleich mit dem typischen Deutschen den konventionellen und rigiden Familienstrukturen eher entkommen sind. Sie wurden in der Regel mit mehr Zuneigung und Wärme zu selbständigeren Personen mit größerem Selbstwertgefühl und größerer Unabhängigkeit erzogen.[37] Außerdem sei ihnen in der Regel ein freieres, weniger stereotypes Denken anerzogen worden. Dagegen wirke das traditionelle, disziplinierende Familienmuster auf eine Einengung und Beschneidung der gesamten Persönlichkeit hin.[38] Abschließend kommt Levy zu dem Ergebnis, daß „the main psychological significance of the deviation factors is that they appear to be selective of certain types resistant to 'Nazi-mindedness'. The deviation is in the form of liberation, more critical judgement, a broader point of view, wider sympathies and greater independence."[39]

*Zum Verhältnis der Ergebnisse Levys und der Studien von Fromm, Brickner und Schaffner*

Levys Studie ist eine wichtige empirische Stütze vor allem für Schaffners Studie „Father Land". Dies gilt, obwohl - wie Levy selbst zugesteht - die Arbeit Mängel bezüglich der Vergleichsgruppe der Nichtnazis zeigt und auch wegen der kleinen Fallzahlen mit Vorbehalten zu behandeln ist. Levys Arbeit zeigt, daß die Wahrscheinlichkeit, daß jemand ein Gegner der Nazis wurde, insbesondere davon abhing, inwiefern der Betreffende von der typisch deutschen autoritären Familienstruktur 'verschont' geblieben war. Die Ergebnisse von Levys Studie deuten insofern darauf hin, daß ein Zusammenhang zwischen Anhänger- bzw. Gegnerschaft zum Nationalsozialismus und der familialen Situaion tatsächlich besteht. Von Levys Thesen unter-

---

[37] vgl. ebd., S.165
[38] vgl. ebd., S. 166
[39] ebd., S.167

stützt werden dabei auch Fromms Thesen in jenen Teilen, in denen der Zusammenhang zwischen Familie, autoritärem Charakter und Sympathie für den Nationalsozialismus behandelt wird.

Weniger direkt ist der Zusammenhang zwischen Levys Ergebnissen und Brickners Theorie der paranoiden deutschen Kultur. Im Sinne Brickners könnte hier allein das Ergebnis interpretiert werden, daß längere Auslandsaufenthalte und Wissen über fremde Länder auf eine Gegnerschaft zum Nationalsozialismus hinwirkten. Brickner könnte hierin ein Indiz für den Zusammenhang zwischen (paranoider) deutscher „culture" und dem Erfolg des Nationalsozialismus erkennen: Besonders dann, wenn Deutsche dem Einflußbereich der deutschen Kultur entzogen waren, bzw. wenn deren Einfluß durch ihre Kenntnisse von anders gearteten, 'normalen' Kulturen relativiert wird, besteht eine Chance dafür, daß sie der deutschen Paranoia entkommen und damit wahrscheinlicher auch keine Sympathisanten der Nazis werden.

# Schlußfolgerungen

Stellt man die Ergebnisse der Kritik an den in dieser Arbeit behandelten Studien, die anhand der in Teil I aufgestellten vier Kriterien vorgenommen wurde, in einer Übersicht dar, ergibt sich das folgende Bild:

| | Goldhagens „Hitler's Willing Executioners" | Fromms Beitrag zu den „Studien über Autorität und Familie" | Fromms „Furcht vor der Freiheit" | Brickners Studien | Schaffners „Father Land" |
|---|---|---|---|---|---|
| **Kriterium 1:** Sind freiwillige, nicht auf Zwang, sondern auf Überzeugung beruhende Handlungen von der Theorie erfaßbar? | erfüllt | erfüllt | erfüllt | erfüllt | erfüllt |
| **Kriterium 2:** Wird der Nationalsozialismus/Holocaust als soziale Pathologie betrachtet? | *nicht* erfüllt | erfüllt | erfüllt | erfüllt | erfüllt |
| **Kriterium 3:** Wird eine hinreichende theoretische Begründung für die angenommene Übereinstimung zwischen Sozialstruktur und Persönlichkeit gegeben? | *nicht* erfüllt | *nicht* erfüllt | *nicht* erfüllt | *nicht* erfüllt | *nicht* erfüllt |
| **Kriterium 4:** Wird der Nationalsozialismus in seiner Eigenschaft als Terrorregime erfaßt? | *nicht* erfüllt | *Kriterium nicht an den Text angelegt* | *nicht* erfüllt | *nicht* erfüllt | *nicht* erfüllt |

Im Hinblick auf das Verhältnis von Goldhagens Ansatz, dessen Bewertung des 'Autoritätsansatzes' und den hier behandelten Studien der vierziger Jahre wird mit Hilfe der Übersicht besonders deutlich: Goldhagen legt mit „Hitler's Willing Executioners" eine unzutreffende, zu enge Rezeption des Autoritätsansatzes vor. Wie in der vorliegenden Arbeit gezeigt werden konnte, geht es den Studien über den Zusammenhang von Faschismus und autoritärem Charakter nicht einfach - wie Goldhagen annimmt - darum zu zeigen, daß und warum die Deutschen gute Befehlsempfänger waren. Vielmehr konnte für jeden der behandelten Ansätze herausgearbeitet werden, daß aus Überzeugung begangene Handlungen der Täter hier jeweils erfaßt werden. Goldhagens Forderung, daß sowohl die mit als auch die ohne Befehl begangenen Morde und andere Greueltaten an Juden (und zwar jeweils die mit und die ohne unnötige Grausamkeit durchgeführten) erklärt werden müssen, ist - anders als Goldhagen meint - von den hier vorgestellten Studien ebenfalls erfüllt. Indem in dieser Arbeit nachgewiesen wurde, daß einige der behandelten Studien - insbesondere diejenigen Schaffners und Brickners - die im Nationalsozialismus begangenen Taten genau wie Goldhagen auf bestimmte (als spezifisch deutsch charakterisierte) *Realitätsinterpretationen* zurückführen, konnte außerdem gezeigt werden, daß Goldhagens Ansatz weniger neu und originell ist, als Goldhagen in seinem Buch selbst behauptet.

Gleichzeitig ist deutlich geworden, daß die in dieser Arbeit behandelten Studien aus den vierziger Jahren in einem wichtigen Punkt Goldhagens Ansatz sogar überlegen sind: Ich hatte dargestellt, daß Goldhagen, indem er sich weigert, hinter der Ideologie des Vernichtungsantisemitismus liegende Gründe für denselben zu sehen oder zu suchen, einen geradezu nihilistischen Standpunkt einnimmt und die moderne demokratische Gesellschaft als Referenzpunkt - von dem Deutschland entsprechend als Abweichung zu verstehen wäre - verneint. Goldhagen verabschiedet sich damit implizit von dem Glauben an die prinzipielle Erreichbarkeit des Ideals einer modernen, gewaltfreien Gesellschaft. Die hier behandelten Studien aus den vierziger Jahren dagegen zeichnen sich alle dadurch aus, daß sie den Nationalsozialismus nicht einfach als eine abstruse, aber zufällig in Deutschland durchgesetzte Idee behandeln, sondern sie - in jeweils unterschiedlicher Art und Weise - als eine prinzipiell behebbare soziale Pathologie charakterisieren. In den Studien Fromms, Brickners und Schaffners wird jeweils nach Ursachen für die Brutalität und Grausamkeit der im Nationalsozialismus begangenen Taten gesucht. Es konnte in dieser Arbeit darüber hinaus gezeigt werden, daß die entsprechenden Theorien sich durch eine zum Teil erhebliche Plausibilität und eine heute teilweise unterschätzte Erklärungskraft auszeichnen. Auch wurde erörtert, daß die Studien in Einklang mit entsprechenden zeitgenössischen empirischen Untersuchungen stehen.

Auf der anderen Seite lassen sich an der obigen tabellarischen Übersicht auch die beiden entscheidenden Defizite ablesen, die in dieser Arbeit bei den behandelten Studien aus den vierziger Jahren herausgearbeitet wurden: Zum einen erfaßt keine der dargestellten Studien das nationalsozialistische System in angemessener Weise als totalitäres Terrorregime. Bestimmte kennzeichnende Aspekte des „Dritten Reiches" werden damit in ihrer elementaren Dynamik nicht erfaßt und - so wurde in den entsprechenden Abschnitten dieser Arbeit gezeigt - ein vollständiges Verständnis der nationalsozialistischen Praxis wird damit verfehlt. Zu vermuten ist allerdings, daß die Tatsache, daß das nationalsozialistische Regime in den behandelten Studien aus den vierziger Jahren kaum als totalitäres Terrorregime in den Blick gerät, weitgehend auf den zeitlichen und sachlichen Kontext zurückzuführen ist: Zu einem Zeitpunkt, an dem eine Kriegsführung gegen Deutschland bzw. die Aufgabe der Entnazifizierung 'anstand', war die Gefahr einer Verschleierung der Verantwortung der Täter und deren Möglichkeit, sich auf äußere Befehle und systemimmanente Zwänge zu berufen, vermutlich so dominant, daß es kaum ein Interesse der Autoren der Studien gewesen sein dürfte, dieser Gefahr durch ihre Theorien noch Vorschub zu leisten. Zu unterscheiden ist in dieser Hinsicht zwischen Studien, die den Aspekt des Terrors lediglich nicht behandeln, und jenen, in denen dieser aufgrund der Anlage der Theorie kaum oder gar nicht integrierbar ist. Nur bei letzteren handelt es sich um ein tatsächlich die Bewertung des Ansatzes tangierendes Defizit.

Als ein ebenfalls grundlegendes Problem der betrachteten Studien wurde das folgende herausgearbeitet: Obwohl in allen behandelten Studien von einer Identität von Sozial- und Persönlichkeitsstruktur ausgegangen wird, wird in keinem Fall ein theoretisch hinreichender Vermittlungsmechanismus zwischen diesen beiden Ebenen angegeben. Damit handelt es sich in strengem Sinne *nicht* um soziologische Erklärungsansätze. Dieses Urteil heißt natürlich nicht, daß die behandelten Ansätze deshalb keine Erklärungskraft besitzen. Relevant wird dieses Defizit der Studien aber vor allem dort, wo Handlungsempfehlungen gegeben werden, die auf einen kontrollierten sozialen Wandel zielen. Die teilweise Unzulänglichkeit der in den Texten gegebenen Handlungsempfehlungen wurde - wo vorhanden - in den entsprechenden Kapiteln dieser Arbeit ebenfalls herausgearbeitet. Gezeigt werden konnte also, daß die Studien einerseits eine zum Teil erhebliche Erklärungskraft besitzen, andererseits die in den Theorien abgeleiteten Folgerungen für notwendige politische Schritte aber wegen der ungenügenden Herausarbeitung des Zusammenhanges von Persönlichkeit und Sozialstruktur aus soziologischer Sicht weitgehend ergänzungsbedürftig sind.

Spannend ist nun - insbesondere, wenn man bedenkt, daß alle Studien aus Teil III dieser Arbeit im unmittelbaren Umkreis der amerikanischen Deutschlandpolitik und ihrer Institutionen entstanden - die folgende Frage: Inwiefern fanden die in den Studien gewonnenen Erkenntnisse Eingang in die Deutschlandpolitik, insbesondere in die Politik der amerikanischen Besatzungsmacht nach 1945? Wurden die gewonnenen Erkenntnisse dabei von Soziologen aufgegriffen und gegebenenfalls entsprechend ergänzt und zu politischen Handlungsempfehlungen weiterentwickelt? Die soziologische Erforschung der amerikanischen Besatzungspolitik und ihres Einflusses auf die Demokratisierung Deutschlands hat gerade erst begonnen. Gezeigt werden konnte aber in den letzten Jahren bereits, daß das 'Re-education'-Konzept der amerikanischen Besatzungsmacht auf einen umfassenden Mentalitätswandel der Deutschen zielte. Es wurde schon deutlich, daß der Autoritätsansatz hierbei eine wichtige Rolle gespielt hat. So hat etwa H.-J. Rupieper in jüngster Zeit zahlreiche vor diesem Hintergrund von den Amerikanern durchgeführten Programme beschrieben und in den Kontext ihres Anspruches nach einem umfassenden sozialen Wandel im Deutschland der Nachkriegszeit gestellt. Er schreibt:

> „Die Vereinigten Staaten waren in ihrem Umerziehungsprogramm nach 1945 besonders darum bemüht, durch eine weitergehende Demokratisierungspolitik die politische Kultur Nachkriegsdeutschlands zu verändern, galten autoritäres Denken, Untertanengeist Militarismus, Ablehnung der westlichen Demokratie und Parlamentarismus doch als das Relikt einer verspäteten Nation, die seit dem Scheitern der bürgerlichen Revolution von 1848/49 vom Mittelweg der Entwicklung zu einem modernen demokratischen Staatswesen abgewichen war (...). Im Selbstverständnis der amerikanischen Reformer bestanden die Defizite der deutschen Demokratie jedoch nicht in den formalen Strukturen - schließlich handelte es sich bei der Weimarer Republik um eine parlamentarische Demokratie - *sondern in den vorherrschenden autoritären, illiberalen, staatsgläubigen Erziehungsidealen, die selbständiges Denken, eine weitgehende politische Urteilsfähigkeit, die Rechte des Individuums gegenüber dem Staat und der öffentlichen Verwaltung sowie Kompromißfähigkeit und Toleranz als Grundlagen einer demokratischen Gesellschaft als gering einschätzten.*"[40]

Rupieper beschreibt vor diesem Hintergrund unter anderem die Jugendprogramme der amerikanischen Militärregierung, Austauschprogramme zwischen den USA und Deutschland, die Polizeireform, die Einführung der Gewerbefreiheit und die Arbeit

---

[40] Rupieper, Hermann-Josef: Die Wurzeln der westdeutschen Nachkriegsdemokratie. Der amerikanische Beitrag 1945-1952. Opladen 1993, S. 422

der 'Kreisresidenzoffiziere'. Außerdem weist Rupieper nach, daß eine gezielte Frauenförderung insbesondere nach 1948 Teil der amerikanischen Besatzungspolitik war. Grundlage dieser Frauenpolitik war unter anderem die - von Rupieper aus dem offiziellen und in der amerikanischen Presse veröffentlichten Bericht eines Abgeordneten des amerikanischen Kongresses zitierte - Überlegung, daß „psychologically women are better oriented to reconstruction on a democratic basis than are the men."[41] Rupieper kommt in bezug auf diese Frauenpolitik zu dem Schluß: „Es ging darum, Frauen als demographische Mehrheit langfristig für die Demokratie zu gewinnen, *autoritäre Strukturen der deutschen Gesellschaft abzubauen* und die Rückkehr zu einem totalitären System zu verhindern."[42]

Den psychiatrischen Hintergrund des Konzeptes der „Re-education" hat Uta Gerhardt herausgearbeitet.[43] Sie hat außerdem die einflußreiche Mitwirkung des Soziologen Talcott Parsons in der amerikanischen Deutschlandpolitik während und nach dem Zweiten Weltkrieg erforscht.[44] Parsons' Konzept der Beeinflussung der deutschen Mentalität über einen 'kontrollierten institutionellen Wandel' wurde bereits in Kapitel 6.4 bei der Behandlung von Schaffners Ansatz vorgestellt. Daß es auch Parsons wesentlich darum ging, den Autoritarismus in der deutschen Gesellschaft zu überwinden, und zwar über eine Veränderung von wirtschaftlichen Strukturen und über eine wirtschaftliche Stärkung Deutschlands, zeigt sich unter anderem an einem von Gerhardt zitierten Memorandum Parsons' vom 11. Oktober 1945, das wie viele andere Memoranden Parsons' bisher unveröffentlicht blieb. Parsons richtete es aus Anlaß der Auflösung der „Foreign Economic Administration" an dessen Direktor Leo Fowler.[45] Unter anderem schreibt Parsons hier:

---

[41] ebd., S. 205 (Hervorhebung von mir - M.P)
[42] Rupieper, Hermann-Josef: Bringing Democracy to the Frauleins. Frauen als Zielgruppe der amerikanischen Demokratisierungspolitik, in: Geschichte und Gesellschaft. Vol. 17. 1991, S. 61-91, hier S.90 (Hervorhebung von mir - M.P.). Auch Rupieper betont gleichzeitig, daß die Erforschung der entsprechenden Aspekte der amerikanischen Besatzungspolitik noch in den Anfängen steckt.
[43] vgl. Gerhardt, Uta: A Hidden Agenda of Recovery
[44] vgl. Gerhardt: Talcott Parsons als Deutschlandexperte während des Zweiten Weltkrieges. Kölner Zeitschrift für Soziologie und Sozialpsychologie, Bd. 43, S. 211-234, dies.: Introduction: Talcott Parsons's Sociology of NationalSocialism, in: dies. (Ed.): Talcott Parsons on National Socialism, dies.: Talcott Parsons und die Re-education-Politik der amerikanischen Besatzungsmacht (Manuskript)
[45] vgl. Uta Gerhardt: Talcott Parsons und die Re-education-Politik der amerikanischen Besatzungsmacht, S. 14

„There is a general reason to believe that an expanding field of economic opportunity, even though the rate be very gradual, *is one of the most fundamental conditions of a type of institutional change which would reduce the emphasis on authoritarianism. This is essentially because authoritarianism and submissiveness to it are in large measure the reactions to a state of insecurity.* A contracting economy would be almost certain to strengthen the most undesirable tendencies in the German population than to mitigate it. The economic aspect of the problem, therefore, promises to have significance far beyond its own immediate field of application."[46]

Gerhardt schlägt außerdem vor, die Themen der Studien der Survey Branch der „Information Control Division" (ICD) der amerikanischen Militärregierung (OMGUS) im Hinblick auf das sozialwissenschaftliche Bemühen zu untersuchen, Parameter für den Wandel der Gesellschaft und der Menschen im Nachkriegsdeutschland ausfindig zu machen. Gleichzeitig sollten diese auf das breite Anwendungsfeld der amerikanischen Demokratisierungspolitik untersucht werden.[47] Da der ICD-Meinungsforschung eine wichtige Stellung insbesondere bei der Kontrolle der Auswirkungen von bereits durchgeführten Maßnahmen der Militärregierung als auch bei der Planung notwendiger weiterer Maßnahmen beigemessen wurde[48], halte ich eine entsprechende Untersuchung der ICD-Studien für einen sinnvollen, idealerweise parallel mit anderen Forschungen zu verfolgenden Weg, weitere Auskünfte über die oben aufgestellte Frage nach den Auswirkungen des in dieser Arbeit behandelten Autoritarismus-Ansatzes auf die Konzeption der Umerziehung der Deutschen durch die amerikanische Besatzungsmacht zu erhalten. Zu untersuchen wäre dabei auch, inwieweit es sich bei der veränderten Rezeption von familialer Autorität und schließlich bei der antiautoritären Bewegung der sechziger Jahre in Deutschland um eine (Spät-)Folge der Rezeption von Studien wie den hier vorgestellten sowie einer entsprechenden Politik der amerikanischen Besatzungsmacht handelt.

---

[46] Talcott Parsons: Memorandum vom 11. Oktober 1945, zitiert nach Gerhardt: : Talcott Parsons und die Re-education-Politik der amerikanischen Besatzungsmacht, S. 15 (Hervorhebung von mir, M.P.)
[47] ebd., S. 9
[48] Dies kann unter anderem abgelesen werden an einem Papier aus internen Schriftwechseln der Militärregierung vom 29. April 1946 von Bertram Schaffner, der damals in leitender Stellung in der Survey Section des ICD arbeitete, das aus einem internen Schriftwechsel innerhalb der Militärregierung stammt. Schaffner betont hier: *„The work of the Survey Unit is of considerable importance to Military Government officials in this headquarter. It is directed, therefore, that full cooperation be given by Military Government personnel in the three Laender to personnel of the Surveys Unit in matters of suplies, transportation, rations and quarters."* (RG 260 OMGUS 5/233-1/8, Bundesarchiv Koblenz, Hervorhebung von mir - M.P.)

Diese Arbeit konnte deutlich machen, daß der Erklärungsansatz des „autoritären Charakters" aus den vierziger Jahren auch an aktuellen Maßstäben gemessen trotz einiger Defizite ein ernstzunehmender, vielschichtiger und schlagkräftiger Versuch ist, dem Verständnis der vor wenig mehr als fünfzig Jahren begangenen Greueltaten näher zu kommen. Weder seine Erklärungskraft noch sein Einfluß auf die Demokratisierung der Deutschen sollten unterschätzt werden.

# Literaturverzeichnis

ABEL, Theodore: Is a Psychiatric Interpretation of the German Enigma Necessary?, *in*: American Sociological Review. Vol.10. Nr.4. August 1945, S. 457-464

ADORNO, Theodor W.: Zum Verhältnis von Soziologie und Psychologie, *in*: ders.: Soziologische Schriften I. Frankfurt am Main 1995, S.42-92

ANONYMUS: „Eine Art Paranoia", in: Der Spiegel, 20.5.1996, S.72

ANSBACHER, H.L.: Attitudes of German Prisoners of War. A Study of the Dynamics of National Socialist Fellowship. Psychological Monographs. Vol. 61. Washington 1948

BARTOV, Omer: Ganz normale Monster, *in*: Schoeps, S.63-80

BAUMAN, Zygmunt: Dialektik der Ordnung. Die Moderne und der Holocaust. Frankfurt am Main 1990

BAUMERT, Gerhard: Deutsche Familien nach dem Kriege. Darmstadt 1954

BECKER, Howard: German Families Today, *in*: Morgenthau, Hans J.: Germany and the Future of Europe. Chicago 1951

BENZ, Ute und Wolfgang (Hg.): Sozialisation und Traumatisierung. Kinder zur Zeit des Nationalsozialismus. Frankfurt am Main 1992

BENZ, Wolfgang: Kinder und Jugendliche unter der Herrschaft des Nationalsozialismus, *in*: Benz, Ute und Wolfgang: Sozialisation und Traumatisierung, S.11-24

BERNSTEIN, Richard: Haben die Deutschen den Judenmord begrüßt?, *in*: Schoeps, S.32-35

BIANCOLI, Romano: Erich Fromm und seine Kritik an Sigmund Freud, *in*: Internationale Erich-Fromm-Gesellschaft: Wissenschaft vom Menschen. Band 1, S.67-84

BIERHOFF, Burkhard: Erich Fromm. Analytische Sozialpsychologie und visionäre Gesellschaftskritik. Wiesbaden 1993

BRICKNER, Richard M.: Is Germany Incurable? Philadelphia 1943

*ders.:* The German Cultural Paranoid Trend, *in*: American Journal of Orthopsychiatry. Vol. 12. Nr. 4. Oktober 1943. S.611-632

BROWNING, Christopher R: Dämonisierung erklärt nichts, *in*: Schoeps, S.118-124

DUBIEL, Helmut: Wissenschaftsorganisation und politische Erfahrung. Studien zur frühen kritischen Theorie. Frankfurt am Main 1978

DURKHEIM, Emile: Der Selbstmord. Frankfurt am Main 1995

*ders.*: Die Regeln der soziologischen Methode. Frankfurt am Main 1991

ESCAPE FROM FREEDOM. A Synoptic Series of Reviews, *in*: Psychiatry. Journal for the Study of Interpersonal Process. Vol.5. Washington 1942, S.109-134

FENICHEL, Otto: Psychoanalytische Bemerkungen zu Fromms Buch „Die Furcht vor der Freiheit, *in*: Görlich, B: Der Stachel Freud, S.93-118

FROMM, Erich: Arbeiter und Angestellte am Vorabend des Dritten Reiches, *in*: Erich Fromm Gesamtausgabe Band III. München 1989, S.1-225

*ders.*: Autorität und Familie, Sozialpsychologischer Teil, *in*: Erich Fromm Gesamtausgabe Band I. München 1989, S.141-187

*ders.*: Die Furcht vor der Freiheit, *in*: Erich Fromm Gesamtausgabe Band I, S.217-392

172

*ders*.: Die psychoanalytische Charakterologie und ihre Bedeutung für die Sozialpsychologie, *in*: Erich Fromm Gesamtausgabe Band I, S. 59-79

*ders*.: On Problems of the German Characterology, in: Transactions of the New York Academy of Science. New York. Vol 5. 1943, S.79-83 (ins Deutsche übersetzter Nachdruck in: Erich Fromm Gesamtausgabe Band V. München 1989, S. 3-7)

*ders*.: Psychoanalytische Charakterologie in Theorie und Praxis. Der Gesellschaftscharakter eines mexikanischen Dorfes, *in*: Erich Fromm Gesamtausgabe Band III, S. 231-253

*ders*.: Über Methode und Aufgabe einer Analytischen Sozialpsychologie (1932), *in*: Erich Fromm Gesamtausgabe Band I, S. 37-58

*ders*.: Über psychoanalytische Charakterkunde und ihre Anwendung zum Verständnis der Kultur (1949), *in*: Erich Fromm Gesamtausgabe Band I, S. 207-216

*ders*.: Wege aus einer kranken Gesellschaft (1955), *in*: Erich Fromm Gesamtausgabe Band IV. München 1989, S. 1-254

*ders*.: What Shall We Do with Germany, *in*: Saturday Review of Literature, New York, Vol. 26, S. 10 (ins Deutsche übersetzter Nachdruck in: Erich Fromm Gesamtausgabe Band V, S. 9-11)

*ders*.: Zum Gefühl der Ohnmacht (1937), *in*: Erich Fromm Gesamtausgabe Band I, S.189-206

FUNK, Rainer: Zu Leben und Werk Erich Fromms, *in*: Erich Fromm Gesamtausgabe Band I, S. IX-XXXIV

GERHARDT, Uta: A Hidden Agenda of Recovery: The Psychiatric Conceptualization of Re-education for Germany in the United States during World War II, *in*: German History. Vol. 14. No.3. 1996

*dies*.: Die Familie und die soziale Pathologie der Gewalt. Denkmodelle für die Theorie der modernen Gesellschaften, *in*: Gerhardt, Uta/ Hradil, Stefan (Hg.): Familie der Zukunft: Lebensbedingungen und Lebensformen. Opladen 1995

*dies*.: Introduction: Talcott Parsons's Sociology of National Socialism, *in*: dies. (Ed.): Talcott Parsons on National Socialism. New York 1993

*dies*.: Talcott Parsons als Deutschlandexperte während des Zweiten Weltkrieges, *in*: Kölner Zeitschrift für Soziologie und Sozialpsychologie. Bd. 43, S. 211-234

*dies*.: Talcott Parsons und die Re-Education-Politik der amerikanischen Besatzungsmacht (Manuskript)

GERMANY AFTER THE WAR - Round table 1945, *in*: American Journal of Orthopsychiatry. Vol. 15. 1945, S. 381-441

GILCHER-HOLTEY, Ingrid: Die Mentalität der Täter, in: Schoeps, S. 210-213

GOLDHAGEN, Daniel Jonah: Hitler's Willing Executioners. Ordinary Germans and the Holocaust. New York 1996

GRAML, Hermann: Integration und Entfremdung. Inanspruchnahme durch Staatsjugend und Dienstpflicht, *in*: Benz: Sozialisation und Traumatisierung, S. 70-80

GÖRLICH, Bernhard (Hg.): Der Stachel Freud. Beiträge und Dokumente zur Kulturismus-Kritik. Frankfurt am Main 1980

*ders*.: „Trieb" und/oder „Gesellschaftscharakter"? Anmerkungen zu Fromms Versuch einer „Neubestimmung der Psychoanalyse", *in*: Kessler, S. 75-86

HABERMAS, Jürgen: Die neue Unübersichtlichkeit. Frankfurt am Main 1985

*ders*.: Erkenntnis und Interesse. Frankfurt am Main 1968

HARRIS, Robert: Die schreckliche Wahrheit, *in*: Schoeps, S. 17-21

HECKMANN, Friedrich: Familienbindung in den USA und in Westdeutschland, *in*: Wurzbacher, Gerhard (Hg.): Die Familie als Sozialisationsfaktor. Stuttgart 1968, S.382-396

HILBERG, Raul: Die Vernichtung der europäischen Juden. Frankfurt am Main 1990

HONNETH, Axel: Pathologien des Sozialen. Tradition und Aktualität der Sozialphilosophie, *in*: ders. (Hg.): Pathologien des Sozialen. Die Aufgaben der Sozialphilosophie. Frankfurt am Main 1994, S. 9-70

HORKHEIMER, Max (Hg.): Studien über Autorität und Familie (Schriften des Instituts für Sozialforschung, Vol V). Paris 1936

INTERNATIONALE ERICH-FROMM-GESELLSCHAFT (Hg.): Wissenschaft vom Menschen. Jahrbuch der internationalen Erich-Fromm-Gesellschaft. Band 1. Münster 1990

INTERNATIONALE ERICH-FROMM-GESELLSCHAFT (Hg.): Wissenschaft vom Menschen. Jahrbuch der internationalen Erich-Fromm-Gesellschaft. Band 2: Erich Fromm und die Kritische Theorie. Münster 1991

„IS GERMANY INCURABLE?" by Richard M. Brickner. A PANEL DISCUSSION by G. Zilboorg, B. Russell, H. M. Kallen et. al., *in*: Saturday Review of Literature. Vol. 26. New York 1943

JAY, Martin: Dialektische Phantasie. Die Geschichte der Frankfurter Schule und des Instituts für Sozialforschung 1923-1950. Frankfurt am Main 1976

JOHNSON, Paul: Eine Epidemie des Hasses, *in*: Schoeps, S. 28-31

KATER, Michael H.: Die deutsche Elternschaft im nationalsozialistischen Erziehungssystem, *in*: Hermann, Ulrich: „Die Formung des Volksgenossen". Der „Erziehungsstaat" des Dritten Reiches. Weinheim 1989, S. 79-101

KATZ, Barry M.: Foreign Intelligence. Research and Analysis in the Office of Strategic Services 1942-1945. Cambridge, Massachusetts 1989

KECKSKEMETI, Paul und LEITES, Nathan: Some Psychological Hypotheses on Nazi Germany, in: The Journal of Social Psychology. Vol 26. 1947, S. 141-183, fortgesetzt in Vol. 27. 1948. S. 91-117 und S. 241-270

KESSLER, Michael (Hg.): Erich Fromm und die Frankfurter Schule. Tübingen 1992

LEVY, David M.: Anti-Nazis. Criteria of Differentiation, in: Psychiatry. Vol. 11. 1948, S. 125-167

MARKOVITZ, Andrei S.: Störfall im Endlager der Geschichte, in: Schoeps, S. 228-240

MARQUARDT-BIGMANN, Petra: Amerikanische Geheimdienstanalysen über Deutschland. Tübingen 1993

MCGRANAHAN, Donald V.: A Comparison of Social Attitudes among American and German Youth, in: Journal of Abnormal and Social Psychology. Vol.XLI. Nr.3. Juli 1946, S. 245-257

MOMMSEN, Hans: Die Realisierung des Utopischen: Die 'Endlösung der Judenfrage' im 'Dritten Reich', in: Geschichte und Gesellschaft. Vol. 9. 1983, S. 381-420

MÜLLER-HOHAGEN, Jürgen: Gleichschaltung und Denunziation. Disziplinierung der Eltern über die Kinder, in: Benz: Sozialisation und Traumatisierung, S. 80-92

NEUMANN, Franz: Behemoth. Struktur und Praxis des Nationalsozialismus 1933-1944. Frankfurt am Main 1984

PARSONS, Talcott: Psychoanalysis and the Social Structure, in: Essays on Sociological Theory. Glencoe, Illinois 1954, S. 336-347

*ders.:* Situation, Aktor und normative Muster. Ein Essay zur Theorie sozialen Handelns. Frankfurt am Main 1994

*ders.:* The Problem of Controlled Institutional Change. An Essay in Applied Social Science, *in:* Gerhardt, Uta (Ed.): Talcott Parsons on National Socialism. New York 1993, S. 291-32

PEAK, Helen: Observations on the Characteristics and Distribution of German Nazis. Psychological Monographs. Vol 50. Nr. 6. Washington 1945

RICKERT, John: Die Fromm-Marcuse-Debatte, *in:* Internationale Erich-Fromm-Gesellschaft (Hg.): Erich Fromm und die Kritische Theorie

RODNICK, David: Postwar Germans. An Anthropologist's Account. New Haven 1948

RUPIEPER, Hermann-Josef: Bringing Democracy to the Frauleins. Frauen als Zielgruppe der amerikanischen Demokratisierungspolitik in Deutschland 1945-1952, *in:* Geschichte und Gesellschaft. Vol. 17. 1991. S. 61-91

*ders.:* Die Wurzeln der westdeutschen Nachkriegsdemokratie. Der Amerikanische Beitrag 1945-1952. Opladen 1993

SCHAFFNER, Bertram: Father Land. A Study of Authoritarianism in the German Family. New York 1948

SCHOEPS, Julius H. (Hg.): Ein Volk von Mördern? Die Dokumentation zur Goldhagen-Kontroverse um die Rolle der Deutschen im Holocaust. Hamburg 1996

SIMMEL, Georg: Soziologie. Untersuchungen über die Vergesellschaftung. Frankfurt am Main 1992

SÖLLNER, Alfons et al. (Hg.): Zur Archäologie der Demokratie in Deutschland. Frankfurt am Main 1982

TUGENDHAT, Ernst: Vorlesungen über Ethik. Frankfurt am Main 1993

WEBER, Max: Soziologische Kategorienlehre, *in*: ders.: Wirtschaft und Gesellschaft. Tübingen 1980

WEHLER, Hans-Ulrich: Wie ein Stachel im Fleisch, *in*: Schoeps, S.193-209

WIGGERSHAUS, Rolf: Die Frankfurter Schule. Geschichte, theoretische Entwicklung, politische Bedeutung. Frankfurt am Main 1991

WILSON, Michael: Das Institut für Sozialforschung und seine Faschismusanalysen. Frankfurt am Main 1982

WINKLER, Michael: Deutschtum als Krankheit . Zur Kontroverse um die nationale Seele der Deutschen im Amerika der vierziger Jahre, *in*: Kessler (Hg.): Erich Fromm und die Frankfurter Schule, S. 237-247

# Aus dem Programm
# Politikwissenschaft

Studien zur Sozialwissenschaft

Harold Hurwitz,
unter Mitarb. von U. Böhme und A. Malycha
## Die Stalinisierung der SED
Zum Verlust von Freiräumen und sozialdemokrati-
scher Identität in den Vorständen 1946 - 1949
1997. 514 S. (Schriften des Zentralinstituts für
sozialwiss. Forschung der FU Berlin, Bd. 79) Kart.
ISBN 3-531-12772-1
Die Stalinisierung der SED begann nicht, wie oft
angenommen, im Jahre 1948 als Reaktion auf den
Kalten Krieg. Freiräume zum relativ offenen Diskurs in den paritätisch besetzten Führungsgremien
wurden in einem komplexen Vier-Phasen-Prozeß
zuerst eingeschränkt, dann schrittweise eliminiert.
Die Parteiführung verließ sich immer mehr auf zentral gesteuerte Disziplinierungs- und Gleichschal-
tungsmaßnahmen, nachdem ab Herbst 1946 zunehmend erkennbar wurde, daß die SED als „Rus-
senpartei" in der Sowjetzone freie Wahlen nicht
gewinnen würde und sich die „Einheitspartei" mit
andauernden Fraktionskämpfen, Resignation und
Passivität an der Basis in einer Krise befand.

Winfried Steffani
## Gewaltenteilung und Parteien
## im Wandel
1997. Ca. 280 S. Kart.
ISBN 3-531-12972-4
Seit den Zeiten der Feudalgesellschaft, in denen
Montesquieu lebte und dachte, hat die Gewaltenteilung grundlegende Änderungen erfahren.
Dies gilt insbesondere für parlamentarische Re-
gierungssysteme, das Hinzutreten von Parteien
und deren Rollenwandel. Die vielfältigen Wechselbeziehungen von Gewaltenteilung und Partei-
en in der Gegenwart sind Thema dieses Buches.

Studien zur Sozialwissenschaft

Dieter Ohr

NATIONAL-
SOZIALISTISCHE
PROPAGANDA UND
WEIMARER WAHLEN

EMPIRISCHE ANALYSEN
ZUR WIRKUNG
VON NSDAP-VERSAMMLUNGEN

Westdeutscher Verlag

Dieter Ohr
## Nationalsozialistische Propa-
## ganda und Weimarer Wahlen
Empirische Analysen zur Wirkung
von NSDAP-Versammlungen
1997. 278 S. (Studien zur Sozialwissenschaft,
Bd. 180) Kart.
ISBN 3-531-13006-4
Welche Rolle die nationalsozialistische Propaganda für den Aufstieg der NSDAP in den Weimarer Wahlen spielte, ist nach wie vor umstritten.
Systematische empirische Untersuchungen zur
Wirkung der NSDAP-Propaganda auf das Wäh-
lerverhalten liegen bislang kaum vor – eine Lük-
ke, die diese Untersuchung zu schließen versucht.
Sie geht der Frage nach, welchen Anteil die nationalsozialistischen Propagandaversammlungen
an den Wahlerfolgen der NSDAP hatten.

 WESTDEUTSCHER VERLAG
Abraham-Lincoln-Str. 46 · 65189 Wiesbaden
Fax (06 11) 78 78 - 400

If you have any concerns about our products,
you can contact us on
**ProductSafety@springernature.com**

In case Publisher is established outside the EU,
the EU authorized representative is:
**Springer Nature Customer Service Center GmbH
Europaplatz 3, 69115 Heidelberg, Germany**

Printed by Libri Plureos GmbH
in Hamburg, Germany